CUADERNO DE PRACTICA

PASAJES

CUADERNO DE PRACTICA

Expresión oral, comprensión, composición

PASAJES

CUARTA EDICION

Mary Lee Bretz
Rutgers University

Trisha Dvorak
University of Washington

Contributing Writers:
Miryam Criado
Rutgers University

José Manuel Reyes
Rutgers University

José Luis Suárez
University of Texas, El Paso

Boston, Massachusetts Burr Ridge, Illinois Dubuque, Iowa
Madison, Wisconsin New York, New York San Francisco, California St. Louis, Missouri

McGraw-Hill

A Division of The ***McGraw-Hill*** *Companies*

This is an 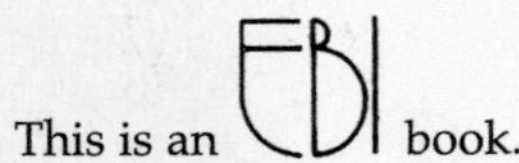 book.

Cuaderno de práctica: Expresión oral, comprensión, composición
Pasajes

2 3 4 5 6 7 8 9 0 QPD QPD 9 0 0 9 8

ISBN 0-07-007700-2

Publisher: Thalia Dorwick
Development editors: Gregory Trauth and Becka McGuire
Marketing manager: Cristene Burr
Project manager: Sharla Volkersz
Production supervisor: Michelle Lyon
Illustrations: Betty Beebe and Rick Hackney
Compositor: Linda J. Smith
Typeface: Palatino
Printer: Quebecor Press Dubuque

Grateful acknowledgment is made for the use of the following material:

Realia: *Page 19* Henninger Española; *75* © Quino/Quipos; *98 (top and bottom) Buenhogar,* Editorial América; *120* © Quino/Quipos; *129* © Quino/Quipos; *153* Reprinted with permission of American Honda; *154* Reprinted with permission of American Honda; *174* © Quino/Quipos; *176* © Quino/Quipos; *177* Toshiba America; *179* © Quino/Quipos; *190* Reprinted with permission of *ABC,* Madrid; *206* Reprinted with permission of *Muy Interesante.* Illustration: Michael Witte/© *Discover Magazine; 232* Reprinted with permission of Anheuser-Busch Companies, Inc., and Carmen Lomas Garza; *249 (all) Cambio 16; 260* © Juan Ballesta/Quipos; *284* © Quino/Quipos; *313* © Quino/Quipos.

Photographs: All photographs courtesy of Edge Productions.

http://www.mhhe.com

Literary Credits

Chapter 2 "Los Chicos '16 válvulas' aceleran las noches del verano," *Blanco y negro,* July 1990.
"Misterios y razones de la cultura maya," *Vivir mejor,* March 1988.

Chapter 4 "Los segundones sí que valen," *Muy interesante,* February 1991.
"Al supermercado con el bebé," *Ser padres hoy,* April 1990.
"Los nuevos padres," *Ser padres hoy,* September 1990.
"Divorcio," *Ser padres hoy,* February 1990.

Chapter 5 "La explosión demográfica," *Natura,* September 1990.

Chapter 6 "¿Son los hombres más vulnerables al estrés… ?" *Buenhogar,* June 8, 1989.

Chapter 7 "Los profesionales más buscados por las empresas," *Cambio 16,* December 26, 1988.

Chapter 8 "Sefardíes o la melancolía de ser judío español," *ABC,* June 3, 1990.
"Las misiones jesuísticas del Paraguay," *La América Española* (NY: Oxford University Press, 1949), pages 43–45.
"El caso de Osel, el niño lama," *Muy especial,* Winter 1990.

Chapter 9 "Donde vive la cultura," *Más,* Spring 1990.

Chapter 10 "Multinacionales del tabaco preparan una guerra anunciada," *Cambio 16,* July 1990.

Chapter 11 "Detienen a unos actores por simular un atraco," *El Periódico,* July 31, 1986.
"El crimen perfecto," Enrique Anderson Imbert, en *Cuentos en miniatura: Antología,* Equinoccio, Editorial de la Universidad Simón Bolívar, Caracas, Venezuela, 1976.

Chapter 12 "Una reina para todo servicio," *Hoy,* January 15–21, 1990.

Contents

PREFACE TO THE STUDENT *ix*

CAPITULO 1
- Expresión oral y comprensión *1*
- Práctica escrita y composición *13*

CAPITULO 2
- Expresión oral y comprensión *29*
- Práctica escrita y composición *41*

CAPITULO 3
- Expresión oral y comprensión *55*
- Práctica escrita y composición *67*

CAPITULO 4
- Expresión oral y comprensión *79*
- Práctica escrita y composición *91*

CAPITULO 5
- Expresión oral y comprensión *103*
- Práctica escrita y composición *119*

CAPITULO 6
- Expresión oral y comprensión *135*
- Práctica escrita y composición *145*

CAPITULO 7
- Expresión oral y comprensión *161*
- Práctica escrita y composición *173*

CAPITULO 8
- Expresión oral y comprensión *189*
- Práctica escrita y composición *203*

CAPITULO 9
- Expresión oral y comprensión *217*
- Práctica escrita y composición *229*

CAPITULO 10
- Expresión oral y comprensión *243*
- Práctica escrita y composición *253*

CAPITULO 11
- Expresión oral y comprensión *269*
- Práctica escrita y composición *279*

CAPITULO 12
- Expresión oral y comprensión *291*
- Práctica escrita y composición *303*

ANSWERS TO EXERCISES *319*

Preface to the Student

The *Cuaderno de práctica* is designed to help you strengthen your skills in both listening comprehension and oral and written expression in Spanish. It contains a variety of exercises developed around the themes and structures of the corresponding chapters of *Pasajes: Lengua,* including many exercises based on visuals and authentic cartoons, ads, and selections from Hispanic newspapers and magazines. Each chapter of the *Cuaderno* has two main parts: **Expresión oral y comprensión** and **Práctica escrita y composición.**

The materials in **Expresión oral y comprensión** are meant to be used with the *Audiocassette Program* to accompany *Pasajes* and contain a variety of exercises to help you improve your ability to speak and understand conversational Spanish. The exercises are organized into three main sections.

- In the **Describir y comentar** section, you will practice recognizing and using the words and expressions from the **Vocabulario para conversar** presented in the corresponding chapter of *Pasajes: Lengua.* The brief passages in this section will help you practice listening for general information as well as for specific details.
- The **Exploraciones** section contains exercises to practice the chapter grammar.
- In the **Enlace** section, you will practice a variety of listening comprehension tasks. The listening comprehension material in **Voces** and **Exploración cultural** gives you a chance to pull your skills together, as well as to learn more about the topic of the corresponding chapter in *Pasajes: Lengua.* **Voces** contains personal commentaries on the chapter theme by individuals from all over the Hispanic world. The **Exploración cultural** section helps you practice listening comprehension skills that you will need to follow an academic lecture in Spanish.
- In the **Pronunciación y ortografía** section, you will have an opportunity to review and practice Spanish pronunciation, spelling, and accentuation. Note that the pronunciation exercises are found on a separate pronunciation tape that is part of the *Audiocassette Program.*

The second main part of the *Cuaderno de práctica* is **Práctica escrita y composición.** Exercises and activities, designed to reinforce your understanding of the grammatical structures and vocabulary of the chapter, are organized into five main sections.

- In the **Describir y comentar** section, you will get further practice in each chapter's vocabulary.
- The **Exploraciones** section contains further practice in the chapter grammatical structures. Depending on its occurrence in the main text, the **Estrategias para la comunicación** appears either in the **Describir y comentar** or the **Exploraciones** section.
- **¡Ojo!** gives you another opportunity to practice the word groups of the corresponding section of *Pasajes: Lengua* and precedes the **Enlace** section, and **Repaso: Párrafo de síntesis,** which reviews key vocabulary and structures presented.
- In the **Análisis y aplicación: Composición** section you will work through writing exercises specially designed to help you improve your written communication skills.
- Lastly, in the **Viaje cultural,** you will have another opportunity to review the *Video to accompany Pasajes.*

So that you can check your work and mark your own progress, the answers to almost all of the exercises in **Práctica escrita y composición** are given in the answer section at the back of the *Cuaderno de práctica.* Answers to the following types of exercises are not included.

- most English-to-Spanish translations
- **Estrategias para la comunicación**
- most exercises in the **Análisis y aplicación** sections
- any exercise that calls for a personalized answer or requires a creative response

Nombre ____________________ *Fecha* ____________ *Instructor(a)* ____________________

Tipos y estereotipos

EXPRESION ORAL Y COMPRENSION

Describir y comentar

A. Escuche las siguientes palabras y repítalas en la pausa. Entonces escuche cada palabra otra vez, compare su pronunciación con la que oye en la cinta y repita la palabra una vez más.

la apariencia
asociar
el/la atleta
  un tipo muy atlético
la característica
cómico/a
coquetón/coqueta
la costumbre

el/la deportista
el empollón / la empollona
el estereotipo
extrovertido/a
flojo/a
la imagen
introvertido/a

listo/a
perezoso/a
pesado/a
el rasgo
típico/a
tonto/a
trabajador(a)

B. Mire la lista del vocabulario en el ejercicio A mientras escucha las siguientes oraciones y preguntas. Diga la palabra que mejor corresponda a cada contexto. Entonces repita la respuesta correcta después de oírla en la cinta.

1. … 2. … 3. … 4. … 5. …

C. Ud. oirá un breve texto que describe el dibujo (de la siguiente página) y después una serie de afirmaciones. Escuche el texto e identifique a quién se describe: a David, a Luis o a ninguno de los dos. Oirá el texto y las afirmaciones dos veces.

	DAVID	LUIS	NINGUNO
1.	☐	☒	☐
2.	☐	☒	☐
3.	☐	☐	☒
4.	☒	☐	☐
5.	☐	☐	☒
6.	☐	☐	☒

D. Ud. oirá un breve texto que describe el dibujo (a continuación) y después una serie de afirmaciones. Escuche el texto y decida si cada afirmación es cierta o falsa. Oirá el texto y las afirmaciones dos veces.

	C	F
1.	☒	☐
2.	☐	☒
3.	☒	☐
4.	☐	☒
5.	☒	☐
6.	☐	☒

Exploraciones

1. EL GENERO Y EL NUMERO DE LOS SUSTANTIVOS (Gender and Number of Nouns)

Escuche los siguientes sustantivos y repítalos, dando la forma correcta del artículo definido. Repita la respuesta correcta después de oírla en la cinta.

MODELOS: examen → *el examen*
madres → *las madres*

1. padre → el	5. conferencia → la	9. mano → las
2. actitud → la	6. costumbres → los	10. programas → los
3. estereotipos → los	7. papel → los	11. rasgo → el
4. problema → el	8. universidad → la	12. comida → la

2. LA CONCORDANCIA DE LOS ADJETIVOS (Basic Patterns of Adjective Agreement)

Escuche los siguientes sustantivos y descríbalos con el adjetivo indicado, haciendo los cambios necesarios. Repita la respuesta correcta después de oírla en la cinta.

MODELO: manzanas / rojo → *las manzanas rojas*

1. camión / largo
2. estudiantes / trabajador
3. libros / difícil
4. profesora / extrovertido
5. rasgos / típico
6. reyes / español
7. persona / amable
8. sistemas / moderno
9. ideas / bueno
10. costumbres / interesante

3. *SER Y ESTAR* (Equivalents of *to be:* **ser, estar**)

A. Escuche la oración modelo y repítala en la pausa. Luego oirá una serie de nuevas terminaciones para la oración. Repita la oración con cada nueva terminación y haga los cambios verbales necesarios.

MODELO: Juan está *enfermo.* (mi hermano) → *Juan es mi hermano.*

1. … 2. … 3. …

B. Escuche los infinitivos. En la pausa, dé la forma correcta del participio pasado. Repita la respuesta correcta después de oírla en la cinta.

MODELO: hablar → *hablado*

1. … 2. … 3. … 4. … 5. … 6. … 7. … 8. … 9. … 10. …

C. Haga frases con los siguientes sustantivos y el participio pasado del verbo indicado. Cuidado con la concordancia. Repita la respuesta correcta después de oírla en la cinta.

MODELO: padres / preocupar → *los padres preocupados*

1. composición / escribir
2. costumbres / aprender
3. cuadernos / comprar
4. casa / pintar
5. sillas / romper
6. libros / abrir
7. investigación / hacer
8. estereotipo / asociar
9. imágenes / ver
10. oficinas / cerrar
11. problema / solucionar
12. voz / escuchar

D. Las siguientes circunstancias resultan en condiciones específicas. Como resultado de cada circunstancia, ¿en qué condiciones están las personas y las cosas indicadas? Repita la respuesta correcta después de oírla en la cinta.

MODELO: Este ejercicio es muy difícil y *cansa* rápidamente a mi abuelito. Por eso, en este momento mi abuelito… → *está cansado.*

1. … 2. … 3. … 4. … 5. … 6. …

4. LOS PRONOMBRES DE SUJETO Y EL TIEMPO PRESENTE (Subject Pronouns and the Present Indicative)

A. Escuche el infinitivo y el sujeto. En la pausa, dé la forma apropiada del verbo. *No* repita el sujeto. Repita la respuesta correcta después de oírla en la cinta.

MODELO: leer (ellos) → *leen*

1. … 2. … 3. … 4. … 5. … 6. … 7. … 8. … 9. … 10. …

B. Siguiendo el modelo del ejercicio anterior, dé la forma apropiada de cada verbo según el sujeto que oye. *No* repita el sujeto. Los verbos en este ejercicio tienen un cambio radical (*stem change*). Repita la respuesta correcta después de oírla en la cinta.

MODELO: cerrar (Ud.) → *cierra*

1. ... 2. ... 3. ... 4. ... 5. ... 6. ... 7. ... 8. ...

C. Siguiendo el modelo de los ejercicios anteriores, dé la forma apropiada de cada verbo según el sujeto que oye. *No* repita el sujeto. En este ejercicio encontrará tantos verbos sin cambio radical como con cambio radical. Repita la respuesta correcta después de oírla en la cinta. Las seis primeras oraciones describen el dibujo de la izquierda; las demás describen el dibujo de la derecha.

MODELO: tomar apuntes (Mario) → *Toma apuntes.*

1. ... 2. ... 3. ... 4. ... 5. ... 6. ... 7. ... 8. ... 9. ... 10. ... 11. ... 12. ...

D. Siguiendo el modelo de los ejercicios anteriores, dé la forma apropiada de cada verbo según el sujeto que oye. *No* repita el sujeto. Repita la respuesta correcta después de oírla en la cinta.

MODELO: comer en un bar (los amigos) → *Comen en un bar.*

1. ... 2. ... 3. ... 4. ... 5. ... 6. ... 7. ... 8. ...

5. LOS COMPLEMENTOS DIRECTOS (Direct Objects)

A. Ud. oirá varios sustantivos y nombres propios. Para cada uno, dé la forma apropiada del pronombre de complemento directo que se usaría para sustituirlo.

MODELO: el cuaderno → *lo*

1. … 2. … 3. … 4. … 5. … 6. …

B. Ud. oirá una oración que puede incluir la repetición innecesaria de un complemento directo. Diga de nuevo la sección repetitiva, sustituyéndola por un pronombre de complemento directo. ¡Cuidado! No es posible usar un pronombre de complemento directo en todos los casos. Repita la respuesta correcta después de oírla en la cinta.

MODELO: Luis necesita el libro para su clase y por eso compra el libro. → *…y por eso lo compra.*

1. … 2. … 3. … 4. … 5. … 6. … 7. … 8. …

C. Ud. oirá una oración incompleta. Complétela con la forma correcta del verbo que se usó en la primera parte de la oración. Evite la repetición del complemento directo usando un pronombre de complemento directo siempre que sea posible. ¡Cuidado! No es posible usar un pronombre de complemento directo en todos los casos. Repita la respuesta correcta después de oírla en la cinta.

MODELO: Roberto *pide* vino y nosotros también… → *lo pedimos.*

1. … 2. … 3. … 4. … 5. … 6. … 7. … 8. …

D. Para cada uno de los siguientes dibujos, Ud. oirá una serie de preguntas. Conteste cada pregunta con una oración completa, incorporando el verbo indicado y empleando pronombres de complemento directo siempre que sea posible. Luego oirá una posible respuesta; repítala en la pausa.

MODELO: ¿Qué hace Pedro con el té? → *Lo bebe.*

1. Dibujo

a. leer b. comer c. copiar d. mirar

2. Dibujo

a. servir b. pagar c. tener d. poner en la mesa

E. Ud. oirá una serie de preguntas que varias personas (amigos, profesores, etcétera) podrían hacerle. Contéstelas, usando pronombres de complemento directo en su respuesta. Luego oirá una posible respuesta; repítala en la pausa.

MODELO: ¿Hablas español mucho en la clase? → *Sí, lo hablo mucho.*

1. … 2. … 3. … 4. … 5. … 6. … 7. … 8. …

Enlace

VOCES

In this section you have the chance to listen to Hispanics from various parts of the Spanish-speaking world. These people have responded to questions about a variety of topics of interest to them. Sometimes their viewpoints will reflect a general Hispanic perspective; usually, however, their opinions are very personal and individual, based on their own beliefs and experiences. (These points of view are not representative of all Hispanics; some statements may even be controversial.) Since the language of their **voces** is authentic and natural, it will sometimes contain dialectical expressions with which you may not be familiar. Concentrate on getting a general understanding of what they say and on guessing from context the meaning of expressions that you do not know.

A. Escuche con atención a Elvira, Juan y Maru. Ellos van a contarle las asociaciones rápidas que hacen sobre algunos de los países que aparecen en el siguiente cuadro.

1. Ud. oirá las voces una primera vez. Identifique los países que se nombran, poniendo una equis (X) en la columna de la izquierda. Después tache (*cross out*) los nombres de los países que no se mencionan.

	PAIS	ASOCIACIONES
____	Alemania	______________
____	Argentina	______________
____	Bolivia	______________
____	Colombia	______________
____	España	______________
____	los Estados Unidos	______________
____	Francia	______________
____	Inglaterra	______________
____	Japón	______________
____	México	______________

2. Ahora Ud. debe escuchar una vez más. Vuelva al cuadro y apunte todas las características que pueda para cada país.

3. De las asociaciones mencionadas para cada país, ¿cuáles piensa Ud. que coinciden con las asociaciones de la mayoría de los norteamericanos? Ponga un círculo alrededor de cada una en el cuadro.

B. Ahora escuche el comentario de Angels, una mujer de Cataluña que nos cuenta su opinión sobre el estereotipo que muchos norteamericanos tienen de España (una bailadora de flamenco con una rosa en la boca, pasión, toros, mañana). Procure captar (*Try to catch*) el significado general de sus comentarios. Entonces conteste la pregunta que sigue.

¿Cuál de las siguientes oraciones mejor describe la idea general del comentario de Angels?

a. La visión que muchos extranjeros tienen de los españoles es completamente falsa.
b. El estereotipo que muchos españoles tienen de los catalanes es el contrario del estereotipo que muchos extranjeros tienen de los españoles.
c. El catalán es un español típico.
d. Los estereotipos son ofensivos y tienen poca relación con la verdad.

C. Ahora oirá los comentarios de Angels una segunda vez. Intente completar sus comentarios, incorporando las palabras omitidas en la siguiente transcripción. Puede escuchar la selección una tercera vez si lo desea para completar la transcripción.

El ________________[1] que describís con respecto a España (una bailadora de flamenco con una rosa entre los dientes)… Pensad que los catalanes no ________________[2] nada en común con esto; nuestra ________________[3] no tiene nada que ver con el flamenco ni tampoco con los ________________[4], y ________________[5] carácter es conocido entre los otros españoles por ser ________________[6] y expeditivo, así que tampoco lo de mañana se puede relacionar con la manera de vivir ________________[7]…

Y ya que ________________[8] de estereotipos, ¿cuál sería, pues, para el resto de los ________________[9] el estereotipo de los catalanes? Pues justamente un poco el ________________[10] del conocido estereotipo español: los catalanes ________________[11] ser considerados ________________[12] muy seria, poco ________________[13], más bien poco ________________[14], muy trabajadores y negociantes, y muy calculadores y ahorradores. «El catalán, de las piedras saca pan» es un refrán muy conocido.

EXPLORACION CULTURAL: **Tipos y estereotipos del mundo hispano**

A. Primera parte. Lea la siguente selección mientras la escucha en la cinta. Procure entender las ideas generales y trate de adivinar las palabras o frases que no entiende completamente. Al final de la selección, oirá algunas oraciones que se basan en la lectura. Indique si son ciertas o falsas según la selección. Si lo necesita, escuche la selección una vez más.

Hispanoamérica antigua y moderna

El continente que yace al sur de los Estados Unidos es al mismo tiempo antiguo y moderno. Al lado de las impresionantes ruinas mayas e incas hay ciudades como Caracas y México, con grandes rascacielos, autopistas de las más modernas y los problemas que resultan, como por ejemplo la congestión de tráfico y la contaminación del aire. En consecuencia, la persona hispanoamericana «típica» no existe. Veamos por qué.

Por un lado hay indígenas que llevan una vida parecida a la de sus antepasados; desconocen la lengua española y permanecen fieles a la cultura prehispana. Viven en la selva y su comida consiste en los animales y las plantas que encuentran a su alrededor. Son en su mayor parte independientes de la vida económica y social del resto de su país, con todas las ventajas y desventajas que esto trae.

Al otro extremo, hay hispanoamericanos que viven en las grandes ciudades y desconocen totalmente la vida del campo y de la selva. Muchos de estos hispanos son mestizos, es decir, de descendencia española e indígena. Otros son negros, muchos de ellos descendientes de los esclavos que se trajeron al continente durante la época colonial. También hay muchos inmigrantes italianos, alemanes y asiáticos. En general, la vida de los habitantes de las ciudades difiere poco de la de los habitantes de las ciudades norteamericanas, japonesas o europeas.

Entre estos dos extremos hay todas las variantes imaginables: indígenas que hablan español y participan en la economía nacional pero conservan sus propias tradiciones, mestizos que tienen una cultura mixta y otros que preservan muy poco de lo indígena. Desde lo más antiguo hasta lo más moderno, todos viven en Hispanoamérica y contribuyen a la vasta variedad del continente.

Ahora, escuche las siguientes oraciones e indique si son ciertas (C) o falsas (F). Oirá cada oración dos veces. Si es necesario, escuche la selección una vez más.

	C	F
1.	☐	☐
2.	☐	☐
3.	☐	☐
4.	☐	☐
5.	☐	☐

B. Segunda parte. Lea la siguiente selección mientras la escucha en la cinta. Procure entender las ideas generales y trate de adivinar las palabras o frases que no entiende completamente. Al final de la selección oirá algunas preguntas sobre el contenido; contéstelas brevemente en español. Si lo necesita, escuche la selección una vez más.

España es diferente

Mucha gente cree que España tiene una población más homogénea que Hispanoamérica. Es una opinión lógica, puesto que es un país mucho más pequeño y con menos inmigrantes extranjeros. Pero en España hay diecisiete comunidades autónomas y cada una tiene una historia, una geografía y unas costumbres y tradiciones distintas. Por ejemplo, España tiene cuatro lenguas oficiales: el gallego que se habla en Galicia, el vasco (euskera) que se habla en el País Vasco (Euskadi), el catalán que se habla en Cataluña y el castellano, la lengua del gobierno de la nación y la del mayor número de hablantes. Además, incluso en las comunidades donde se habla castellano hay muchas variantes de pronunciación y de vocabulario.

La geografía española es igualmente variada. En Cantabria, al norte, hay montañas verdes y el clima es suave. En el oeste, por ejemplo en Extremadura, la tierra es llana y las temperaturas presentan grandes contrastes. En Valencia, al este, se cultivan cítricos, arroz y productos de huerta como el tomate y el pimiento, cultivos que requieren sol y agua. En Andalucía el clima es templado y, a su vez, muy variado. Andalucía tiene desiertos, sierras con nieve y playas ideales para practicar el *windsurfing.*

También los habitantes son distintos físicamente. En general se puede decir que la población del norte es más alta que la del sur y que en el sur hay más morenos de ojos oscuros, pero no olvidemos que estamos haciendo generalizaciones. Como dice un lema turístico, España es diferente: diferente de los demás países europeos y también diferente de una región a otra.

Ahora, escuche las siguientes preguntas y contéstelas brevemente. Oirá cada pregunta dos veces. Si Ud. no puede terminar una respuesta antes de que oiga la próxima pregunta, conteste la pregunta nueva y vuelva a las respuestas no terminadas cuando acabe la cinta.

1. ____

   ____

2. ____

   ____

Pronunciación y ortografía*

PRONUNCIACION: LAS VOCALES

There are five simple vowel sounds in Spanish: [a, e, i, o, u]. Most mistakes in pronunciation of Spanish vowels are due to one of two things. The first is a tendency to "glide" the vowel into a diphthong. That is, instead of pronouncing the sound [e], the English speaker will say [ei]; instead of Spanish [o], the sound is frequently pronounced [ow]; instead of Spanish [i], the sound is pronounced as a glide [iy].

A. Escuche cada una de las siguientes palabras y repítala en la pausa. Compare su pronunciación con la que oye en la cinta y repita una vez más. Cuidado de no pronunciar las vocales como diptongos.

1. mi
2. mini
3. le
4. dile
5. ma
6. quema
7. lo
8. loca
9. su
10. Susana

The other common mistake, also due to English influence, is reducing unstressed vowels to either the sound [ə] or [ɨ]. These sounds are called a *schwa.*

*Remember to use the separate Pronunciation Tape for the **Pronunciación y ortografía** sections.

B. Escuche la pronunciación española e inglesa de las siguientes palabras; preste atención especial a la pronunciación de las vocales subrayadas.

1. animal / animal
2. amigo / amigo
3. Colón / colon
4. América / America

The *schwa* sound does not exist in Spanish. Its use can sometimes cause Spanish speakers to misunderstand you.

C. Escuche cada una de las siguientes palabras y repítala en la pausa. Compare su pronunciación con la que oye en la cinta y repita una vez más. Cuidado de no pronunciar las vocales subrayadas con el sonido [ə].

1. histórico
2. contrabando
3. muchas
4. bonito
5. estereotipo
6. pasajes
7. pequeño
8. costumbre

D. Lea cada una de las siguientes palabras en voz alta, grabando su pronunciación en la cinta y prestando atención especial a la pronunciación de las vocales. Después de grabar cada palabra, escuche la pronunciación que oye en la cinta y repítala una vez más.

1. lista
2. uso
3. perezoso
4. interesante
5. vecino
6. pintura
7. caracterización
8. conozco

Nombre ______________________ Fecha ______________ Instructor(a) ______________________

PRACTICA ESCRITA Y COMPOSICION

Describir y comentar

A. Use el vocabulario de la lista en la página 1 para completar las siguientes oraciones con la forma correcta de la palabra que mejor corresponda al sentido de la oración.

1. Los estereotipos son generalizaciones, muchas veces negativas, sobre otro grupo de personas. Con frecuencia se basan en ímagenes superficiales del grupo.
2. Michael Jordan y Mónica Seles son atletas muy famosos.
3. Mi padre nunca descansa ni toma vacaciones: es demasiado trabajador.
4. Tener el pelo rubio y la piel muy blanca son dos de los rasgos típicos de muchos escandinavos.
5. No debes ser tan empollón. Necesitas dejar los libros de vez en cuando para divertirte (*have a good time*).
6. Es un tipo muy vago y perezoso. Nunca trabaja si no es absolutamente necesario.
7. Amalia es deportista. Nada, corre y juega al tenis.
8. Todos dicen que Ramón es muy coquetón porque le gusta mucho hablar con las muchachas.
9. Hay que respetar las costumbres de todas las culturas del mundo.

****B.** Conteste las siguientes preguntas usando oraciones completas.

1. ¿Cómo se define Ud. como persona: introvertida o extrovertida? Por supuesto, yo soy extrovertida
2. ¿Con qué personas es Ud. tímido/a? Soy tímido solamente con grupos que no sé.
3. ¿Qué tradiciones tiene su familia? Es importante que no olivida a la cena en Domingo.
4. ¿Quién es la persona más seria que conoce Ud.? Mi buena amiga conoce más de mi familia

5. ¿Qué costumbres de otros países le parecen a Ud. extrañas? ______________________

____

6. ¿Qué asocia Ud. con la palabra «Hispanoamérica»? personas en centro o sur America y España que hablen español.

**ESTRATEGIAS PARA LA COMUNICACION ¿COMO? *What to do when you don't understand*

Escriba seis oraciones que Ud. podría (*could*) usar cuando una persona hispana le dice algo que Ud. no entiende. Puede usar algunos ejemplos de su libro de *Lengua* y otras expresiones que Ud. recuerde.

1. No entiendo, repeta por favor.
2. Un momento
3. Otra vez, en palabras más simples.
4. ¿Habla ingles?
5. Más despacio, por favor.
6. No comprendo.

Exploraciones

1. EL GENERO Y EL NUMERO DE LOS SUSTANTIVOS (Gender and Number of Nouns)

Escriba la forma apropiada del artículo definido para cada uno de los siguientes sustantivos.

1. la persona
2. el problema
3. las mujeres
4. la característica
5. los profesores
6. el día
7. el estereotipo
8. las generalizaciones
9. la foto
10. el avión
11. el empollón
12. los mapas
13. la actitud
14. las sillas
15. la mano

2. LA CONCORDANCIA DE LOS ADJETIVOS (Basic Patterns of Adjective Agreement)

A. Complete el siguiente párrafo con las palabras o terminaciones correctas, según el contexto.

Es interesante pensar en las posibles imágenes que puedan tener los español__es__[1] o los hispanoamerican__os__[2] de l__a__[3] cultura norteamerican__a__[4] después de ver l__a__[5] película *Pulp Fiction*, de Quentin Tarantino. Es posible que piensen que l__os__[6] personajes de esta película corresponden a l__a__[7] mayoría de l__a__[8] población de l__os__[9] Estados Unid__os__[10]. ¿Cree Ud. que l__as__[11] personas de otr__os__[12] países imaginan que tod__os__[13] l__os__[14] norteamericanos viven como Jules, Mia o Vincent Vega? Quizá llegarán a la conclusión de que l__a__[15] comida favorit__a__[16] de tod__os__[17] l__os__[18] norteamericanos son l__as__[19] hamburguesas. También pueden suponer que en l__os__[20] Estados Unid__os__[21] hay much__os__[22] asesinos profesional__es__[23] y que la policía no sabe pararl___[24]. Seguro que piensan que tod___[25] l___[26] restaurantes tienen coches antigu___[27] en lugar de sillas cómod___[28] y mesas grand___[29]. Quizá no les parece que ___l[30] batido[a] que Mia compró por cinco dólares es demasiad___[31] car___[32]. Lo más probable es que crean que l___[33] norteamericanos llevan un___[34] vida muy peligros___[35] y que tod___[36] l___[37] días están rodead___[38] de[b] asesinatos terribl___[39] y actos llen___[40] de violencia.

Pero, por otro lado, es posible que salgan de___[41] cine con vari___[42] imágenes positivas sobre l___[43] cultura norteamerican___[44]. ¿Puede Ud. pensar en algun___[45]?

[a]*milkshake* [b]rodeados… *surrounded by*

B. Cambie el sujeto de los siguientes párrafos de Julio a Margarita y escríbalos de nuevo en una hoja de papel aparte, también haciendo todos los otros cambios necesarios.

Julio acaba de entrar en la universidad y necesita escribir un pequeño autorretrato para su clase de redacción (*composition*). El escribe el siguiente párrafo:

> Yo soy Julio Montero. Tengo dieciocho años y soy el último de cuatro hijos. Yo soy distinto de todos los otros miembros de mi familia. Todos ellos son rubios pero yo soy moreno; yo soy más bien[a] bajo y ellos son altos. Ellos son artistas pero yo no tengo interés en el arte. Prefiero las ciencias y asisto a esta universidad porque quiero estudiar biología. Mi novia también asiste a esta universidad y ella piensa estudiar ingeniería. Espero que algún día yo sea un médico famoso y ella una ingeniera importante.
>
> [a]más… *rather*

3. *SER* Y *ESTAR* (Equivalents of *to be:* **ser, estar**)

A. Complete las siguientes oraciones con la forma correcta de **ser, estar** o **hay,** según el contexto. Recuerde que en español a veces se necesita usar el verbo **haber (hay)** en situaciones que en inglés se usa el verbo *to be.*

1. Algunos de mis amigos ___ artistas.
2. El concierto ___ mañana.
3. ¡Qué desgracia! ¡La sopa ___ fría!
4. En mi cuarto ___ tres fotos de mi novio.
5. Ellos no ___ cansados; simplemente ___ perezosos.
6. ¿___ un diccionario bilingüe aquí?
7. Felipe ___ una persona muy sencilla aunque sus padres ___ muy ricos.
8. Todas las puertas ___ abiertas. ¿Por qué ___ cerradas las ventanas?
9. ___ varios estudiantes hispanos en mi residencia.
10. Su familia ___ de Madrid pero ahora todos ___ en Bogotá.
11. No ___ nada interesante aquí.

12. Yo soy un estudiante nuevo. ¿Dónde está la librería?

13. ¿Qué hora es? Creo que son las 12:30.

14. ¡Qué altas están las niñas ahora!

15. ¿Qué hay en la mesa? Hay dos libros y unos papeles.

B. Imagínese que esta noche Ud. tiene una cita a ciegas (*blind date*) con un(a) hispanohablante. Quiere ir bien preparado/a y causar una buena impresión. ¿Cómo se dicen las siguientes oraciones en español?

1. Hi! How are you?
   Hola, ¿Como estás?
2. This gift is for you.
   Este regalo es para ti.
3. You look very pretty/handsome tonight.
   Estás muy guapo este noche.
4. I'm a little nervous.
   Estoy un poco nervioso.
5. This restaurant isn't expensive.
   Este restaurante no es caro.
6. This dessert tastes delicious!
   ¡Este postre es delicioso!
7. Are you bored?
   ¿Estás aburrido?
8. The concert is at eight thirty.
   El concierto es a las ocho y media.
9. It's twelve o'clock. Are you tired?
   Son las doce. ¿Estás cansado?

****C.** Exprese las siguientes ideas en español, completando cada pensamiento con un estereotipo apropiado. Prepárese para justificar el uso de **ser, estar** o **hay** en sus oraciones.

1. High school (*la escuela secundaria*) students are ________.
   Estudiantes en la escuela secundaria son perezosos y rebeldes.
2. University students are ________.
   Estudiantes de la univesidad son personas que beber muchas bebidas.
3. Teaching assistants (*los asistentes*) are ________.
   Los asistentes son maestros malas.
4. Here there are professors who (*que*) are ________.
   Aquí hay profesores que están buenos y inteligentes

D. Escriba el participio pasado de los siguientes verbos. Siga el modelo.

MODELO: hablar → *hablado*

1. poner puesto
2. ver visto
3. vivir vivido
4. traer traído
5. volver vuelto
6. empezar empezado
7. tener tenido
8. decir dicho
9. romper roto
10. morir muerto

E. Imagínese que este fin de semana unos ladrones entraron en su apartamento. Necesita hacer una lista de todos los daños (*damage*) para dársela a la policía. Complete las siguientes oraciones usando el verbo **estar** y el participio pasado del verbo apropiado de la lista. Debe usar el tiempo presente.

abrir	encender	morir	romper
cortar	hacer	pintar	tirar (*to throw*)

1. La puerta de mi apartamento estaba roto.
2. Las ventanas estaban abiertos y entra la lluvia.
3. La televisión estaba encendida.
4. La cama no estaba hecha.
5. El cable del teléfono estaba cortado.
6. Todos mis libros estaban tirados por el suelo.
7. Las paredes estaban pintados de *graffitti*.
8. El canario estaba muerto del susto (*surprise*).

4. LOS PRONOMBRES DE SUJETO Y EL TIEMPO PRESENTE (Subject Pronouns and the Present Indicative)

A. Fillmore es un estudiante estadounidense que pasa el verano en Venezuela después de estudiar un año de español. Sabe bastante español, pero necesita mucha ayuda con la conjugación de los verbos. Ud. debe ayudarlo, conjugando los verbos entre paréntesis.

Si Ud. (visitar) visita[1] otro país, (deber) debe[2] tratar de comunicarse en la lengua que (hablar) hablan[3] los nativos. Muchos de ellos no (ser) son[4] bilingües y no (comprender) comprenden[5] el inglés. Los turistas que (saber) saben[6] la lengua de un país (causar) causan[7] una impresión muy positiva y (aprender) apenden[8] mucho más sobre ese país. También (ser) es[9] importante no generalizar cuando Ud. (hablar) habla[10] de los habitantes de un país. A veces nosotros los estadounidenses (generalizar) generalizamos[11] cuando (hablar) hablamos[12] de los hispanos; los (describir) describimos[13] a todos como morenos, románticos y apasionados. Pero yo (comprender) comprendo[14] que el mundo hispano (tener) tiene[15] mucha diversidad. Yo no (juzgar) juzgo[16] a todos los hispanos a base de unos pocos. Yo (observar) observo[17] con cuidado y sólo después de ver a muchos hispanos, (expresar) __expreso__[18] mi opinión sobre ellos. ¡Uy! ¡Qué muchacha morena más bonita (acabar) __acaba__[19] de pasar! ¡Y allí (estar) __está__[20] otra! ¡Increíble! Yo (necesitar) __necesito__[21] apuntar en mi cuaderno que todas las chicas hispanas morenas (ser) __son__[22] muy bonitas.

B. Lea el siguiente texto sobre la siesta—costumbre arraigada (*rooted*) en el mundo hispano—y conjugue los verbos indicados.

(Llevar: nosotros) __llevamos__[1] siglos disfrutándola.[a] En el resto del mundo la (considerar: ellos) __consideran__[2] algo típico del carácter indolente de los países mediterráneos. Pero la ciencia (decir) __dice__[3] ahora que sus efectos (ser) __son__[4] beneficiosos, algo que nosotros (saber) __sabemos__[5] hace tiempo. Recientes estudios (hablar) __hablan__[6] de la eficacia de la siesta como antídoto contra el estrés e incluso como tratamiento de belleza.

Además, la siesta (tener) __tiene__[7] la ventaja de poder practicarse en cualquier sitio: en la cama, en un sofá o en un cómodo sillón. Ya (ser) __es__[8] un chiste popular la imagen del jefe que (decir) __dice__[9] a su secretaria: «Que no me moleste nadie durante la hora siguiente.» Luego el jefe se (poner) __pone__[10] en el sillón, (apoyar) __apoya__[11] los pies en la mesa y (dormir) __duerme__[12] plácidamente. En algunas oficinas los empleados sin despacho se (servir) __sirven__[13] del siguiente truco.[b] (Ellos) Se (encerrar) __encierran__[14] en el cuarto de baño, con el pretexto de cumplir con inexcusables necesidades fisiológicas, y (cerrar) __cierran__[15] los ojos durante diez minutos, cómodamente —es decir[c]— sentados en la taza…

[a] *enjoying it* (= la siesta) [b] *trick* [c] es… *that is to say*

C. A veces es posible caracterizar a los individuos según sus posesiones, o por lo menos así lo creen los fabricantes de la cerveza Henninger. Lea el anuncio a continuación y después complete estos párrafos de acuerdo con la información presentada.

Henninger pone buen cuerpo[a] a todos. Por ejemplo, pone buen cuerpo *al moderno*, que (ser/estar) __es__[1] un tipo que (preferir) __prefiere__[2] las líneas simples y las formas originales. Por eso, su abrebotellas (tener) __tiene__[3] un diseño[b] innovador y al mismo tiempo sencillo.

La forma del abrebotellas del *clásico* también (revelar) __revela__[4] mucho de su carácter. Estos individuos (buscar) __buscan__[5] diseños tradicionales y formas más conocidas. Así

[a] pone… *goes down well, agrees with* [b] *design*

que su abrebotellas (ser/estar) ___es___[6] menos original. (Seguir) ___Sigue___[7] la forma tradicional que (ser/estar) ___es___[8] popular también entre nuestros padres y abuelos.

¿Y el abrebotellas del *despistado*[c]? ¿Qué nos dice de la persona que lo posee? Pues, que (ser/estar) ___es___[9] un individuo que no (recordar) ___recuerda___[10] nunca lo que (tener) ___tiene___[11] que hacer. En vez de un abrebotellas, (traer) ___trae___[12] un sacacorchos[d] y todo el mundo (saber) ___sabe___[13] que una Henninger no (tener) ___tiene___[14] corcho.

[c]*absent-minded individual* [d]*corkscrew*

D. A Reme, una española de Extremadura, se le pidió una opinión sobre el estereotipo que muchos norteamericanos tienen de España (una bailadora de flamenco con una rosa en la boca, pasión, toros, mañana). Lea su testimonio y luego conteste las preguntas según lo que dice. No se preocupe si no entiende todas las palabras. Procure captar la idea general y adivinar el significado de las palabras que no sabe por el contexto.

> Ninguna de esas cosas que menciona el estereotipo me describe a mí directamente, ni creo que a muchos españoles, pero puedo entender por qué se tienen esas imágenes. España no es un país muy importante en el mundo, y no se conoce mucho fuera de aquí. Por eso es lógico que el mundo sólo conozca algunas imágenes llamativas.
>
> Seguramente sin la ópera *Carmen,* que cuenta una apasionada historia de amor en Sevilla, ni la afición de Ernest Hemingway por los toros, las asociaciones serían diferentes. Lo de dejar las cosas para mañana, sí que me parece muy español, pero también puede decirse que es un rasgo latino en general. No estoy de acuerdo con lo de la comida picante. Me parece que se debe a que muchos norteamericanos no distinguen entre comida española y comida mexicana. Y entre estas dos cocinas sí hay una gran diferencia.
>
> Supongo que los norteamericanos con más información y que lean *Don Quijote* o vean las películas de Almodóvar van a tener otras imágenes de España, ¿no?

Complete las oraciones con el tiempo presente del verbo apropiado y luego identifique con una marca (✓) las que son ciertas según el testimonio de Reme.

Según Reme, …

1. ☐ el flamenco y los toros (ser/estar) son imágenes muy representativas de España y los españoles.
2. ☒ en general el resto del mundo no (conocer) conoce España ni a los españoles muy bien.
3. ☐ un rasgo que los españoles (compartir) comparten con otros latinos (ser/estar) están una obsesión con la puntualidad.
4. ☒ la comida mexicana y la comida española (ser/estar) son muy diferentes.
5. ☒ muchas asociaciones (venir) vienen de las películas y los libros.

****E.** Siguiendo el modelo del ejercicio D, escoja dos o tres de los abrebotellas del anuncio y escriba un breve párrafo sobre el tipo de persona que emplearía cada uno. ¡Cuidado con los usos de **ser** y **estar**!

Una persona que es una dentista usaría Al Autosuficiente. Una persona que está fácil usaría Al clasíco.

F. Conteste las siguientes preguntas usando oraciones completas.

1. ¿Adónde va a ir este fin de semana? Solamente al Mall of America por trabajo.
2. ¿Qué suele almorzar en la cafetería? Suelo almorzar leche, una naranja y una ensalada
3. ¿Qué acaban de estudiar Ud. y sus compañeros/as en la clase de español? Estudiamos sobre los complementos indirectos

4. ¿Qué expresiones suele repetir con frecuencia el profesor / la profesora de español? ______
Tengo una pregunta o no sé.

5. ¿Cuál es el próximo libro que Ud. va a leer? ______
el próximo libro es Great Gatsby

6. ¿Qué tipo de películas suelen ver Ud. y sus amigos/as? Las películas de humor o romántica

7. ¿Qué cursos obligatorios acaba de terminar Ud.? Nada porque yo asisto escuela secundaria

8. ¿Qué libros de texto va a vender al final del semestre? ¿Cuáles *no* va a vender? ______
No voy a vender nada de mis libros

5. LOS COMPLEMENTOS DIRECTOS (Direct Objects)

A. Rolo Repítelo es algo así como un eco humano: cuando se le pregunta algo, contesta pero repite mucha información innecesaria. Cambie sus respuestas en los siguientes diálogos, usando pronombres para eliminar la repetición.

MODELO: —Rolo, ¿quieres ver mi nuevo coche?
—Sí, quiero ver tu nuevo coche. → *Sí, quiero verlo.*

1. —Rolo, ¿oyes ese ruido todas las noches?
—Sí, oigo ese ruido todas las noches.
—Sí, lo oigo

2. —Rolo, ¿vas a aceptar los regalos (*gifts*)?
—Claro que voy a aceptar los regalos.
—Claro que voy a aceptarlos

3. —Rolo, ¿odias los perros?
—Claro que no odio los perros.
—Claro que no los odio

4. —Rolo, ¿acabas de visitar a tu novia?
—Sí, acabo de visitar a mi novia.
—Sí, visitarla

5. —Rolo, ¿escuchan tus hermanos a tu padre?
—Bueno, de vez en cuando mis hermanos escuchan a mi padre.
—Bueno, de vez en cuando lo escuchan

6. —Rolo, ¿puedes hacer este ejercicio sin traducir las palabras?
—Claro que puedo hacer este ejercicio sin traducir las palabras.
—Claro que hacerlo

7. —Rolo, ¿escribes los verbos antes o después de mirar las respuestas?
—¡Qué pregunta! Escribo los verbos antes de mirar las respuestas.
—¡Qué pregunta! los escribo

**B. Imagínese que un compañero / una compañera de clase le hace las siguientes preguntas a Ud. Contéstelas, usando pronombres de complemento directo en sus respuestas cuando sea posible.

1. ¿Sueles hacer la tarea en tu cuarto o en la biblioteca? ¿Por qué?

   suelo hacerla en la biblioteca porque mi casa es más ruidosa

2. ¿Es mejor tomar todos los cursos obligatorios durante los primeros dos años de la universidad o tomar unos pocos durante cada uno de los cuatro años? ¿Por qué?

   Es mejor tomarlos durante cada ano porque es posible a probar otros clases

3. ¿Prefieres tener las clases por la mañana o por la tarde? ¿Por qué?

   prefiero tenerlas por la mañana porque me gusta mi tiempo libre por la tarde

4. Normalmente, ¿a qué hora sales de casa para ir a clase?

   Por a las ocho y media la estoy saliendo

5. ¿Puedes escuchar la radio mientras preparas la tarea de tus clases?

   No la escucho

¡Ojo!

A. Elija la palabra que mejor complete cada oración.

1. No puedo (funcionar / trabajar) aquí; no hay un ambiente cordial.
2. Muchas personas piensan que todos los españoles son (bajos / cortos).
3. Necesito comprarme otro bolígrafo; éste ya no (funciona / trabaja).
4. Los turistas van a estar aquí unos días solamente —un tiempo muy (bajo / breve).
5. Hay un muro (bajo / corto) alrededor de la casa.
6. No me gusta hablar con Ramón; nunca me (busca / mira / parece) cuando le hablo.
7. Ese coche (busca / mira / parece) nuevo, pero no (funciona / trabaja) bien.
8. Todos (buscamos / miramos / parecemos) al niño, pero no lo encontramos.

B. Exprese en español las palabras y expresiones en letra cursiva.

1. If this latest plan *doesn't work* we will have to have a *short* meeting in order *to look for* another solution.
2. It *looks* like they are all going *to work* very hard.
3. People who are *short* shouldn't have *low* self-esteem.
4. If you *look at* the brochure, this place should be great for a *short* vacation.
5. They are *looking for* a new house so the commuting distance to where they *work* will be *shorter*.
6. I usually *look* carefully before crossing the street.
7. This barometer really *works* as a weather predictor—*look* outside right now. Does it *look* like it's going to rain?

1. no funciona; breve; buscar
2. parece; trabajar
3. bajos; baja
4. miras, bajo
5. buscan; trabajan; más corto
6. miro
7. funciona; mira; parece

Enlace

ORTOGRAFIA: EL SILABEO

The basic rule involved in syllable division in Spanish is to make each syllable end in a vowel whenever possible.

mu-cha-cha ve-ci-no ci-vi-li-za-do

Most sequences of two consonants, including *sl* or *sr*, should be divided.

tem-po doc-to-ra gor-do is-la Is-ra-el

Do *not* divide *ch, rr, ll,* or any consonant (other than *s*) next to *l* or *r.*

mu-cho be-llo a-rroz si-glo ha-blar a-bri-go

Two vowels should always be divided, unless one of them is an unaccented *i* or *u*. Accents on other vowels do not affect syllabication.

ro-e-dor	Ma-rí-a	de-mo-cra-cia	ver-sión
con-ti-nú-e	bue-no	des-pués	em-ple-a-do

Divida las siguientes palabras en sílabas.

1. preocupado — pre-ocu-pa-do
2. padre — pa-dre
3. carro — ca-rro
4. empezar — empe-zar
5. tío — tí-o
6. siglo — si-glo
7. combinación — combi-na-ción
8. estereotipo — este-re-otipo
9. apropiado — apro-piado
10. característica — cara-cte-rísti-ca
11. empollón — empo-llón
12. niña — ni-ña
13. entiende — enti-ende
14. elefante — el-efa-nte
15. verdadero — ve-rda-dero
16. macho — ma-cho
17. necesario — nece-sario
18. silabeo — sila-be-o
19. avión — avión
20. absoluto — abso-luto
21. acción — ac-ción
22. vuelve — vu-elve
23. actitud — acti-tud
24. piel — piel

REPASO: PARRAFO DE SINTESIS

Lea el siguiente texto, llenando los espacios en blanco con la forma correcta de la palabra o las palabras entre paréntesis. Donde se dan dos palabras, escoja la más apropiada para el contexto.

Mi abuelo español

Mi abuelo materno es de España. Ahora vive en Long Island y nos visita con frecuencia. Yo lo quiero mucho y creo que es un hombre muy interesante.

Ahora (ser/estar/haber) ____________[1] muchas arrugas[a] en su cara, pero sus ojos (brillar[b]) ____________[2] cuando (hablar: él) ____________[3] y por eso (parecer) ____________[4] mucho más joven. No (ser/estar) ____________[5] ni alto, ni bajo; su figura, muy delgada en su juventud,[c] hoy (ser/estar) ____________[6] un poco amplia en la barriga.[d] El me dice que eso (ser/estar) ____________[7] cosa de la vejez,[e] y luego me (mirar) ____________[8] y me (guiñar[f]) ____________[9] el ojo… ¡Pero yo sé que mi abuelo (ser/estar) ____________[10] un gran aficionado[g] al vino!

Por lo general, mi abuelo (ser/estar) ____________[11] un hombre muy alegre. Varios otros inmigrantes españoles (vivir) ____________[12] en su barrio; ellos (pasar) ____________[13] mucho tiempo juntos y (comentar) ____________[14] «los viejos tiempos», es decir, antes de llegar a los Estados Unidos. Muchas veces (cantar) ____________[15] canciones españolas y, especialmente cuando (beber) ____________[16] un poco de vino, (bailar) ____________[17] la jota aragonesa y otros bailes españoles.

A veces (notar: yo) ____________[18] que mi abuelo (ser/estar) ____________[19] algo triste y (comprender: yo) ____________[20] que (ser/estar) ____________[21] pensando en mi abuela, que ya (ser/estar) ____________[22] muerta. Entonces me siento[h] a su lado y (esperar: yo) ____________[23] en silencio. Dentro de poco mi abuelo (abandonar) ____________[24] su meditación y me habla otra vez. Nosotros (hablar) ____________[25] de su vida en España; él me (describir) ____________[26] su patria y cómo (ser/estar) ____________[27] sus tradiciones. Entonces sus ojos (volver) ____________[28] a brillar otra vez y sé que (ser/estar: él) ____________[29] contento.

Es así como yo (desear) ____________[30] recordar a mi abuelo, con su gran amor por la vida y por la gente. Si yo (llegar) ____________[31] a los ochenta años, (esperar) ____________[32] que mis nietos[i] tengan un abuelo tan admirable como el mío.

[a]*wrinkles* [b]*to twinkle* [c]*youth* [d]*belly* [e]*old age* [f]*to wink* [g]*fan* [h]me… *I sit down* [i]*grandchildren*

Análisis y aplicación: Composición

EL USO DEL DICCIONARIO

A dictionary is a useful aid in writing, but if you use it carelessly you can produce stilted and incorrect language. There are two basic rules that you should follow when using the dictionary.

1. *Don't overuse the dictionary.* If you're looking up every word or even half or a third of the words you use, chances are you're thinking in English and translating into Spanish. If you do that, you'll end up with a composition that uses Spanish words but follows English patterns. It is harder to think in Spanish initially, but in the long run doing so produces fewer mistakes and a more natural style.

You may feel that your Spanish vocabulary isn't very extensive and that you simply don't know enough words to write about anything. Remember, however, that in every language there are many ways to say the same thing, and that with just a few words you can express many ideas. If you don't know how to express a specific phrase or word in Spanish, try to restate the same concept in simpler terms or other words, then try again to express it in Spanish.

2. *Don't misuse the dictionary.* Sometimes it is necessary to look up words in the dictionary, but be careful! We often use words in English without thinking about what they really mean or what part of speech they are. Unfortunately, a single English word may have many equivalents in Spanish, some of which may be nouns, verbs, or adjectives. For example, if you want to know the Spanish equivalent for *can,* you will find the noun **lata** (*tin can*), the verb **envasar** (*to can,* as in preserving vegetables), and the auxiliary verb **poder** (*to be able*). Not knowing which part of speech you want in English can lead to some very funny, but often incomprehensible, errors.

You can please some of the people some of the time . . .	Ud. lata por favor suma de la gente suma de la hora…

To avoid such errors, follow these guidelines:

- Determine the part of speech of the word you want for the context in which you will use it. Make sure you are spelling the word correctly.
- Look up the word in the English-Spanish section of the dictionary. Choose only the equivalent that functions as the part of speech that you need.
- If you find more than one Spanish equivalent for that part of speech, write down all of them.
- Look up each of these equivalents in the Spanish-English section of the dictionary to determine which is the closest to the meaning you want.

If, for example, you want to describe an incident in which a window shade suddenly rolls up and you don't know the word for *shade,* you will find the following entries in your dictionary:

shade *s.* sombra; tinte, matiz; pantalla; persiana; visera;
v. sombrear; dar sombra; resguardar de la luz; matizar

Of the meanings, the only ones you can reject right away are those listed as verbs, since the *shade* you want is a noun. Looking in the Spanish section of the dictionary, you learn the following:

sombra: shade, shadow
tinte, matiz: shade, hue of color
pantalla: lampshade
persiana: shade, Venetian blind
visera: eyeshade, visor

Persiana is the only word that really fits the meaning you want.

When a word has several equivalents, many dictionaries provide example phrases or sentences for correctly using each in context; checking them may help you decide the proper Spanish equivalent for the word you need. Remember that a language reflects the culture of its speakers. For that reason, do not expect to find Spanish equivalents for every English word. For example, the concept of *college* (as distinct from *university*) does not exist in Hispanic cultures. You may need to paraphrase the idea rather than look for an exact, single-word equivalent.

A. On another sheet of paper, rephrase the following sentences in simpler English and then express those simpler constructions in Spanish.

1. It is imperative that you discuss the matter with me.
2. He has every intention of purchasing the company.
3. She drinks coffee day in and day out.
4. You should try to paraphrase the ideas. Plagiarism is against the law!
5. I'm in a terrible jam!

B. Study the following sentences, which include typical errors. What did the writer actually say? What did the writer *want* to say? What word should he or she have used? Answer on a separate sheet of paper.

1. Por favor, ¿me puede dar un vidrio de agua?
2. Es verdad; que libro es muy interesante.
3. El fue un universidad profesor pero ahora corre para gobernador.
4. Si yo maestro la técnica, voy a recibir un levantar.
5. El dictador fue una regla tiránica.

C. Look up each of the italicized words in the following sentences and determine which of the Spanish equivalents best fits the desired meaning. Answer on a separate sheet of paper.

1. My father told me to *water* the *plants* because otherwise they would not *flower* in the *spring*.
2. Remember the *fire* last year in the *state park*? Did they ever *catch* the *rat* who *set* it?
3. *Set* the *rest* of the luggage in the *trunk* of the car; there is no more *room* in the *back*.
4. If they *hang* him, they will be making a *grave* mistake.

Viaje cultural*

Pasaje: Medellín, capital industrial de Colombia

Este segmento presenta una campaña para mostrar al mundo entero lo que (*what*) ofrece Medellín: industria, comercio, medicina avanzada, educación universitaria y, sobre todo, el empuje, los valores (*values*), la fuerza, la fe (*faith*) y la esperanza (*hope*) de su gente.

¡A ver! Antes de ver el segmento, lea las siguientes oraciones. A la izquierda hay frases que se dicen en el segmento; a la derecha hay imágenes que ilustran esas frases en el vídeo. Después de ver el segmento, empareje cada frase con la imagen correspondiente. (Mire varias veces el segmento si es necesario.)

*The viewing segments corresponding to the **Viaje cultural** section can be found on the Video to accompany *Pasajes*.

Frases

1. __e__ «Este es el sonido del palpitar de Medellín».
2. __a__ «Es nuestra ciudad, nuestra tierra».
3. __f__ «Veamos[a] lo que nos dice el alcalde».[b]
4. __d__ «Tenemos una [campaña] muy bonita, que ha calado bien».[c]
5. __c__ «[Medellín] es una ciudad artística».
6. __b__ «Es lo que nos da la fe y la esperanza».

Imágenes

a. Hombre que canta[d]
b. Niños que cantan
c. Esculturas del artista medellinense Fernando Botero, famoso por sus figuras «gordas»
d. Valla[e] publicitaria con la frase: «Hecho en Medellín»
e. Una fábrica de textiles, construcción, ruidos de la calle
f. Juan Gómez habla

[a]*Let's see* [b]*mayor* [c]ha… *has worked well* [d]*sings* [e]*billboard*

Enigma. ¿Cuántas universidades hay en Medellín? __once__

Para más práctica. Escriba los cuatro adjetivos que el alcalde usa para describir la ciudad con la frase: «Medellín es una ciudad… » ______________________________

Nombre ______________________ Fecha ______________ Instructor(a) ______________

La comunidad humana

EXPRESION ORAL Y COMPRENSION

Describir y comentar

A. Escuche las siguientes palabras y repítalas en la pausa. Entonces escuche cada palabra otra vez, compare su pronunciación con la que oye en la cinta y repita la palabra una vez más.

el antepasado	el/la descendiente	(no) llevarse bien (con)
apreciar	despreciar	la mezcla
el aprecio	el desprecio	lo moderno
compartir	discriminar (contra)	la población
con respecto a	el/la indígena	la raza
el contraste	el indio / la india	lo tradicional

B. Mire la lista del vocabulario en el ejercicio A mientras escucha las siguientes oraciones y preguntas. Diga la palabra que mejor corresponda a cada contexto. Entonces repita la respuesta correcta después de oírla en la cinta.

1. … 2. … 3. … 4. … 5. … 6. …

C. El siguiente texto describe algunas tendencias entre los grupos indígenas de la región de los Andes. Mire el mapa y las preguntas a continuación. Escuche el texto con atención, trate de entender las ideas generales y adivinar las palabras o frases que no entienda completamente. Luego conteste la primera pregunta. Oirá el texto otra vez para poder contestar las preguntas dos y tres.

1. El tema central del texto es…
   a b c

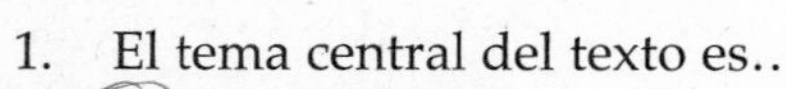

2. Hoy en día hay una tendencia a…
   a b c
3. Las nuevas tendencias son el resultado de…
   a b c

D. El siguiente texto describe algunas tendencias de otro grupo de la comunidad humana: los «chicos 16 válvulas»—jóvenes españoles de la nueva generación. Mire los dibujos y las preguntas a continuación. Escuche el texto con atención; trate de entender las ideas generales y adivinar las palabras o frases que no entienda completamente. Luego conteste la primera pregunta. Escuche el texto otra vez para contestar la pregunta número dos.

1. Según la información del texto, ¿quién de los siguientes sería (*might be*) uno de los jóvenes de este grupo?

a. 

b. 

c. 

La pregunta número dos pide información específica. Léala otra vez y luego escuche el texto una vez más, buscando información sobre los intereses y las preocupaciones de los jóvenes como Virginia. Luego conteste la pregunta.

2. Pensando en el ejemplo de Virginia, ¿cuáles son los intereses y las preocupaciones de los miembros de este grupo?

	SI	NO		SI	NO
a.	☐	☐	e.	☐	☐
b.	☐	☐	f.	☐	☐
c.	☐	☐	g.	☐	☐
d.	☐	☐	h.	☐	☐

Exploraciones

6. EL *SE* IMPERSONAL Y EL *SE* PASIVO (Impersonal **se** and Passive **se**)

A. Ud. oirá una serie de oraciones. Cambie las estructuras activas por estructuras impersonales con **se.** Repita la respuesta correcta después de oírla en la cinta.

MODELO: Ellos beben mucho café aquí. → *Se bebe mucho cafe aquí.*

1. … 2. … 3. … 4. … 5. …

B. Ud. oirá una serie de preguntas con **se.** Conteste cada pregunta con una oración completa. ¡Cuidado con la concordancia del verbo! Luego oirá una posible respuesta; repítala en la pausa.

MODELO: ¿Dónde se puede comprar un diccionario de español? → *Se puede comprarlo en la librería.*

1. … 2. … 3. … 4. … 5. …

7. LOS COMPLEMENTOS INDIRECTOS (Indirect Objects)

A. Antes de practicar los complementos indirectos, haga este ejercicio para repasar los directos. Para el siguiente dibujo, Ud. oirá una serie de preguntas. Conteste cada pregunta con una oración completa, usando pronombres de complemento directo. Repita la respuesta correcta después de oírla en la cinta.

MODELO: ¿El niño aprecia o desprecia a su abuelito? → *Lo aprecia.*

1. Las mira 2. La desprecia 3. No la quiere comer

1. … 2. … 3. … 4. … 5. … 4. Si lo escucha

5. la sirve

B. Ud. oirá una serie de preguntas sobre el siguiente dibujo. Conteste cada pregunta con una oración completa, usando pronombres de complemento indirecto. Repita la respuesta correcta después de oírla en la cinta.

MODELO: ¿Quién habla a David y Alvaro? → *Les habla Rubén.*

1. … 2. … 3. … 4. … 5. …

1. Le dan consejo
2. Les muestra una nota
3. Le va a pedir información
4. Le va a dar unos libros
5. Les escribe una carta

C. Escuche la oración modelo y repítala. Luego oirá una serie de frases preposicionales que indican un complemento indirecto nuevo. Exprese la oración con cada nuevo complemento indirecto.

MODELO: Le dan el libro a Juan. (a ti) → *Te dan el libro a ti.*

1. … 2. … 3. …

D. Cuando Laura va de vacaciones, le gusta comprar regalitos para sus amigos y parientes. Ud. va a indicar lo que Laura le envía a cada uno. Conteste las preguntas según el modelo, incorporando las palabras que se dan a continuación y usando pronombres de complemento indirecto donde sea posible. Repita la respuesta correcta después de oírla en la cinta.

MODELO: ¿Qué envía a su profesor? → *Le envía unos sellos.*

1. un suéter
2. unos juguetes
3. una bolsa típica
4. una tarjeta postal
5. un libro

8. DOS COMPLEMENTOS PRONOMINALES JUNTOS (Sequence of Object Pronouns)

A. Escuche las siguientes oraciones, prestando atención especial a los pronombres de complemento directo e indirecto. Luego escriba el sustantivo al que se refiere cada pronombre. Oirá cada oración dos veces.

MODELO: se = _____, los = _____ → se = *Marta,* los = *libros*

1. lo = __________
2. se = __________, lo = __________
3. les = __________
4. se = __________, las = __________
5. la = __________
6. se = __________, lo = __________

B. Para cada uno de los siguientes dibujos, Ud. oirá una serie de preguntas. Conteste cada pregunta de manera *lógica,* usando pronombres de complemento directo e indirecto en su respuesta. Repita la respuesta correcta después de oírla en la cinta.

1.

2.

3.

4

C. Conteste las siguientes preguntas usando pronombres de complemento directo e indirecto en su respuesta. A continuación oirá una posible respuesta. Repítala.

1. Si se las escribo

MODELO: ¿Regala Ud. una foto a su madre? → *Sí, se la regalo.*

2. Si se las invio 3. Si, se los pido

1. … 2. … 3. … 4. … 5. …

4. Si, se lo explico 5. No me lo manden

9. EL TIEMPO IMPERFECTO (The Imperfect Indicative)

A. Ud. oirá un verbo en el presente. Cámbielo por la forma correcta del imperfecto. Repita la respuesta correcta después de oírla en la cinta. 1. estudiaba 2. comían 3. almorzaba

MODELO: hablan → *hablaban* 4. eran 5. iba 6. escribías 7. vivía

8. ganabamos 9. hacía

1. … 2. … 3. … 4. … 5. … 6. … 7. … 8. … 9. … 10. …

10. verías

B. Ud. oirá una frase incompleta que empieza en el tiempo presente. Complétela con la forma correcta del imperfecto, usando pronombres de complemento directo cuando sea posible. ¡Cuidado! No es posible usar un complemento en todos los casos. Repita la respuesta correcta después de oírla en la cinta. 1. la compraba 2. los compredían 3. vivía

MODELO: Ahora yo no tomo leche, pero antes sí… → *la tomaba.*

4. la escuchabamos

1. … 2. … 3. … 4. … 5. …

5. iba los partidos

C. Ud. oirá una frase incompleta que empieza en el tiempo presente. Complétela con la forma correcta del tiempo imperfecto, usando pronombres de complemento directo e indirecto. ¡Cuidado! Algunas de las oraciones necesitan dos pronombres. Repita la respuesta correcta después de oírla en la cinta.

1. se las escribía 2. me lo enviaba 3. me las traías

MODELO: Ahora no le digo mis secretos a mi mamá, pero antes sí… → *se los decía.*

4. te las cantaba 5. nos los daban

1. … 2. … 3. … 4. … 5. … 6. …

6. se los hacía

10. LAS ESTRUCTURAS REFLEXIVAS (Reflexive Structures)

A. Ud. oirá una serie de preguntas. Contéstelas según el sujeto sugerido que oye. *No* repita el sujeto. Repita la respuesta correcta después de oírla en la cinta. 1. Tambien me baño, tambien se bañan, / 2. Tambien nos duchamos, tambien se duchan,

MODELO: Yo me lavo los dientes después de comer.
¿Y ellos? → *También se lavan los dientes.*

3. Tambien me pongo, Tambien te pones, 4. Tambien se quita, tambien nos quitamos / 5. Tambien se visten Tambien me visto

1. … 2. … 3. … 4. … 5. …

B. Ud oirá una serie de frases en las que Susana explica la rutina de cada día de la semana. Repita las frases usando la tercera persona.

MODELO: Yo me despierto a las 6:00 de la mañana. → *Susana se despierta a las seis de la mañana.*

1. … 2. … 3. … 4. … 5. … 6. … 7. … 8. …

C. Escuche las preguntas sobre cada uno de los siguientes dibujos y contéstelas, incorporando uno de los verbos indicados en cada respuesta. ¡Cuidado! A veces la acción es reflexiva y a veces no. Repita la respuesta posible después de oírla en la cinta.

1. Susana se lavanta
2. Todos los días se ducha y se lava el pelo
3. Pero los fines de semana se baña
4. Duespues se viste con ropa camoda
5. Cuando vuelve a casa por la noche se sienta
6. Más tarde se quita la ropa y se pone la pijama
7. se acuesta a las 10:00
8. Le gusta leer en la cama; no se duerme hasta la media noche

MODELO: ¿Qué hace el niño? → *Se lava los dientes.*

lavar

1.

Tiene que bañarse

quitar / bañar / lavar

Va a Lavarla

2.

se visten

vestir / bañar / peinar

acaba de bañarse

3.

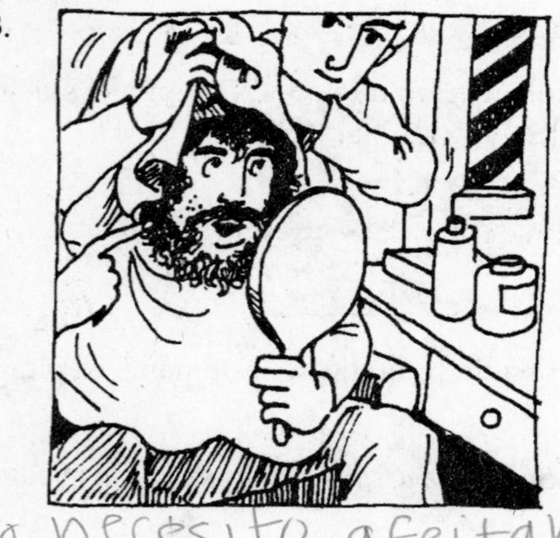

Lo necesito afeitar

secar / afeitar / mirar

se mira

D. Para cada uno de los siguientes dibujos, Ud. oirá una serie de preguntas. Contéstelas de acuerdo con las acciones que se ven, usando los verbos indicados. Repita la respuesta correcta después de oírla en la cinta.

Nombre ______________________ Fecha ______________ Instructor(a) ______________________

MODELO: 

¿Qué hacen el hombre y la mujer? → *Se miran pero no se hablan.*

1. 

No se entienden porque

no entender / porque / no escuchar

no se escuchan

2.

Nos damos regalos porque

dar regalos / porque / apreciar mucho

nos apeciamos mucho

3. 

se pegaban y

pegar / y / gritar

se gritaban

4.

No nos escribimos cartas, no nos veías con

escribir cartas / no ver con frecuencia

frecuencia

11. *GUSTAR* Y VERBOS PARECIDOS (**Gustar** and Similar Verbs)

A. Haga oraciones completas usando las siguientes palabras y frases, sin cambiar el orden de las palabras. Conjugue los verbos y agregue las palabras necesarias (preposiciones y pronombres). Repita la respuesta correcta después de oírla en la cinta.

MODELO: Juanita / gustar / los deportes → *A Juanita le gustan los deportes.*

1. mis amigos / gustar / la universidad
   Mis amigos les gusta la universidad
2. nosotros / gustar / el arte indígena
   Nosotros nos gusta el arte indígena
3. los ingenieros / interesar / lo moderno
   Los ingenieros les intersa lo moderno
4. mí / importar / los niñitos
   A mí me importan los niñitos
5. ti / disgustar / los egoístas
   A ti te disgustan los egoistas
6. nosotros / preocupar / el medio ambiente
   A nosotros nos preocupa el medio ambiente

B. Ramón el Quejón (*the Complainer*) y su hermana Lola son muy antipáticos y no les gusta nada de nada. Ud. oirá una serie de preguntas sobre los gustos de Ramón y Lola. Contéstelas de manera negativa, usando la forma correcta del verbo **gustar** o **caer bien,** según el contexto. Repita la respuesta correcta después de oírla en la cinta. 1. No le gusta 2. No les gusta 3. No le gustan 4. No le caen bien

MODELO: ¿Qué opinión tiene Ramón de sus clases? → *No le gustan.*

5. No les cae bien

1. … 2. … 3. … 4. … 5. … 6. … 6. No les caen bien

C. Generalmente las personas hacen o no hacen las cosas porque así lo quieren. Ud. oirá una serie de preguntas sobre varias personas. Contéstelas, explicando las motivaciones con el verbo **gustar.** Repita la respuesta correcta después de oírla en la cinta.

MODELO: ¿Por qué no comía Ud. la cena? → *Porque no me gustaba.*

1. ¿Por qué no llevaba el niño los zapatos? porque no le gustaban
2. ¿Por qué se comían Uds. los dulces de su abuelita? Porque nos gustaban
3. ¿Por qué no iban los estudiantes a la exposición? Porque no les gustaba
4. … porque no me gustaba
5. … porque ~~no~~ les gustaba
6. … Porque no nos gustaban

Enlace

VOCES

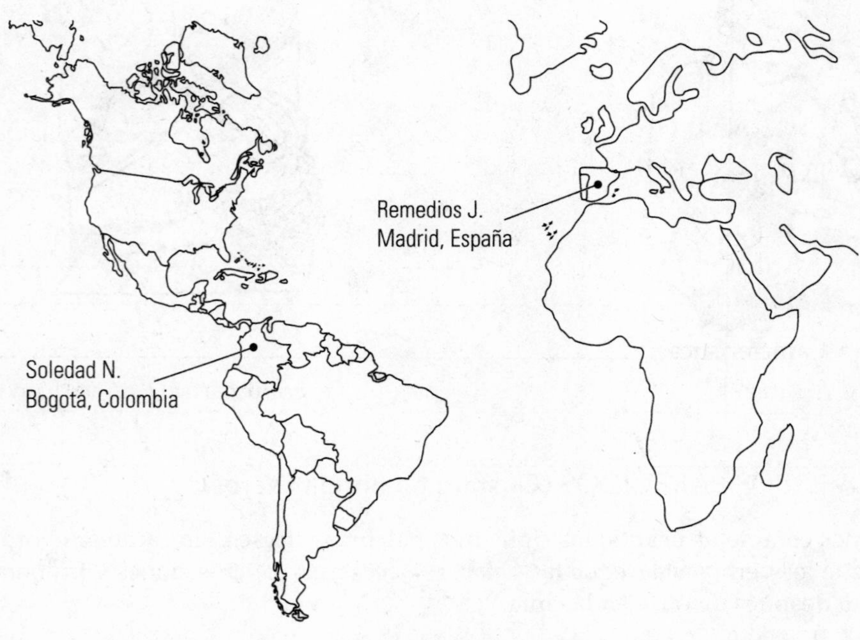

A. Escuche con atención a Remedios J. Ella va a hablarle de la comunidad humana de su país. Mire las preguntas de comprensión a continuación. Mientras escucha, trate de completarlas con la opción que mejor se corresponda con las opiniones de Remedios. Trate de entender las ideas generales y de adivinar las palabras o frases que no entiende completamente.

1. España es un país con...
   a. una gran variedad racial.
   b. una gran uniformidad racial.
2. Los gitanos son...
   a. una minoría muy numerosa.
   b. una comunidad muy pequeña.
3. Cuando la gente habla del grupo gitano generalmente se refiere a...
   a. los gitanos que viven en la marginalidad.
   b. todos los gitanos que viven en el país.
4. Algunas personas acusan a los gitanos de dedicarse...
   a. al tráfico de drogas.
   b. a robar y matar.
5. Según Remedios, en España...
   a. sí hay un sentimiento en contra de los gitanos.
   b. no hay un sentimiento en contra de los gitanos.

B. El testimonio de Remedios continúa. Ahora habla de otros grupos raciales que han llegado (*have arrived*) más recientemente. Mientras escucha, trate de identificar la procedencia (el lugar de origen) de estos grupos y algunas de las características comunes que justifican sus dificultades para adaptarse. Como se decía antes, escuche para entender las ideas generales y trate de adivinar las palabras o frases que no entiende completamente. Oirá el texto dos veces. Luego, complete la ficha a continuación.

INMIGRACION RECIENTE

- Procedencia: Morroco
- Características: pobres, no hablan español, sin cualificación, culturas diferentes

C. Escuche con atención a Soledad N. Soledad es de Colombia y, claro, los grupos raciales y étnicos de ese país son muy diferentes de los de España. Mientras escucha, trate de contestar la siguiente pregunta: ¿Cuáles son los grupos que menciona? ¿Cuál de los grupos es el más grande? Luego, complete la ficha a continuación.

negra - 30%

indigenas - 10%

PORCENTAJE DE LA POBLACION	GRUPO
10 %	indigenas
30 %	negras

D. Escuche el testimonio de Soledad N. de nuevo. Mientras escucha, trate de contestar la siguiente pregunta. ¿Cuáles son dos características que estos grupos tienen en común? Luego, indique si las siguientes oraciones son ciertas (C) o falsas (F).

1. C F 2. C F 3. C F 4. C F 5. C F

EXPLORACION CULTURAL: **Los gitanos de España**

A. Primera parte. Lea la siguiente selección mientras la escucha en la cinta. Al final de la selección, se oirán algunas oraciones que se basan en ella. Indique si son ciertas (C) o falsas (F). Si lo necesita, escuche la selección una vez más.

Los gitanos de España (Primera parte)

Para entender la historia de España es importante primero apreciar su situación geográfica. Situada en el cruce entre el continente europeo y el africano y fácilmente accesible desde el mar Mediterráneo, España ha sido invadida y habitada por muchos grupos étnicos y culturales diferentes a través de su historia: íberos, celtas, griegos, romanos, godos, judíos, árabes. Todos estos grupos, especialmente los romanos y los árabes, han dejado huella en la civilización y en la cultura españolas. En la actualidad, cada una de las diecisiete comunidades autónomas que hay en España conserva sus propias tradiciones y costumbres y, en varias de ellas, hasta una lengua diferente.

A pesar de las diferencias regionales, hoy en día en España hay bastante uniformidad racial y étnica. En realidad, la única minoría racial que todavía existe en España con cierta importancia numérica son los gitanos. Los gitanos son un grupo misterioso y nómada cuyos miembros hoy residen en todos los continentes del mundo, pero que no tienen ninguna nacionalidad precisa. Originarios de la India, los gitanos llegaron a Europa en el siglo XV. Usaban ropa diferente y extraña y hablaban su propia lengua. La gente de aquel entonces pensaba que eran de Egipto y por eso les llamaba «egiptanos».

1. C F 2. C F 3. C F 4. C F 5. C F

B. Segunda parte. Escuche la segunda parte de la selección sobre los gitanos. Al final de la selección, oirá algunas oraciones que se basan en ella. Indique si son ciertas (C) o falsas (F). Si lo necesita, escuche la selección una vez más.

(Se puede usar este espacio para tomar apuntes [*notes*].)

1. C F 2. C F 3. C F 4. C F 5. C F

Pronunciación y ortografía*

PRONUNCIACION: LOS DIPTONGOS

A diphthong is the combination of an unstressed **i** or **u** (weak vowels) with an **a, e,** or **o** (strong vowels). These combinations are pronounced as a single sound, with stress on the strong vowel. Spanish has eleven frequently occurring diphthongs. They occur within words or across word boundaries: **suave, su amigo.**

A. Escuche cada una de las siguientes palabras y repítala en la pausa. Compare su pronunciación con la que oye en la cinta y repita una vez más. Cuidado de no confundir las vocales simples con los diptongos.

	VOCAL		DIPTONGO			VOCAL		DIPTONGO	
1.	[e]	seta	[i̯e]	siete	7.	[e]	seco	[u̯e]	sueco
2.	[e]	vente	[ei̯]	veinte	8.	[e]	rezar	[eu̯]	rehusar
3.	[o]	dos	[i̯o]	Dios	9.	[o]	cota	[u̯o]	cuota
4.	[o]	bono	[oi̯]	boina	10.	[a]	paga	[u̯a]	tregua
5.	[a]	pano	[i̯a]	piano	11.	[a]	pasa	[au̯]	pausa
6.	[a]	ha	[ai̯]	hay					

The two weak vowels **i** and **u** can also combine to form a diphthong. In this case the second vowel usually receives the stress: **ciudad, fui.** Two strong vowels never combine to form a diphthong. They are pronounced as separate sounds: **reo, poeta, teatro, ahora.**

B. Escuche cada una de las siguientes palabras y repítala en la pausa. Compare su pronunciación con la que oye y repita una vez más. Cuidado de no confundir las vocales simples con los diptongos.

1. [u]–[i̯u] cruda ciudad zumo triunfo
2. [i]–[u̯i] ida huida vimos fuimos
3. [e]–[u̯e] beca buena fe fue
4. [a]–[u̯a] haga agua sal suave
5. [e]–[ei̯] vente veinte pena peina
6. [a]–[ai̯] ha hay ala alai

C. Escuche las siguientes oraciones y repítalas en la pausa. Compare su pronunciación con la que oye en la cinta y repita una vez más. Cuidado de no confundir las vocales simples con los diptongos.

1. Nadie quiere despreciar a los indios que mantienen sus viejas tradiciones.
2. Esa estrategia juega un papel importantísimo.
3. Sea lo que sea, con frecuencia los indios o no quieren o no pueden salir adelante.

D. Lea cada una de las siguientes oraciones en voz alta, grabando su pronunciación en la cinta y prestando atención especial a la pronunciación de los diptongos. Después de grabar cada oración, escuche la pronunciación que oye en la cinta y repita una vez más.

1. Es cierto que nuestros descendientes no pueden solucionarnos los problemas.
2. En el caso mío, la mezcla de varias razas no tiene importancia.
3. Siempre quieren incluir lo tradicional y también lo moderno.

*Remember to use the separate Pronunciation Tape for the **Pronunciación y ortografía** sections.

E. Escuche cada una de las siguientes palabras y luego escríbala en el cuaderno. Oirá cada palabra dos veces. Cuidado de no confundir los diptongos con las vocales simples.

1. ________________
2. ________________
3. ________________
4. ________________
5. ________________
6. ________________
7. ________________
8. ________________
9. ________________
10. ________________

F. Escuche el siguiente texto por completo. Luego se repetirá más lentamente con pausas. En las pausas, escriba lo que oyó. Al final toda la selección se repetirá una vez más.

Los indios andinos «desaparecen»

____

____

____

____

____

PRACTICA ESCRITA Y COMPOSICION

Describir y comentar

A. Complete las siguientes oraciones con la forma correcta de la palabra de la lista del vocabulario en la página 29 que mejor corresponda al sentido de la oración.

1. Es ilegal discriminar contra una persona por el color de su piel.
2. el indígena de Australia son los aborígenes.
3. El color verde es la mezcla del azul más el amarillo.
4. la población de la ciudad de Nueva York es de unos dieciocho millones de habitantes.
5. con respecto a los blancos, no veo la necesidad de un programa antidiscriminatorio.
6. Muchos indios prefieren vivir en reservas con otros miembros de su comunidad.
7. Algún día sólo habrá (*there will be*) una raza y el problema de la discriminación habrá desaparecido (*will have disappeared*).
8. Muchos niños pequeños son muy posesivos; no les gusta compartir sus juguetes con otros.

B. Busque antónimos en la lista del vocabulario.

1. el antepasado el descendiente
2. el aprecio el desprecio

C. Busque sinónimos en la lista del vocabulario.

1. estimar apreciar
2. ser buenos amigos llevarse bien

Exploraciones

6. EL *SE* IMPERSONAL Y EL *SE* PASIVO (Impersonal **se** and Passive **se**)

A. Cambie las oraciones a continuación, usando construcciones con **se**.

MODELO: Las personas no votan en ese país. → *No se vota en ese país.*

1. Dicen que hay muchos indígenas norteamericanos en el Oeste. Se dice que hay muchos indígenas norteamericanos en el Oeste
2. La gente insiste en comprar coches grandes. Se insiste en comprar coches grandes

3. En las reservas la gente intenta mantener sus tradiciones. En las reservas se intenta mantener sus tradiciones

4. En muchas partes del mundo, la gente cree que todos los estadounidenses son ricos. En muchas partes del mundo se cree que todos los estadounidenses son ricos.

5. En este país la gente aprecia mucho los valores humanos. En este país se aprecian mucho los valores humanos

** **B.** Conteste las siguientes preguntas, usando construcciones con **se.**

MODELO: ¿Qué se hace en una fiesta? → *Se bebe vino, se baila y se escuchan discos.*

1. ¿Qué se hace en un laboratorio de lenguas? Se hace hablo, se estudio y se escucho.

2. ¿Qué se hace en la cafetería de la universidad? Se hace como almuerzo, se hablo y se bebo leche

3. ¿Qué se hace en una tienda de ropa? Se veo ropa, y se compro.

4. ¿Qué se debe hacer en la clase de español? Se debo aprende, se escribo y se hablo español

5. ¿Qué no se debe hacer antes de un examen? No se estudio, y no se no duermo.

7. LOS COMPLEMENTOS INDIRECTOS (Indirect Objects)

A. Rolo Repítelo contesta cada pregunta como un eco, repitiendo muchas palabras que deben ser reemplazadas por pronombres. Cambie las respuestas de Rolo para eliminar la repetición innecesaria.

MODELO: —¿Piensas escribir a tu amigo mañana?
—No, voy a escribir a mi amigo ahora. → *—No, voy a escribirle ahora.*

1. —¿Escribe Ud. a sus padres?
—Sí, escribo a mis padres a menudo. → —Sí, les escribo a menudo.

2. —En la clase, ¿contestan Uds. al profesor en inglés?
—No, contestamos al profesor en español. → —No, le contestamos en español.

3. —¿Qué piensas comprar a tu novia para su cumpleaños?
—Pienso comprar unas flores a mi novia. → —Le pienso comprar unas flores.

4. —Para ser cortés, ¿qué debes decir a esa señora?
—Debo decir «gracias» a esa señora. → —Le debo decir «gracias».

5. —En su opinión, ¿deben gritar los padres a sus hijos?
—No, los padres no deben gritar a sus hijos, ni viceversa. →
—No, les deben gritar, ni viceversa.

** **B.** ¿A quién acude (*turn to*) Ud. cuando necesita o quiere hacer las siguientes cosas? Incluya en su respuesta el pronombre de complemento indirecto apropiado.

MODELO: pedir consejos →
Les pido consejos a mis hermanos mayores porque tienen mucha experiencia.

1. pedir consejos: Les pido consejos a mis abuelos porque son sabios.
2. contar algo en secreto: Le cuento a mi amiga porque es confidente
3. pedir dinero: Les pido dinero a mis padres
4. hacer regalos especiales: Le hago regalos especiales a mi familia
5. pedir compasión (*sympathy*): Le pido compasión a mi amiga porque ella es comprensivo.

8. DOS COMPLEMENTOS PRONOMINALES (Sequence of Object Pronouns)

A. Rolo necesita más ayuda. Escriba sus respuestas de nuevo, usando pronombres para evitar la repetición.

MODELO: —¿Quién acaba de darle las flores a María?
—Su hija acaba de darle las flores a María. → —*Su hija acaba de dárselas.*

1. —¿A quién le vas a dar esa botella de vino?
   —Voy a darle la botella de vino a mi hermana. → —Voy a dársela a mi hermana
2. —¿Cuándo me vas a devolver el dinero?
   —Te voy a devolver el dinero mañana. → —Voy a devolvértelo mañana
3. —¿A quién le vas a dar ese regalito?
   —Le voy a dar el regalito a mi mejor amigo. → —Voy a dársela a mi amigo.
4. —¿Quién te presta los libros? La biblioteca
   —La biblioteca me presta los libros. → —Me los presta
5. —¿Quién les paga a Uds. la matrícula (*tuition*)? Nuestros padres
   —Nuestros padres nos pagan la matrícula. → —No la pagan

** **B.** Conteste las siguientes preguntas, usando pronombres cuando sea necesario.

1. ¿A quién le escribe Ud. cartas románticas? Le escribo a mi novio
2. ¿Quién se las escribe a Ud.? Mi novio me escribe cartas romántica
3. ¿A quién le pide Ud. ayuda en asuntos de estudios? ¿En qué circunstancias? Le pido a mi amiga porque ella es inteligente. Solamente cuando no entiendo.
4. ¿Quién se la pide a Ud.? ¿En qué materia? Mis amigos me piden en las ciencias y matematicás

5. ¿A quién *no* le presta Ud. dinero *nunca*? ¿Por qué? ______________________________

____

9. EL TIEMPO IMPERFECTO (The Imperfect Indicative)

A. Complete las oraciones con la forma apropiada del imperfecto del verbo en letra cursiva, usando pronombres de complemento directo e indirecto cuando sea posible. ¡Cuidado! A veces no es posible usar un complemento pronominal; en otros casos puede ser necesario usar un pronombre preposicional.

MODELO: Ahora yo no *leo* las tiras cómicas (*comics*), pero antes sí ______. → *las leía.*

1. Ahora mi hermano *bebe* cerveza, pero antes no ______________.
2. Ahora yo me *compro* la ropa, pero antes no ______________.
3. Ahora mis amigos y yo *vamos* al laboratorio de lenguas todos los días, pero antes no ______________.
4. Ahora mi familia *hace* viajes largos con frecuencia, pero en el pasado no ______________.
5. Ahora mi hermanita ya no *juega* con muñequitas (*little dolls*), pero antes sí ______________.
6. Ahora Uds. *prefieren* los libros intelectuales, pero antes no ______________.
7. Ahora *puedo escribir* en español, pero antes no ______________.
8. Los estudiantes universitarios *duermen* muy poco, pero de niños ______________.
9. Ahora Juan ya no *pide* hamburguesas en un restaurante elegante, pero de niño sí ______________.
10. Ahora que tú *eres* adulto, no *dices* chistes sin gracia (*dumb*), pero cuando ______________ niño, sí ______________.

B. Lea el siguiente texto sobre la civilización maya y cambie los verbos indicados al imperfecto.

No sería[a] exagerado afirmar que la más brillante y admirable de todas las culturas que florecieron en México y en las zonas bajas de Guatemala fue la de los mayas. Tuvo su centro al sureste del istmo de Tehuantepec, y su desarrollo *comprende*[b] ______________[1] dos grandes épocas: el antiguo Imperio o civilización maya temprana y el nuevo Imperio. La primera época (900–300 a.C.) *se relaciona* ______________[2] cultural y lingüísticamente con las culturas olmeca, huaxteca y tolteca de México Central.

Fue en este período que *se desarrolla* ______________[3] el calendario y *aparece* ______________[4] un sistema de escritura basado en el culto a los antepasados. Su arquitectura, en piedra, *es* ______________[5] grandiosa, con falsas bóvedas,[c] pirámides escalonadas y templos. Muchos de los templos edificados en esa época *están* ______________[6] construidos sobre plataformas. El antiguo Imperio maya desapareció hacia el siglo X. Los investigadores no están

[a]No… *It would not be* [b]*consists of* [c]*vaulted ceilings*

de acuerdo sobre las causas de la desaparición. Para algunos la decadencia *se debe* ______________[7] a un cambio importante en el clima; para otros, la causa estaba en las convulsiones sociales o en la presencia de invasores.

La cultura del nuevo Imperio *es* ______________[8] de origen complejo. La agricultura, del maíz básicamente, *representa* ______________[9] su base económica, y sólo *se logra* ______________[10] desbrozando la selva[d] y quemando[e] los árboles derribados.[f] Los mayas *cultivan* ______________[11] el algodón,[g] *cazan* ______________[12] y *pescan* ______________[13]; *se organizan* ______________[14] en comunidades totémicopatriarcales y *dividen* ______________[15] las sociedades en clases. Por un lado *se encuentran* ______________[16] los jefes supremos y los sacerdotes;[h] por otro, los agricultores y esclavos que *viven* ______________[17] en chozas.[i]

Ya en el año 870 d.C. muchas de sus ciudades *están* ______________[18] despobladas[j] y convertidas en ruinas, o *desaparecen* ______________[19] poco a poco, absorbidas por la selva tropical. ¿Qué provocó el hundimiento de esta gran civilización? Es la pregunta que nadie sabe contestar.

[d]desbrozando... *clearing the jungle* [e]burning [f]fallen [g]cotton [h]priests [i]huts [j]deserted

**ESTRATEGIAS PARA LA COMUNICACION

Ud. habla con una persona que hace los siguientes comentarios. Ud. quiere conocer mejor a esa persona. Respóndale de manera que él/ella siga hablando.

1. «Yo vivo en Honolulú.»

   ____

2. «Mi padre es astronauta.»

   ____

3. «Me gusta mucho jugar al baloncesto.»

   ____

4. «No tengo hermanos.»

   ____

5. «Me gusta ir al cine con mis amigos.»

   ____

6. «Mi película favorita es *Bailando con lobos*.»

   ____

7. «No me gusta la música alternativa. Prefiero la música de rock duro.»

   ____

10. LAS ESTRUCTURAS REFLEXIVAS (Reflexive Structures)

A. Escriba **se** en los espacios en blanco donde es necesario el reflexivo, y **X** donde no es necesario.

MODELO: Uds. _se_ lavan los dientes después de comer _X_.

1. ¿__se__ ducha Ud. o prefiere bañar__se__?
2. Los niños deben poner__se__ un abrigo; hace frío afuera.
3. Ud. tiene que amar__se__ a sí mismo para amar__X__ a los demás.
4. ¿Puede Ud. levantar__X__ el sofá? Quiero limpiar debajo.
5. Mi hermana a veces __X__ afeita a su esposo.
6. Mamá necesita peinar__X__ al niño para la foto.
7. Esta tarde voy a bañar__X__ a mi perro.
8. Los muchachos en la escuela primaria no __se__ afeitan.
9. Si Ud. tiene calor, debe quitar__se__ el suéter.
10. Felipe es muy egoísta: __se__ considera muy inteligente, pero no lo es.

** **B.** Conteste las siguientes preguntas con oraciones completas. Cuidado con el tiempo del verbo.

1. De niño/a, ¿se ponía Ud. ropa elegante con frecuencia? ¿Y ahora?

____

2. ¿Se pintan mucho las mujeres de esta universidad?

____

3. ¿Prefiere Ud. ducharse o bañarse? ¿Y de niño/a?

____

4. De niño/a, ¿podía Ud. vestirse en menos de diez minutos? ¿Y ahora?

____

5. ¿Se lava Ud. los dientes antes o después de peinarse?

____

6. ¿Cuánto tiempo necesita Ud. para secarse el pelo?

____

C. Exprese las siguientes oraciones en español.

1. Here students and teachers respect each other. ______________________________

____

2. My dog and my cat do not get along well with each other. ______________________________

____

3. Some ethnic groups hate each other. ______________________________

____

4. The two groups look down on each other. ______________________________

5. The bride and groom give each other rings. ______________________________

11. *GUSTAR* Y VERBOS PARECIDOS (**Gustar** and Similar Verbs)

A. Haga oraciones completas usando las siguientes palabras y frases, sin cambiar el orden de las palabras. Conjugue los verbos y agregue las palabras necesarias (preposiciones y pronombres).

MODELO: Carolina / gustar / los dulces → *A Carolina le gustan los dulces.*

1. mis padres / gustar / lo tradicional
   A mis padres les gusta lo tradicional
2. nosotros / caer bien / Luisito
   A nosotros nos cae bien Luisito
3. ti / no interesar / las películas terroríficas
   A ti no te interesan las películas terroríficas
4. mí / caer mal / la «generación X»
   A mí me cae mal la <<generación X>>
5. Vicente / disgustar / las personas agresivas
   A Vicente le disgustan las personas agresivas

** **B.** Haga una paráfrasis (*paraphrase*) de cada una de las siguientes oraciones, sustituyendo las palabras en letra cursiva por la forma correcta de **(no) gustar, disgustar** o **caer bien (mal),** según el contexto.

MODELO: Carolina *come muchísimos* dulces. → *A Carolina le gustan los dulces.*

1. Yo *detesto* la música disco. Yo disgusta la música disco.
2. George Bush *cree que* el brecol *es terrible.* George Bush cae mal el brecol
3. Tú *nunca tomas* cursos de cálculo. Tú no gusta los cursos de cálculo
4. Roberto y Víctor *piensan que* Maribel *es muy amable.* Roberto y Víctor caen bien Maribel
5. Maribel *piensa que* Roberto y Víctor *son amables* también. Maribel gusta Roberto y Víctor

C. Conteste las siguientes preguntas en el imperfecto, empleando pronombres de complemento directo e indirecto cuando sea posible y explicando la acción con una forma apropiada del verbo **gustar.**

MODELO: ¿Por qué mordía el perro a los carteros (*postal carriers*)? →
Los mordía porque no le gustaban.

1. ¿Por qué escuchaban los discos compactos los estudiantes?

Los escuchaban porque les gustaban

2. ¿Por qué rechazaba el hombre los cigarrillos?

Los rechazaba porque le gustaban

3. ¿Por qué siempre pedían ellos pizza con queso?

La pedían porque le gustaban

4. ¿Por qué siempre leían Uds. ese periódico?

Lo leían porque les gustaban

5. ¿Por qué compraba la mujer las flores pequeñas?

Las compraba porque le gustaban

** **D.** Lea el siguiente texto sobre los gustos y la manera de vivir de esos jóvenes «chicos de oro» que ya se describió al principio del capítulo (página 30). ¿Puede identificar un grupo similar en la sociedad de este país?

Las jóvenes tribus urbanas

Los miembros selectos de la nueva generación urbana tienen un perfil bastante definido. Todos ellos comparten un buen origen familiar y una ambición profesional sin límites.

En su lenguaje diario se oyen con frecuencia palabras en inglés que hablan de cursos en el extranjero, prácticas en empresas y negocios propios. Ganan dinero y gastan mucho, especialmente en las «cosas» que les distinguen de los demás jóvenes. Son grandes «marquistas» —la marca de la ropa, de los zapatos, etc. es de gran importancia.

También comparten sus aficiones que, junto con el desarrollo de su futuro profesional, son el centro de sus conversaciones. En invierno les gusta esquiar en las estaciones de moda, y en verano practican el *windsurfing* o la vela. Muchos de ellos tienen pocos días de vacaciones al año entre la universidad, los cursos de idiomas y las prácticas en alguna empresa. Y de vuelta a casa, les gusta salir de copas a los lugares de moda para hablar de *masters,* tablas de *surf,* viajes y motores.

Se sale en grupos y aparentemente el sexo ocupa un segundo o tercer lugar. Simplemente no hay tiempo. En el amor prefieren esperar y los que caen suelen ser fieles a la pareja. Políticamente se consideran liberales pero sin compromisos serios. Se llevan bien con sus padres y no tienen grandes problemas generacionales. Las relaciones familiares estables aparecen como la segunda aspiración después del éxito profesional. Sin duda estos jóvenes económicamente privilegiados presentan rasgos bastante tradicionales.

1. Basándose en la información del texto anterior, escriba seis oraciones comparando los gustos y/o las preocupaciones de los jóvenes hispanos y los jóvenes de su país de la «Generación X». Incluya en sus oraciones por lo menos cuatro de las siguientes expresiones.

caer bien/mal	gustar	molestar
disgustar	importar	preocupar
encantar	interesar	

a. A los dos les preocupa con la marca de ropa

b. A los dos les gusta esquiar en el invierno

c. A los dos les intersa en muchas actividades, entonces no hay tiempo para hada,

d. A los dos les encanta gastar dinero

e. Los jovenes de Estados Unidos no les caen bien sus padres

f. A los dos les gusta hablar sobre su futuro profesional

2. Imagínese que es el año 2020. Ud. recuerda su generación —los jóvenes de los años 90. Escriba un pequeño párrafo explicando cuáles eran las principales diferencias entre el grupo de jóvenes privilegiados hispanos y su propio grupo. ¡Cuidado! Recuerde usar los verbos en el imperfecto.

Había muchas cosas simulares entre los dos grupos. Pero había algunas cosasque eran differentes. Mi grupo no hablabamos sobre su futuro professionl. En el inviemo esquiaba en las montañas, pero no en la estacion de moda. Tambien no teniamos buen relaciones con sus padres.

¡Ojo!

A. Dé el equivalente en español de cada frase indicada.

1. What do you *think of* piensas de my friend?
2. They *married each other* se casaron thirty years ago.
3. Unfortunately, politicians *depend on* dependen de PACS and other political organizations.
4. *I think* pienso que Native Americans still suffer tremendous discrimination.

B. Elija la palabra que mejor complete la oración. ¡Cuidado! También hay palabras del capítulo anterior.

1. Ella es morena y muy (baja / corta).
2. Siempre (pienso en / pienso de) mis padres cuando me siento solo.
3. Uds. (trabajan / funcionan) demasiado. Deben tomar unas vacaciones.
4. Todo consiste (en / de) organizar bien su tiempo.

Enlace

ORTOGRAFIA: REPASO DEL SILABEO

Divida las siguientes palabras en sílabas según las reglas que se presentaron en el Capítulo 1.

1. siguientes
2. indígena
3. rodeo
4. femenino
5. abril
6. antiguo
7. agrio
8. churro
9. fue
10. indio
11. estructura
12. valle

ORTOGRAFIA: EL ACENTO ESCRITO

In Spanish, words are normally stressed on the last syllable or on the next-to-last (penultimate) syllable. Words ending in vowels and the consonants **n** and **s** are stressed on the penultimate syllable: **ca-sa, ca-sas, ha-bla, ha-blan.** Words ending in any other consonant are stressed on the last syllable: **es-tar, es-pa-ñol, ciu-dad, re-loj.** Note that, for purposes of assigning stress, the letter **y** is considered a consonant: **es-toy.**

If the stress on a word does not follow the rule, the word will require a written accent over the stressed vowel: **ár-bol, so-fá, jó-ve-nes, cár-cel.**

The written accent has two other uses in Spanish. First, it is used to distinguish between two words with the same spelling but different meanings: **si** (*if*), **sí** (*yes*); **tu** (*your*), **tú** (*you*). In these cases the placement of the accent must be memorized. Secondly, it is used to break the single sound of a diphthong into two separate vowel sounds. You will learn the rules covering accents and diphthongs in Chapter 4.

A. La sílaba subrayada recibe el énfasis. Lea las palabras y escriba un acento donde sea necesario.

1. cli-ni-ca
2. ki-lo-me-tro
3. ca-pa-ci-dad
4. ho-rri-ble
5. di-fi-cil
6. la-pi-ces
7. a-zu-car
8. ul-ti-mo
9. in-te-res
10. mon-ton
11. la-dro-nes
12. can-cion
13. re-pre-sen-tar
14. a-le-ma-na
15. ra-pi-do
16. a-qui
17. man-te-ner
18. qui-mi-ca
19. can-cio-nes
20 pa-ja-ro
21. di-fi-cul-tad
22. ju-ven-tud
23. a-ni-mal
24. a-na-li-sis
25. jo-ven
26. tra-ba-jan
27. e-lec-tri-co
28. her-mo-si-si-mo

B. Elija la palabra que mejor complete cada oración.

1. ¿(Que/Qué) (te/té) va a dar (tu/tú) novio?
2. No (se/sé) (si/sí) (el/él) viene hoy o mañana.
3. Para (mi/mí), (el/él) español es fácil.

ORTOGRAFIA: LOS DIPTONGOS Y EL ACENTO ESCRITO

As you know, a diphthong is a combination of a weak vowel (**i, u**) with a strong vowel (**a, e, o**), pronounced together to produce a single sound. The strong vowel in a diphthong is always heard "louder" than the weak vowel. Say these words aloud: **agua, veinte, avión.**

When a written accent is placed over a weak vowel, the diphthong is considered broken, and the sounds of the two vowels can be heard separately. Thus, **ia** is a diphthong, but **ía** is not; **ie** is a diphthong, but **íe** is not.

Sometimes the strong vowel of a diphthong will have an accent because the word breaks these general rules of stress. This is the reason for the accents in **también** and **después.** A written accent over the strong vowel does not break the diphthong.

A. La vocal subrayada recibe el énfasis. Lea las parejas y escriba un acento donde sea necesario.

1. ie
2. io
3. ua
4. oi
5. ei
6. ai
7. ue
8. au
9. ie
10. ia
11. ei
12. oi

B. La vocal subrayada recibe el énfasis. Lea las palabras y escriba un acento donde sea necesario.

1. sientese
2. democracia
3. melodia
4. dinastia
5. lecciones
6. gracias
7. actual
8. continuo
9. limpio
10. policia
11. oimos
12. jaula
13. cuentanos
14. tierra
15. juegan
16. actuan
17. caigo
18. astronauta
19. periodico
20. lio

REPASO: PARRAFO DE SINTESIS

Lea la siguiente selección y luego exprese los verbos indicados en español.

Dos culturas se acercan

Hoy en día en los Estados Unidos no hay tanta diferencia entre la cultura indígena y la no indígena como había antes. En las reservas se vive en contacto con la naturaleza y se mantienen las maneras de vivir de la comunidad, exactamente como la gente lo hacía en el pasado. Los hijos (*study*) ________________[1] en las escuelas, pero también (*they learn*) ________________[2] los ritos religiosos y sociales de sus antepasados. (*They discover:* Descubrir) ________________[3] cómo ellos (*used to live*) ________________[4] y cómo (*used to be*) ________________[5] su vida. Muchas veces (*they participate:* participar) ________________[6] en los bailes tradicionales y (*they dance*) ________________[7] exactamente como (*used to dance*) ________________[8] sus antepasados. Así (*are transmitted:* transmitirse) ________________[9] los movimientos rituales de los indígenas norteamericanos de generación en generación.

Hace varios años, todo el mundo (*seemed*) ________________[10] preferir lo moderno. Hoy en día (*one sees*) ________________[11] que muchos estadounidenses que no son indígenas norteamericanos (*want*) ________________[12] volver a una forma de vida más simple. Con una frecuencia cada vez más evidente, la gente (*looks for*) ________________[13] un terreno lejos de los grandes centros urbanos, (*builds:* construir) ________________[14] una casa con sus propias manos y (*grows:* cultivar) ________________[15] sus propios alimentos. Muchos descendientes de inmigrantes (*want*) ________________[16] aprender la lengua de sus antepasados y otros (*desire*) ________________[17] aprender sus bailes o su música. En este deseo, los estadounidenses que no son indígenas norteamericanos (*begin*) ________________[18] a parecerse[a] en algo a los indígenas norteamericanos. Sin duda se abre así una puerta para entenderse.

[a] *to resemble*

Análisis y aplicación: Composición

LA DESCRIPCION

Mi abuelo español (pp. 24–25) is an example of descriptive writing. Like all written compositions, it has an introduction, a body, and a conclusion. In this selection, the introduction is in the first three sentences; it identifies and locates the person who will be described.

The body of the selection gives descriptive information. This can be organized in several different ways.

1. From outside to inside: describe external (physical) characteristics, then internal (personality, mental, emotional) traits.
2. From general to more specific: give an overall description of the person, then focus on a particular aspect or characteristic, such as the eyes, the smile, or the voice.
3. From specific to more general, the reverse of 2: start with the person's laugh, the way he or she walks, or another unique characteristic associated with the person, then give an overall description.
4. Spatially: describe a person from head to toe, or describe a scene moving from left to right.

Description can be very objective: The writer does little to reveal his or her feelings about what is being described. Description can also be very subjective: The writer helps the reader to understand the impression that the person or object described has made on him or her. This may be done through the actual choice of words ("He's a stout fellow" conveys a more positive feeling than "He's a fat slob"), or by associating the description with an experience common to all ("He's as fat as Santa Claus").

Whether subjective or objective, a description is always sensual. That is, it uses adjectives and expressions that appeal to the senses, in order to enable the reader to experience mentally the person or object described.

The conclusion can restate some of the principal characteristics of the person or object. In general, it includes a commentary or final statement on the person or thing described that helps the reader understand why this particular person or thing was chosen for description, why it has made such an impact on the writer, and what impression of it the writer would like the reader to retain.

Using a separate sheet of paper, answer the following questions about *Mi abuelo español.*

1. Is this an objective or subjective description? How is this point of view established? Be specific.
2. How is the information organized?
3. What words in the text enable the reader to visualize or to experience physically what is being described? Be specific.
4. Does the selection have a conclusion? If yes, what is it and which purpose does it serve?

Tarea. On a separate sheet of paper, write a descriptive paragraph about a special person or place. When you have finished your rough draft:

1. *Edit for content.**
   a. Is the information clearly organized?
   b. Does the description involve the senses?
   c. If you meant to write a subjective description, how is that goal evident in your paragraph? What words did you use to recreate the person or place for your reader?
   d. What is your own attitude toward what you have described? Does that attitude make itself felt anywhere in your description?

*You will find further discussion of the term *editing* in Chapter 3.

2. *Proofread for grammar and word usage.** In writing a description, the verbs **ser** and **estar** are very important, as are adjectives.
   a. Check each use of **ser** and **estar** carefully. Have you chosen the correct verb for the context? Have you conjugated the verb correctly?
   b. Check each of the adjectives that you have used. What is the noun that each modifies? Is the adjective ending correct? Is the adjective the most exact or most specific one that you could use for the context?
   c. If you have looked up any words, did you double-check the Spanish-English section of your dictionary for accuracy of meaning?

Make all changes that need to be made on the basis of your editing and proofreading, then recopy your description on another sheet of paper.

Viaje cultural†

El español es una de las lenguas que más se hablan en el mundo. En sus principios era la lengua de la cultura, la cual se fue enriqueciendo poco a poco con la influencia de otras lenguas. El origen del español es muy claro y se puede trazar (*trace*) fácilmente.

¡A ver! ¿Cuál es el origen del español y cómo evolucionó? Lea las siguientes afirmaciones y luego mire el vídeo para determinar cuáles son ciertas y cuáles son falsas.

1. ____ El español se deriva del italiano.
2. ____ Los romanos trajeron el español a España y lo impusieron como lengua oficial.
3. ____ La influencia del árabe en el español es evidente sobre todo en el léxico.
4. ____ Las lenguas indígenas en realidad no contribuyeron al desarrollo del español.
5. ____ Algunas palabras de origen indígena son: **alcachofa, azafrán, zanahoria** y **cacahuete.**

Enigma ¿De qué lenguas proceden las palabras **chocolate** y **tabaco**? ______________________

*You will find further discussion of the term *proofreading* in Chapter 3.
†The viewing segments corresponding to the **Viaje cultural** section can be found on the Video to accompany *Pasajes.*

La muerte y el mundo del más allá

EXPRESION ORAL Y COMPRENSION

Describir y comentar

A. Escuche las siguientes palabras y repítalas en la pausa. Entonces escuche cada palabra otra vez, compare su pronunciación con la que Ud. oye en la cinta y repita una vez más.

aceptar
asustar
la bruja
  el Día de las Brujas
la calavera
el cementerio
el Día de los Muertos
  (de los Difuntos)
el Día de todos los Santos
disfrazar
  el disfraz
los dulces
enterrar (ie)
  el entierro
el esqueleto
el fantasma
el luto
  estar de luto
el más allá
el miedo
  tener miedo
el monstruo
morir (ue, u)
  la muerte
  el muerto / la muerta
rechazar
lo sobrenatural
la travesura
la tumba
el vampiro
la vela

B. Mire el vocabulario de la lista en el ejercicio A mientras escucha las siguientes oraciones o preguntas. Diga la palabra que mejor corresponda a cada contexto. Entonces repita la respuesta correcta después de oírla en la cinta.

1. … 2. … 3. … 4. … 5. …

C. Para el siguiente dibujo, Ud. oirá un breve texto describiendo la escena. Después oirá una serie de oraciones. Decida si las oraciones son ciertas (C) o falsas (F). Si la descripción no incluye esa información, indique que «no dice» (ND). Oirá la descripción y las oraciones dos veces.

	C	F	ND
1.	☐	☐	☐
2.	☐	☐	☐
3.	☐	☐	☐
4.	☐	☐	☐
5.	☐	☐	☐
6.	☐	☐	☐

D. El siguiente dibujo representa una escena típica del Día de los Muertos en una ciudad de España. Después oirá un breve texto describiendo lo que hace la familia Rodríguez ese día. Después oirá una serie de oraciones. Decida si las oraciones son ciertas (C) o falsas (F). Oirá el texto y las preguntas dos veces.

	C	F
1.	☐	☐
2.	☐	☐
3.	☐	☐
4.	☐	☐

Exploraciones

12. EL PRETERITO (Forms of the Preterite)

A. Escuche las preguntas. Luego contéstelas, usando la forma correcta del mismo verbo en el pretérito. Cuidado con el énfasis en las terminaciones. Repita la respuesta correcta después de oírla en la cinta.

MODELOS: ¿Hablaste? → *Hablé.*

¿Y tus amigos? → *Hablaron.*

1. … 2. … 3. … 4. … 5. … 6. …

B. Ud. oirá un verbo en el tiempo presente. Cámbielo por la forma correcta del pretérito. Cuidado con los verbos que tienen cambios internos en el pretérito. Repita la respuesta correcta después de oírla en la cinta.

MODELO: empiezo → *empecé*

1. … 2. … 3. … 4. … 5. …

C. Escuche el sujeto y el verbo y repítalos. Luego oirá un nuevo sujeto. Cambie el verbo de acuerdo con el nuevo sujeto. *No* repita el sujeto. Repita la respuesta correcta después de oírla en la cinta.

MODELOS: tú hablaste → *tú hablaste*

(Ud.) → *habló*

1. … 2. … 3. … 4. … 5. …

D. Ud. oirá una oración incompleta en el tiempo presente. Complétela con la forma correcta del pretérito, usando pronombres de complemento directo cuando sea posible. Repita la respuesta correcta después de oírla en la cinta.

MODELO: No voy a leerlo porque ya… → ya lo leí.

1. … 2. … 3. … 4. … 5. … 6. …

E. Ud. oirá una serie de preguntas. Conteste cada pregunta de manera afirmativa, usando la forma correcta del pretérito y también pronombres de complemento directo e indirecto cuando sea posible. ¡Cuidado! No es posible usar un complemento pronominal en todos los casos. Repita la respuesta correcta después de oírla en la cinta.

MODELO: ¿Ya leíste el periódico hoy? → *Sí, ya lo leí.*

1. … 2. … 3. … 4. … 5. … 6. …

13. *HACER* EN EXPRESIONES TEMPORALES (**Hacer** in Expressions of Time)

A. Cristina tiene una entrevista (*interview*) para un puesto en una compañía internacional. El entrevistador le hace varias preguntas sobre su formación (*background*) y educación. Haga el papel de Cristina, contestando las preguntas del entrevistador. Use la forma correcta de **hacer** + una expresión temporal para describir una situación o acción que todavía continúa en el presente. Use las expresiones temporales indicadas a continuación.

MODELO: ¿Tiene Ud. experiencia de trabajo en una oficina? (sí, tres años) →
Sí, hace tres años que trabajo en una oficina.

1. sí, cinco años
2. sí, cinco años
3. no, muchos años
4. sí, un mes

B. En su entrevista Cristina también tiene que dar una explicación sobre algunos hechos que ocurrieron en el pasado. Conteste las preguntas del entrevistador usando las expresiones temporales indicadas a continuación y la forma correcta de **hacer.**

MODELO: ¿Aprendió Ud. a usar las computadoras? (sí, varios meses) →
Sí, aprendí a usarlas hace varios años.

1. sí, un mes
2. no, cinco años
3. sí, una semana
4. no, tres años

14. EL PRETERITO Y EL IMPERFECTO (Preterite/Imperfect Contrast)

A. Escuche los siguientes verbos y luego identifíquelos como pretérito o imperfecto, escribiendo el símbolo apropiado. Puede encontrar las respuestas correctas al final del cuaderno.

Imperfecto: ⤳ Pretérito: ↓

MODELOS: Escribía ⤳

Comió ↓

1. ____ 2. ____ 3. ____ 4. ____ 5. ____ 6. ____

B. Ayer fue un día excepcional porque todo el mundo pudo hacer algo diferente de lo que generalmente hacía. Comente cómo cambió la vida de las siguientes personas. Trate de usar pronombres de complemento directo e indirecto cuando sea posible. Repita la respuesta correcta después de oírla en la cinta.

MODELO: mirar la televisión (tú) → *Por lo general mirabas la televisión, pero ayer no la miraste.*

1. … 2. … 3. … 4. … 5. …

C. Cuando papá llegó a casa anoche, cada miembro de la familia estaba haciendo algo diferente. Ud. oirá una serie de preguntas. Contéstelas, usando los verbos indicados para mostrar qué hacía cada uno cuando llegó papá. Repita la respuesta correcta después de oírla en la cinta.

MODELO: mirar la televisión (¿Qué hacía Guille cuando llegó papá?) → *Miraba la televisión.*

1. masticar chicle, hacer globos
2. escuchar música, beber cola
3. jugar un «vídeo juego», estar absorto
4. hablar por teléfono, fumar, tomar café
5. leer el periódico, sacar una cerveza

D. La noche de Halloween los hijos de la familia Gambas salieron a jugar al *trick or treat*. Cuente la historia de lo que hicieron esa noche, conjugando los verbos señalados en el pretérito o el imperfecto, según el contexto. Repita la respuesta correcta después de escucharla en la cinta. *Nota:* Se indicará el tiempo apropiado de los verbos con símbolos entre paréntesis.

1. ser (⇝▸) el 31 de octubre era
2. los niños: querer (⇝▸) salir a jugar al *trick or treat* querían
3. Erni: vestirse (↓) de monstruo se vestío
4. Robi: disfrazarse (↓) de fantasma se disfrazó
5. los dos: pintarse (↓) la cara se pintaron
6. Mechas: ser (⇝▸) la más pequeña era
7. necesitar (⇝▸) ayuda necisitaba
8. su madre: vestirla (↓) y pintarle (↓) la cara la vestío y lo pintó
9. su madre: disfrazarla (↓) de bruja horrible se disfrazó
10. Mechas: estar (⇝▸) muy contenta estaba
11. los tres ir (↓) de casa en casa fueron
12. (los tres) pedir (↓) dulces a los vecinos que conocer (⇝▸) bien pidieron, concocían
13. los vecinos darles (↓) muchos dulces les dieron
14. asustar (↓) a los vecinos asustaron
15. hacer (↓) muchas travesuras hicieron
16. los vecinos saber (⇝▸) quiénes eran pero no decírselo (↓) sabían, se dijeron
17. todos divertirse (↓) muchísimo se divirtieron
18. volver (↓) a casa volvieron
19. traer (↓) muchos dulces trajeron
20. comérselos (↓) todos se los comieron
21. ponerse (↓) enfermos se pusieron

E. La siguiente serie de dibujos presenta una famosa escena trágica, la muerte conjunta de Romeo y Julieta. Estudie los dibujos y las palabras que los acompañan. Luego, narre brevemente este episodio. Conjugue los verbos en el pretérito o el imperfecto según el contexto. Repita la respuesta correcta después de oírla en la cinta.

1. Romeo y Julieta quererse mucho / el padre de Julieta preferir a otro / ella no querer casarse con el otro

2. Julieta estar muy triste / el fraile darle una poción

3. Julieta bebérsela (*to drink it all*) / parecer muerta pero no estar muerta / solamente dormir

4. Cuando Romeo verla pensar que estar muerta / tomarse el veneno (*poison*) que tener / morirse

5. Cuando Julieta despertarse ver a Romeo / estar muerto

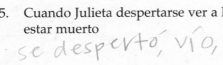

6. Julieta volverse loca de dolor / tomar su daga / matarse

15. LOS PRONOMBRES RELATIVOS: *QUE* Y *QUIEN* (Relative Pronouns: **que, quien**)

A. Ud. oirá una serie de oraciones. Repita cada una, empezándola con **Ya vimos...** y las palabras indicadas a continuación. Repita la respuesta correcta después de oírla en la cinta. ¡Cuidado! A veces va a ser necesario incluir la preposición **a.**

MODELO: La profesora está en la oficina. (la profesora) → *Ya vimos a la profesora que está en la oficina.*

1. el disfraz
2. la bruja
3. el cementerio
4. los amigos
5. las tumbas
6. el monstruo

B. Ud. oirá una serie de oraciones. Repita cada una, completándola con **...de que (de quien** o **de quienes) hablaron,** según el contexto. Repita la respuesta correcta después de oírla en la cinta.

MODELO: Ese es el libro. → *Ese es el libro de que hablaron.*

1. ... 2. ... 3. ... 4. ... 5. ... 6. ...

Enlace

VOCES

A. Escuche con atención a Heber, Elvira y Bertha, tres hispanos que nos contestan las siguientes preguntas: ¿Ha estado Ud. o alguien de su familia a punto de morir? ¿Tuvo esa experiencia alguna consecuencia en su vida?

Primero examine el siguiente cuadro. Luego escuche con atención mientras Heber, Elvira y Bertha cuentan sus experiencias relacionadas con la muerte. Mientras escucha, busque la información para completar el cuadro. ¡Ojo! Es posible que no se dé información sobre todos los aspectos que se mencionan en el cuadro. Si lo necesita, escuche la selección una vez más.

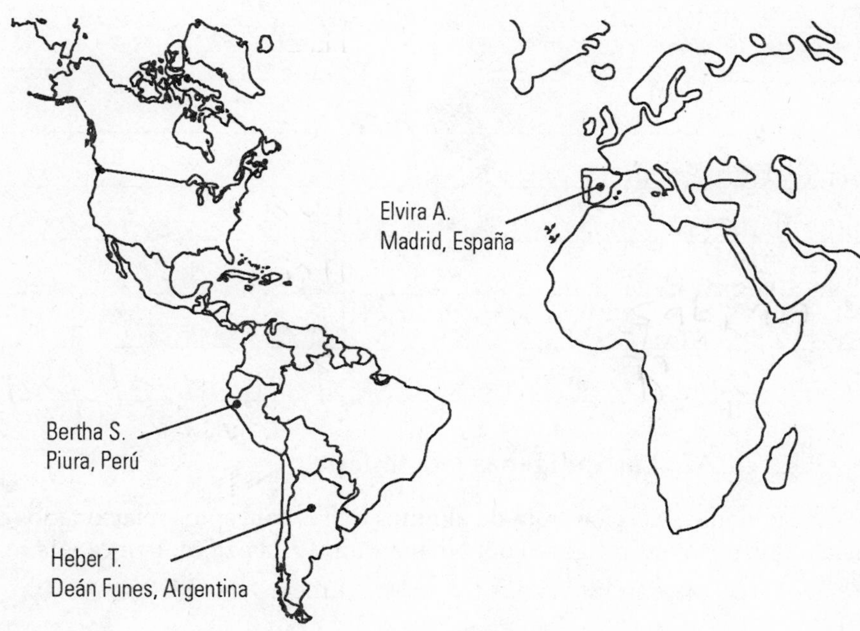

ASPECTO	HEBER Argentina	ELVIRA Madrid	BERTHA Perú
circunstancia:			
un accidente	☒	☒	☐
una enfermedad grave	☐	☐	☐
un ataque	☐	☐	☐
causa:			
una sustancia líquida	☐	☒	☐
una sustancia gaseosa	☒	☐	☐
una lesión (*injury*) física	☐	☐	☐
el fuego	☐	☐	☐
lugar:			
en su casa	☒	☐	☐
en un lugar público	☐	☐	☐
en la casa de un amigo o pariente	☐	☐	☐
en una clínica u hospital	☐	☐	☒
en la escuela	☐	☐	☐
estaba… :			
solo/a	☐	☐	☐
con una o dos personas más	☒	☐	☐
con muchas otras personas	☐	☐	☒
edad:			
niño/a	☐	☒	☐
adolescente	☒	☐	☐
adulto/a	☐	☐	☒

** **B.** ¿Ha vivido Ud. o alguien que Ud. conozca una experiencia parecida a las de Heber, Elvira y Bertha? Describa brevemente lo que pasó. No olvide hacer referencia a los aspectos que aparecen en el cuadro (dónde estaba, qué edad tenía, qué ocurrió, etcétera).

Dos veranos pasados, cuando mis amigo tenían 15 años, tuvieron un accidente. Cada año iba a la casa verano, pero este año la hermana de mi amiga puso el coche en los arboles. Cuatro personas estuveiron en el coche y solamente mis amigos fueron al hospital. Era muy mal porque mis amigos tuvieron cirujía y quedaron en el hospital por un semana.

EXPLORACION CULTURAL: **Los indígenas y la muerte**

A. Primera parte. La siguiente selección trata de algunos de los conceptos relacionados con la muerte que tenían tres de las civilizaciones indígenas del Nuevo Mundo: la azteca, la inca y la maya. Escuche la selección buscando…

- semejanzas (*similarities*) y diferencias entre las creencias indígenas y las creencias europeas cristianas;
- semejanzas o diferencias entre las tres tradiciones indígenas (azteca–inca–maya).

Trate de entender las ideas generales y de adivinar las palabras o frases que no entiende completamente. Al final de la selección, oirá unas oraciones que se basan en el texto. Decida si las oraciones son ciertas (C) o falsas (F) según la selección, o si la selección no dice nada (ND) sobre ese punto. Si lo necesita, escuche la selección una vez más.

(Use este espacio para sus apuntes.)

	C	F	ND
1.	☐	☐	☐
2.	☐	☐	☐
3.	☐	☐	☐
4.	☐	☐	☐

**5. Usando las palabras que aparecen en su cuaderno, describa brevemente la diferencia entre la perspectiva de los incas sobre la muerte y la perspectiva que tenían los aztecas y los mayas.

separación / mutación / conducta personal / ocupación / la manera de morir / cielo / infierno

____

____

____

____

____

B. Segunda parte. La selección sobre los indígenas y la muerte continúa. Escúchela con atención y luego haga los ejercicios que vienen al final. Si lo necesita, escuche la selección una vez más.

(Use este espacio para sus apuntes.)

Ud. oirá una serie de preguntas. Contéstelas brevemente en español. Oirá cada pregunta dos veces. Para escribir sus respuestas, es posible que necesite más tiempo del que se da en la cinta. Escriba algunas ideas durante cada pausa. Luego complete las respuestas cuando se termine la cinta. Puede encontrar un modelo de posibles respuestas al final del cuaderno.

1. a. ____________________

   b. ____________________

2. a. ____________________

   b. ____________________

3. ____________________

   ____

4. ____________________

   ____

Pronunciación y ortografía*

PRONUNCIACION: LA *D* OCLUSIVA Y LA *D* FRICATIVA: [d/đ]

The letter **d** has two sounds in Spanish. The stop **d** (**la *d* oclusiva**) sounds much like the English [d]; it occurs after **n, l,** or a pause.

donde   falda   el dinero   un diente

*Remember to use the separate Pronunciation Tape for the **Pronunciación y ortografía** sections.

The fricative **d** (**la *d* fricativa**) is similar to the English sound [đ] in this and that. In any context except those noted above, the letter **d** is pronounced with the fricative sound.

comiđa   eđađ   es đe   pađre   lađriđo

A. Escuche cada una de las siguientes palabras y repítala en la pausa. Compare su pronunciación con la que oye en la cinta y repita una vez más. La **d** fricativa [đ] está indicada.

1. deđo	4. no điče	7. cađa	10. mundo
2. mi đeđo	5. nađa	8. usteđ	11. tođo
3. dice	6. cuađerno	9. donde	12. anda

B. Escuche cada una de las siguientes palabras y repítala en la pausa. Compare su pronunciación con la que oye en la cinta y repita una vez más. Cuidado con la pronunciación de la **d.**

1. disfraz	4. me lo da	7. dama	10. desde
2. ¡Qué disfraz!	5. gordo	8. grabado	11. personalidad
3. da	6. la dama	9. aburrido	12. ustedes

C. Lea cada una de las siguientes palabras en voz alta, grabando su pronunciación en la cinta y prestando atención especial a la pronunciación de la **d** y la de las vocales. Después de grabar cada palabra, escuche la pronunciación y repita una vez más.

1. lado	4. actitud	7. seda	10. extrovertido
2. sandía	5. preocupado	8. difuntos	11. rizado
3. drama	6. introvertido	9. dulces	12. donde

PRONUNCIACION: LA *D* NEUTRALIZADA: [đ] → ∅

The sound of the fricative **d** is actually softer than English [đ]; in some contexts it totally disappears in rapid speech. This is particularly frequent in the **-ado** endings and when **d** occurs at the end of a word. Thus **preocupado** might be pronounced [**preokupađo**] in careful speech, but it is quite likely to be pronounced [**preokupáo**] conversationally.

Escuche la pronunciación de cada una de las siguientes palabras. Es posible que Ud. oiga estas variantes de diferentes hablantes nativos.

usted   cansado   pared   verdad   todo   Madrid

PRONUNCIACION: PRACTICA GENERAL CON LA *D* Y CON LAS VOCALES

A. Escuche cada una de las siguientes oraciones y repítala en la pausa. Compare su pronunciación con la que oye en la cinta y repita una vez más. Cuidado con la pronunciación de las vocales. La **d** fricativa [đ] está indicada.

1. Los estuđiantes andan a la universiđađ por la tarđe y luego estuđian tođa la noche.
2. Donaldo es đe Mađriđ; tiene veintiđós años, es extrovertiđo y trabajađor.
3. En los Estađos Uniđos, los niños llevan disfraces y piđen dulces el Día đe los Đifuntos.

B. Lea cada una de las siguientes oraciones en voz alta, grabando su pronunciación en la cinta y prestando atención especial a la pronunciación de la **d** y la de las vocales. Después de grabar cada oración, escuche la pronunciación que oye y repita una vez más.

1. Pedro tiene una personalidad difícil.
2. ¿Qué dice Ud.? No puedo comprender nada.
3. Ud. debe tener cuidado con la pronunciación de la **d.**

PRACTICA ESCRITA Y COMPOSICION

Describir y comentar

A. Complete las oraciones con la forma correcta de la palabra del vocabulario de la lista en la página 55.

1. El ______________ los niños de los Estados Unidos se ponen ______________ y van de puerta en puerta pidiendo ______________.
2. Y si no se los dan, los niños hacen ______________ para castigar a los poco generosos.
3. Muchos niños quieren vestirse de ______________ como Drácula o Frankenstein.
4. Otros, especialmente las niñas, quieren ser ______________. Se visten de negro, con sombreros altos, y van acompañadas de gatos negros.
5. En muchas casas se cuelgan (*are hung*) imágenes de ______________, fantasmas o ______________.
6. ______________ es un lugar donde la gente ______________ a sus familiares muertos. El lugar específico en donde ponen el ataúd (*coffin*) se llama ______________.
7. Stephen King y Alfred Hitchcock muchas veces tratan los temas de la muerte y ______________ en sus obras. Sus películas me ______________ mucho.
8. ______________ es un símbolo casi universal de peligro.

B. Busque antónimos en el vocabulario de la lista.

1. aceptar ______________
2. la vida ______________
3. identificar ______________
4. nacer, vivir ______________

Exploraciones

12. EL PRETERITO (Forms of the Preterite)

A. Llene los espacios con la forma correcta del pretérito. Cuidado con los acentos.

1. Ayer (venir) ______________ a casa varios desconocidos; (querer: ellos) ______________ venderme una enciclopedia. Yo no (comprar) ______________ nada.

2. ¿(Dormir) Durmió Ud. bien anoche? Yo no (poder) pude pegar el ojo (*to fall asleep*) hasta las tres de la madrugada.

3. No (venir: yo) vine en coche; (llegar) llegué en el tren.

4. Mis padres (ver) vieron el accidente y lo (denunciar) denunciaron a la policía.

5. ¿Dónde (poner: tú) pusiste los papeles? Yo los (buscar) busqué todo el día y no los (encontrar) encontré.

6. La muchacha (pedir) pidío un café y el mesero se lo (servir) sirvió en seguida.

7. Nosotros (ir) fuimos al cine y (ver) vimos la película que (recibir) recibío el premio.

8. Cuando yo (pagar) pagué la matrícula, les (dar) di todo el dinero que tenía.

9. Juan (andar) anduvo hoy a clase; ayer (tomar) tomó el autobús.

10. Yo le (pedir) pedí al señor la información sobre el número de personas que (morir) murieron en esa guerra.

** **B.** Conteste las siguientes preguntas con información verdadera.

1. ¿Cuál fue la última película que Ud. vio? ¿Le gustó? ¿Por qué si o por qué no? Scream 3 fue la última película que vi y me gustó porque fue terminar todos los tres películas de Scream

2. ¿Cuándo fue la última vez que alguien le hizo a Ud. un regalo? ¿Quién fue? ¿Qué le dio y por qué? ¿Cómo reaccionó? Mi novia dio un regalo de flores y chocolates por el Día de San Valentin. Me sentí muy alegre y contenta.

3. ¿Cuál fue la última prenda (artículo) de vestir que Ud. compró? ¿Por qué decidió comprar ésa en particular? Compré una chaqueta negra porque fue necesario por mis vacaciones a California

4. ¿Cuándo fue la última vez que Ud. y sus amigos fueron a una fiesta? ¿Quién la dio? ¿Qué tal estuvo? ¿Por qué? El sabado pasado nosotros fuimos a una fiesta por la cumpleaños de mí amiga. Mi amiga Liz dio la fiesta porque fue su cumpleaños.

13. *HACER* EN EXPRESIONES TEMPORALES (**Hacer** in Expressions of Time)

** **A.** Para describir *la duración* de una situación o acción que continúa en el *presente:* Primero, escriba las fechas correctas en la columna de la izquierda. Luego, cambie las oraciones, usando una expresión temporal y la forma correcta de **hacer.**

AÑO	ACCION	CONDICION RESULTANTE
1992	Clinton es elegido presidente.	Hace más de cuatro años que Clinton es presidente.
1995	Empecé a estudiar español.	Hace más de cuatro años que . .
1999	Empecé a estudiar en esta universidad.	Hace menos de un año que . . .
_____	Me mudé a mi propio apartamento.	____________________
_____	Aprendí a ______________.	____________________

** **B.** Para describir *cuánto tiempo ha pasado* (*has passed*) desde que ocurrió una acción en el *pasado:* Primero, escriba las fechas correctas en la columna de la izquierda cuando sea necesario. Luego, cambie las oraciones, usando una expresión temporal y la forma correcta de **hacer.**

AÑO	ACCION	CUANTO TIEMPO HA PASADO DESDE QUE OCURRIO
1963	Murió John F. Kennedy	Hace más de treinta años que murió John F. Kennedy.
1776	Los Estados Unidos declaró su independencia.	Hace más de doscientos años que. . . .
1492	Colón hizo su primer viaje a las Américas.	Hace más de 500 años que.
_____	Yo comí en un restaurante estupendo.	Hace menos de un mes
1983	Nací (yo).	Hace diezysiete años que.
_____	____________________	____________________

C. Exprese en inglés.

1. Hace diez años que vivo aquí.
   I have lived here for 10 years
2. Hace mucho tiempo que Cecilia baila en público.
   Cecilia has danced in public for a long time
3. Llegaron al país hace ocho años.
   They arrived in the cantry 8 years ago
4. Somos novios desde hace varios meses.
   We have been together for several months
5. Hace dos años que compramos el perro.
   We bought the dog 2 years ago
6. ¡Qué alegría! ¡Hace tanto tiempo que no te veo!
   I haven't seen you in such a long time

14. EL PRETERITO Y EL IMPERFECTO (Preterite/Imperfect Contrast)

A. Lea el siguiente texto y decida si la acción de los verbos indicados enfoca en el *medio* de la acción o en una acción que ya se terminó. Luego llene los espacios con la forma correcta del verbo.

Los colores que menos me gustan

Cuando yo tenía tres años, mi madre decidió pintar mi habitación. Como era la costumbre de aquel entonces,[a] decidió usar los colores azul claro y rosado. El día que empezó a pintar, yo la estuve mirando toda la mañana. Me fascinaba ver cómo metía la brocha en ese líquido y luego, como por arte de magia, convertía la pared blanca en azul o en rosa. Por la tarde, ella decidió descansar y me (poner) ________________[1] en la cama para dormir la siesta. Pero yo no (tener) ________________[2] nada de sueño. (Querer) ________________[3] usar un poco de esa magia que mi madre había usado[b] por la mañana. (Lograr) ________________[4] destapar las latas[c] de pintura y en un dos por tres[d] estaba pintando las paredes. Al principio todo me parecía maravilloso, pero de repente me (dar: yo) ________________[5] cuenta[e] que (tener) ________________[6] pintura por todas partes. (Empezar) ________________[7] a tener miedo y no (saber) ________________[8] qué hacer para remediar la situación. No sé si fue por frustración o por otro motivo, pero se me ocurrió vaciar[f] una de las latas en mi cabeza. Y así lo (hacer) ________________[9] En ese momento (entrar) ________________[10] mi madre. ¡No se puede imaginar los gritos! Me (agarrar)[g] ________________[11] y me (meter) ________________[12] con la ropa puesta en el baño. (Estar) ________________[13] tan preocupada por quitarme la pintura del pelo, de los ojos y de las orejas, que ni siquiera me (castigar)[h] ________________[14]. Pero hasta hoy en día, ¡odio los colores azul claro y rosado!

[a]de... *back then* [b]había... *had used* [c]*cans* [d]en... *in a flash* [e]me... *I realized* [f]*to empty* [g]Me... *She grabbed me* [h]ni... *she didn't even punish me*

B. Lea el siguiente texto y decida si la acción de los verbos indicados enfoca en el *medio* de la acción o en una acción que ya se terminó. Luego llene los espacios con la forma correcta del verbo.

Un viaje inolvidable

Nosotros estábamos en el aeropuerto de una ciudad metropolitana donde esperábamos poder subir a nuestro avión para ir a Buenos Aires. Había muchas personas diferentes en el grupo, entre ellas una joven madre con tres niños pequeños. Ella (parecer) ________________[1] estar muy cansada, pero sus hijitos (estar) ________________[2] llenos de energía y curiosidad sobre su nueva aventura. (Correr) ________________[3] de un lado a otro, lo (investigar) ________________[4] todo y (volver) ________________[5] al lado de su madre con mil preguntas que ella (contestar) ________________[6] con una paciencia infinita. Por fin, un camarero[a] (anunciar) ________[7] que todo (estar) ________[8] listo y nuestro viaje inolvidable (empezar) ________[9] Mientras su madre (tratar) ________[10] de separarlos, los niños se (poner) ________[11] a pelear[b] porque los tres (querer) ________[12] sentarse cerca de la ventanilla. Los camareros por fin los (abrochar[c]) ________[13] en sus asientos y todos los otros pasajeros (poder) ________[14] sentarse. Pronto la paz se (romper) ________[15] de nuevo: los niños habían descubierto[d] el botón para llamar a los camareros y lo (apretar) ________[16] incesantemente. Después, todos ellos (tener) ________[17] que ir al baño pero al volver,[e] (empezar) ________[18] a pelear de nuevo por quién (ir) ________[19] a sentarse al lado de la ventanilla. Los camareros (estar) ________[20] desesperados cuando de repente una de ellos (sonreír) ________[21] y (desaparecer) ________[22] en la cabina del piloto. (Pasar) ________[23] varios minutos, y luego (oír: nosotros) ________[24] una voz muy fuerte y seria en el altavoz.[f] La voz (nombrar) ________[25] a los tres niños y después les (preguntar) ________[26] por qué no (obedecer) ________[27] a sus «ángeles». Les (recordar) ________[28] que él (poder) ________[29] verlo todo y que les (ir) ________[30] a dar sólo una oportunidad más antes de castigarlos.[g] Mientras la voz (hablar) ________[31] los niños (escuchar) ________[32] con los ojos tan grandes como platos y durante el resto del vuelo,[h] ¡(ser) ________[33] unos niños modelos! Para ellos, y para nosotros, ¡fue un viaje inolvidable!

[a]*flight attendant* [b]se… *to begin to fight* [c]*to buckle* [d]habían… *had discovered* [e]al… *when they returned* [f]*loudspeaker* [g]*punishing them* [h]*flight*

**C. Para los siguientes dibujos, escriba en un papel aparte la historia del conductor que atropelló a una peatona. Incluya en su historia detalles sobre:

- la escena en general: dónde, cuándo, el tiempo, etcétera
- las personas: apariencia, ropa, personalidad (¡se puede inventar!), posible relación entre ellos
- las acciones: ¿qué pasó?, ¿cómo sucedió?, ¿quién lo hizo?, ¿cómo reaccionaron los otros peatones?
- los motivos: ¿por qué?
- una posible solución

Cuidado con el uso de los tiempos pasados en su relato, y también con los pronombres relativos **que** y **quien.** El siguiente vocabulario le puede ser útil.

atropellar	el conductor	manejar	los peatones
la camilla	los escaparates	el paraguas	el policía
la cocina	huir	la pasajera	los testigos

Una día Sarah quiso hacer un pastel, pero nunca tenía bastante leche. Entonces, ella fue al supermercado. Mientras Sarah caminaba a la tienda, un hombre y su esposa discutían y no miraban el calle.

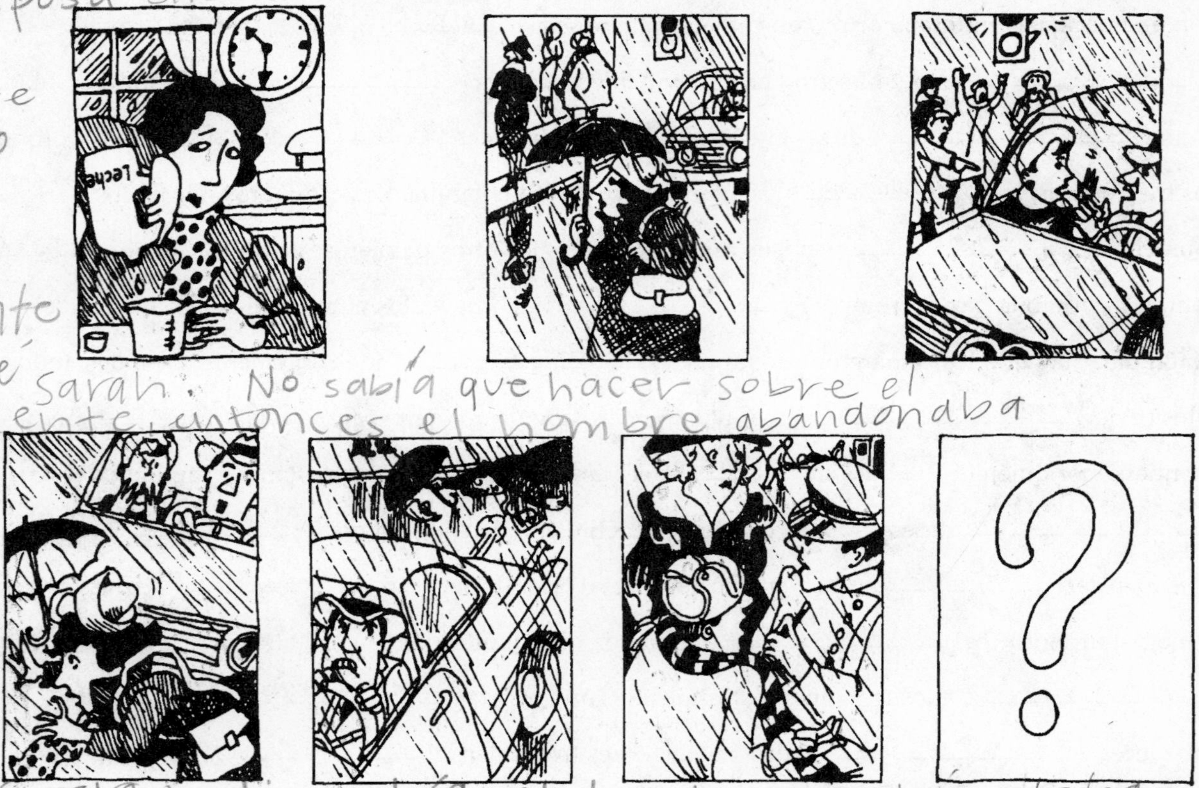

El hombre no vio la luz y en accidente choqué Sarah. No sabía que hacer sobre el accidente, entonces el hombre abandonaba Sarah. La policía pedían los otros peatones pero nadie sabía el hombre. Sarah quedaba en el hospital por un mes y la policía no discubría cual persona chocar Sarah.

15. LOS PRONOMBRES RELATIVOS *QUE* Y *QUIEN* (Relative Pronouns: **que, quien**)

Complete las oraciones, usando **que** o **quien(es).**

1. El invento de __que__ nos hablaron es de plástico.
2. Aquí está el señor __que__ quería verte ayer.
3. Ambos astronautas, __quienes__ se graduaron de nuestra universidad, van a asistir a la celebración.
4. Hay un científico __que__ quiere hablar.
5. Aquí viven los hermanos con __quienes__ hice el viaje.
6. Me dio unas instrucciones con __que__ puedo hacer el estante.
7. Nadie conoce al indígena __que__ firmó el tratado.
8. Vimos a los extranjeros, __quienes__ no nos entendieron nada.

ESTRATEGIAS PARA LA COMUNICACION Es una cosa para…

** **A.** Simplifique las siguientes oraciones, buscando otra manera más fácil de decir lo mismo en inglés. Luego exprese en español la forma simplificada.

1. They reside in an extremely large mansion in an affluent neighborhood.

   inglés simplificado: __They have a lot of money__

   español: __Tienen mucho dinero.__

2. He consumes large quantities of fruit, which explains why he purchases it in bulk.

inglés simplificado: He loves fruit

español: El le gusta las frutas

3. I have many acquaintances who have expressed a willingness to contribute to her financial support.

inglés simplificado: Many people would donate money

español: Muchas personas do

** **B.** Defina o describa en español las siguientes expresiones.

1. a mummy Una persona que murió y había envuelto en papel

2. a mouse trap Si un ratón toma el queso, este cosa morirá el ratón

3. a jack-o'-lantern una calabaza par el día de las Brujas donde tú cortás gatos negros, brujas, fantasmas y otras cosas en la calabaza

¡Ojo!

A. Elija la palabra que mejor complete la oración.

MARTA: ¿Qué (hora / tiempo / vez)[1] es?

JULIA: Mira, es la segunda (hora / tiempo / vez)[2] que me lo preguntas. ¿Por qué no me haces (caso / atención / visita)[3]? ¿Tienes prisa?

MARTA: Un poco. Tengo que escribir (un cuento / una cuenta)[4] para mi clase de composición y todavía me queda mucho por hacer. Necesito saber si voy a tener suficiente (hora / tiempo / vez)[5] para terminarlo.

JULIA: Nunca me haces (caso / atención / una visita)[6]. ¿Por qué no hiciste tu tarea ayer, como yo te dije?

MARTA: Lo siento. No pude trabajar ayer porque mis padres me hicieron (caso / atención / una visita)[7] sorpresa. Te prometo que no va a volver a pasar.

B. Dé la forma correcta de la palabra o frase que mejor complete cada oración, según las palabras indicadas entre paréntesis.

1. Escuche, quiero contarle (*the story*) un cuento de algo que me ocurrió (*one time*) una vez.

2. El alumno siempre (*pays attention*) presta atención en clase.

3. ¿A qué (*time*) hora cierra la oficina? Tengo que (*pay*) pagar la (*bill*) la cuenta para el entierro de mi abuelo.

4. ¿Cuándo me va a (*pay a visit*) hacer una visita? Hace mucho tiempo que no nos vemos.

Enlace

ORTOGRAFIA: LOS SONIDOS [k] Y [s]

The pattern of sound-letter correspondences for the sounds [k] and [s] in Spanish is particularly important in the verb system. When verbs are conjugated, the consonant sound that precedes the infinitive ending must be maintained throughout all forms. Since conjugating the verb often involves changing a stem vowel from **a** to **e** and vice versa, a spelling change is sometimes needed to keep the consonant sound intact. For the same reason, spelling changes are often needed when the **-ito** (diminutive) or **-ísimo** (superlative) endings are added to some words ending in the sound [k].

In addition to these changes, there is another change—unrelated to sound consistency—that frequently affects verbs. Both **c** and **z** are pronounced [s] before the letters **e** and **i,** but, in general, the sequences **ze** and **zi** are infrequent in Spanish. For this reason, the **z** is changed to a **c:** (1) when a verb conjugation results in **ze** (the first person singular of the preterite of any verb ending in **-zar,** for example); (2) when a word ending in **-z** is made plural; (3) when **-ito** or **-ísimo** is added to a word ending in **-z.** This change has no effect on the pronunciation of the word.

A. The following verbs require a spelling change in the first person of the preterite and in all forms of the present subjunctive. Write the new forms.

	yo: preterite (+ **é**)	**yo:** present subjunctive (+ **e**)
almorzar	__________	__________
chocar	__________	__________
empezar	__________	__________
buscar	__________	__________

B. The following words have a spelling change when the **-ísimo** or **-ito** ending is added. Write the new word.

1. poco + -ito __________
2. rico + -ísimo __________
3. loco + -ísimo __________
4. pedazo + -ito __________

C. Write the plural form of the following words.

1. la voz __________
2. la vez __________
3. el pez __________
4. el disfraz __________

D. Para la siguiente serie, complete la historia, conjugando los verbos en el pretérito o el imperfecto según el contexto. La historia se basa en los dibujos de la página 75.

Érase una vez[a] un hombre pensativo que se llamaba __________ (¡póngale el nombre que Ud. prefiera!). Un día, mientras (estar) __________[1] sentado en su sillón favorito, (ponerse) __________[2] a pensar sobre la condición humana. «¿Ser o no ser?» (Nombre) __________ (preguntarse) __________[3], pero no (saber) __________[4] la respuesta. De repente se le ocurrió una idea para resolver el dilema.

[a]Érase... *Once upon a time*

Complete la historia, guiándose por los dibujos y su propia creatividad. Si quiere, puede incorporar algunas de las siguientes expresiones; recuerde utilizar pronombres cuando pueda para evitar la repetición innecesaria:

> buscar una moneda / caer sobre el suelo… / echar la moneda a cara o cruz / meter la mano en el bolsillo / sacar la moneda

La moraleja de esta historia es: ______________________

REPASO: PARRAFO DE SINTESIS

Lea la siguiente selección, llenando los espacios con la forma correcta del verbo que aparece entre paréntesis.

La muerte y el mundo del más allá en España

España ya no es un país oficialmente católico, pero todavía las tradiciones y los ritos cristianos están muy presentes en todo lo relacionado con la muerte.

De todas formas también (*one notes:* notar) _______________[1] cómo cambian las costumbres respecto a este tema y especialmente en las grandes ciudades como Madrid o Barcelona. En estos sitios la gente (*says goodbye:* despedirse) _______________[2] de los difuntos de manera, digamos, aséptica.[a] Existen sanatorios municipales, algo así como hospitales en donde el difunto (*remains:* permanecer) _______________[3] hasta el momento de ser enterrado.

En los pueblos y pequeñas ciudades en general (*are retained:* conservar) _______________[4] más las costumbres antiguas. Antes (*one preferred, it was preferred:* preferir) _______________[5] que la persona falleciera[b] en su casa. Y allí permanecía hasta el entierro. Este tiempo que pasaba en casa (*was called:* llamarse) _______________[6] el «velatorio» o «velorio». Por lo general (*it would last:* durar) _______________[7] toda la noche. Durante el velorio todos los familiares, amigos vecinos y conocidos (*would drop by:* acercarse) _______________[8] a dar el último adiós y a expresar sus condolencias a la familia. (*Were heard:* Oír) _______________[9] llantos[c] y también oraciones por el alma del difunto. La casa (*was:* ser / estar) _______________[10] abierta y llena de gente. Las campanas[d] de la iglesia (*would tell:* avisar) _______________[11] a todos de la triste noticia. Típicamente (*there would be:* ser / estar / haber) _______________[12] una misa funeral en la iglesia. Después casi todo el pueblo (*would go with:* acompañar) _______________[13] a su vecino al cementerio. Los cementerios o camposantos se construían a las afueras del pueblo. Normalmente cercados con[e] paredes, en los camposantos (*are seen:* ver) _______________[14] muchos cipreses. Para los españoles los cipreses y los crisantemos (*are associated:* asociar) _______________[15] con la muerte. En Andalucía, (*one does not consider, it is not considered:* considerar) _______________[16] de buen gusto el hablar de la muerte y (*one thinks, it is thought:* pensar) _______________[17] que da mala suerte.

En España siempre se han contado numerosas leyendas que hablan de «almas en pena», de almas que no han alcanzado[f] su eterno descanso. Esas historias (*describe:* describir) _______________[18] apariciones nocturnas especialmente durante la noche de ánimas o de Difuntos. En partes de Galicia, en el noroeste, hay muchas creencias de este tipo, en particular creencias sobre la «Santa Compaña». La «Santa Compaña» es algo así como una procesión de espíritus. Según la leyenda uno la podía ver y escuchar durante la noche cuando acompañaba a algún difunto que había muerto[g] sin estar en paz con Dios. Nadie debía verla jamás, y todo el mundo debía esconderse al notar su presencia. Según la tradición, los espíritus de la procesión (*would take possession:* apoderarse) _______________[19] del alma de quien se cruzara[h] en su camino; ese pobre (*would remain:* quedarse) _______________[20] con la Santa Compaña hasta que los espíritus se llevaran[i] el alma de otra persona.

[a]*clean, antiseptic* [b]que… *for the person to die* [c]*cries* [d]*bells* [e]cercados… *surrounded by* [f]no… *have not attained*
[g]había… *had died* [h]quien… *whoever might cross* [i]se… *grabbed, carried off*

Análisis y aplicación: Composición

EDITAR Y CORREGIR

Editing is the process of checking and revising the *content* of what you have written, while proofreading corrects the mechanics of *form*. It's always difficult to edit and proofread your own writing. For this reason, it's generally a good idea to let your rough draft "sit" for at least a day before you go over it. This will enable you to get some "distance" from your work and to apply a more objective—and thus more critical—eye to what you have written. *Always edit first, then proofread.*

1. *Editing: finding the main idea and eliminating unnecessary information* First, make sure that you have stated your main idea clearly. The main idea is generally mentioned in one of the first few sentences of the first paragraph of a composition. This main idea is then expanded via the information included in the other paragraphs. Next, make sure that the information you have included in your composition is relevant to the development of your main idea. Material is irrelevant when it does not help to advance or to clarify the main topic of discussion.

   Now do the following exercise based on **«Los colores que menos me gustan»** or **«Un viaje inolvidable».**

   a. ¿Cuál es la idea principal de la selección?
   b. Dé los datos que incluye el autor y que realmente apoyan (*support*) o desarrollan esta idea.

2. *Proofreading: agreement and accentuation* After making sure that your main idea is clear and that all supporting details are relevant, check for mechanical errors. Check that verbs agree with their subjects, adjectives agree with nouns, and so on. Another mechanical aspect to check at this stage is accentuation. Finally, if you looked up any words or expressions in the dictionary, it is a good idea to double check their meaning.

Tarea. The following short paragraph contains several errors in agreement and accentuation, as well as in word usage and organization. Can you find and correct them?

> Era una bonita dia de otoño. No hacia ni calor ni frio. Hacia mucho sol. Para mi, lo mas importante fue que ¡era una dia de vacaciones! No habia clases, y mi amigos y yo iban a el estado parque para hacer un *picnic.* Era 1996. Cada persona traias de sus casa comida que luego pensabamos compartir entre todos. Estabamos seguro que iba a ser una *picnic* perfecto.

Make all changes that need to be made on the basis of your editing and proofreading, and recopy your final version on another sheet of paper.

Viaje cultural*

El Día de los Difuntos en Oaxaca

El Día de los Difuntos es una celebración muy importante para la gente de Oaxaca, México. Es la fecha para recordar de una manera especial a los seres queridos (*loved ones*) que ya murieron. Por eso, cada año los familiares de los muertos llevan flores y prenden velas en las tumbas de sus muertos.

¡A ver! ¿Cómo llegó esta celebración a ser tan importante para la gente de Oaxaca, México? Antes de ver el segmento, lea las siguientes oraciones. Después de ver el segmento, indique (✓) las oraciones que explican el origen y la razón de la celebración del Día de los Difuntos en Oaxaca. (Mire varias veces el segmento si es necesario.)

1. ☐ Los árabes hacían ceremonias en honor de los difuntos.
2. ☐ Hace muchos años el Papa recomendó la celebración de este día.
3. ☐ Es el resultado del sincretismo entre el culto a los muertos que tenían los pueblos indígenas y las creencias cristianas.
4. ☐ Cada año, para ese día, las almas de los muertos regresan a visitar a sus familiares vivos.
5. ☐ Los muertos pidieron un día especial para volver a estar con sus seres queridos.
6. ☐ La muerte no se considera el fin de la existencia, sino un paso más en ella.

Los oaxaqueños y el Día de los Difuntos. Haga una lista de las cosas que hacen los oaxaqueños en el cementerio y en otros sitios públicos durante el Día de los Difuntos. Escriba por lo menos cuatro cosas en total.

EN EL CEMENTERIO	EN OTROS SITIOS PÚBLICOS
______________________________	______________________________
______________________________	______________________________
______________________________	______________________________

* The viewing segments corresponding to the **Viaje cultural** section can be found on the Video to accompany *Pasajes.*

Nombre ______________ Fecha ______________ Instructor(a) ______________

La familia

EXPRESION ORAL Y COMPRENSION

Describir y comentar

A. Escuche las siguientes palabras y repítalas en la pausa. Entonces escuche cada palabra otra vez, compare su pronunciación con la que Ud. oye en la cinta y repita una vez más.

el abuelo / la abuela
bien educado/a
mal educado/a
el bisabuelo / la bisabuela
el bisnieto / la bisnieta
el cariño
cariñoso/a
casarse con
castigar
el castigo
criar
la crianza
cuidar
el cuñado / la cuñada
disciplinar
la disciplina

divorciarse (de)
el divorcio
enamorarse (de)
estar a cargo (de)
golpear
el hijo único / la hija única
el huérfano / la huérfana
llevar una vida (feliz, difícil)
el marido
el matrimonio
mimar
la mujer
el nieto / la nieta
el noviazgo

el novio / la novia
la nuera
los padres
la pareja
los parientes
pelear(se)
portarse bien (mal)
el primo / la prima
la sangre
el sobrino / la sobrina
el suegro / la suegra
el tío / la tía
el viudo / la viuda
el yerno

B. Mire el vocabulario de la lista en el ejercicio A mientras escucha. Primero Ud. oirá una frase que es un sinónimo de una palabra o expresión de la lista. Luego oirá una oración que contiene esta frase. Repita cada oración, cambiando la frase por el sinónimo del vocabulario de la lista. Repita la respuesta correcta después de oírla en la cinta.

MODELO: el niño sin padres: Le hicieron muchos regalos al niño sin padres. →
Le hicieron muchos regalos al huérfano.

1. ... 2. ... 3. ... 4. ... 5. ... 6. ... 7. ... 8. ...

C. Ud. oirá un texto que describe el siguiente dibujo.

1. Escuche el texto una vez para encontrar la siguiente información:

   a. ¿Quién habla? ______________________________

   b. ¿Cuál es la ocasión que se ve en el dibujo? ______________________________

   c. ¿Cuál es la relación entre la persona que narra y los ancianos que se ven a la derecha?

   ____

   ____

2. Escuche el texto una vez más. Después oirá una serie de oraciones. Decida si las oraciones son ciertas (C) o falsas (F). Oirá cada oración dos veces.

	C	F		C	F
a.	☐	☐	d.	☐	☐
b.	☐	☐	e.	☐	☐
c.	☐	☐	f.	☐	☐

3. Susanita es una de las personas descritas en el texto. ¿Puede Ud. completar el siguiente árbol de su familia con los nombres y relaciones familiares correctos? ¡Cuidado! El gráfico puede incluir personajes que no se nombran en el texto. Escriba «X» en los lugares de personas que no se mencionan en el texto.

D. Ud. oirá un texto que compara las características y aptitudes de los segundones —los hijos que nacen en segundo lugar— y los primogénitos (los que nacen primero).

Según se vierte en un estudio del MIT, hay diferencias notables entre los hermanos pequeños y los primogénitos.

1. ¿Sabe Ud. ya algo con respecto a este tema? Antes de escuchar la selección, indique si las características mencionadas en el siguiente cuadro describen a los primogénitos (P), a los segundones (S) o a ambos (A). Luego escuche la selección para verificar sus respuestas. ¡Cuidado! Tenga en cuenta (*Keep in mind*) que estas declaraciones son generalizaciones.

	P	S	A	
a.	☐	☐	☐	Suelen ser conservadores y tradicionales.
b.	☐	☐	☐	Son contestatarios —no aceptan las autoridades establecidas.
c.	☐	☐	☐	Son sólidos y dogmáticos.
d.	☐	☐	☐	Son creativos y atrevidos (*daring*).
e.	☐	☐	☐	Son rebeldes e inconformistas.
f.	☐	☐	☐	Son inteligentes.
g.	☐	☐	☐	Son responsables.

2. Escuche la selección una vez más para buscar la siguiente información:

   a. ¿Quién es o fue una famosa excepción con respecto a las tendencias generales que se mencionan? ______________________________

   b. Las tendencias mencionadas, ¿se deben a la genética o a otros factores? ______________
   ____

Exploraciones

16. LOS MANDATOS FORMALES (Imperatives: Formal Direct Commands)

A. Ud. oirá una serie de oraciones. Cámbielas por mandatos formales. Luego, repita la respuesta correcta después de oírla en la cinta.

MODELO: Ud. debe escucharme. → *Escúcheme.*

1. … 2. … 3. … 4. … 5. … 6. … 7. … 8. …

B. Ud. oirá una serie de mandatos. Repítalos, cambiando el complemento por un pronombre y colocándolo correctamente con respecto al verbo. Repita la respuesta correcta después de oírla en la cinta.

MODELOS: Diga la verdad. → *Dígala.*
No compre las muñecas. → *No las compre.*

1. … 2. … 3. … 4. … 5. … 6. … 7. … 8. …

C. Ud. oirá unas palabras. Para cada palabra que oye, identifique la manera correcta de escribirla.

1. a. llegue b. llegué
2. a. compre b. compré
3. a. toque b. toqué
4. a. escuche b. escuché
5. a. trabaje b. trabajé

17.–18. EL SUBJUNTIVO (The Subjunctive Mood: Concept; Forms of the Present Subjunctive. Uses of the Subjunctive; Persuasion)

A. Un amigo le hace preguntas sobre la disciplina que sus padres imponen en su casa. Conteste sus preguntas según los nuevos sujetos que oirá en la cinta. *No* incluya el nuevo sujeto en la respuesta. Repita la respuesta correcta después de oírla en la cinta.

MODELO: —¿Tus padres creen que es importante mirar menos televisión?
—Sí, quieren que *yo* estudie más. (mis hermanos) → *Sí, quieren que estudien más.*

1. —¿En tu casa se permite llegar tarde sin avisar (*letting them know*)?
   —No, prefieren que *tú* se lo digas antes.
   …

2. —¿Hay que pedir permiso antes de salir?
   —Sí, es necesario que *Ud.* pida permiso.
   …

3. —¿En tu casa hay discusiones y conflictos?
   —¡Nunca! Mis padres insisten en que *nosotros* nos llevemos bien con todos.
   …

B. Ud. oirá una serie de acciones que se hacen por necesidad. Explique el por qué de cada una. Use pronombres de complemento directo cuando sea posible. Repita la respuesta correcta después de oírla en la cinta.

MODELO: ¿Por qué dicen la verdad? → *Porque es necesario que la digan.*

1. … 2. … 3. … 4. …

C. Pablito tiene dos años y siempre hace todo *lo contrario* de lo que su madre quiere. Ud. oirá una serie de situaciones. Explique lo que la madre de Pablito quiere en cada una, usando pronombres de complemento directo e indirecto cuando sea posible. Repita la respuesta correcta después de oírla en la cinta.

MODELO: Pablito no escucha a su papá. → *Su madre quiere que lo escuche.*

1. … 2. … 3. … 4. …

D. María Luisa se prepara para su primera cita. Todos sus parientes y amigos le dan consejos. Indique los consejos que le dan. Repita la respuesta correcta después de oírla en la cinta.

MODELO: padre: decirle / volver temprano → *Su padre le dice que vuelva temprano.*

1. madre: aconsejarle / ir con otra pareja
2. hermana menor: pedirle / no volver tarde
3. hermana mayor: decirle / ponerse una falda larga y botas
4. abuela: querer / tener cuidado con el tráfico
5. mejor amiga: sugerirle / llevar un perfume exótico
6. chico con quien sale: pedirle / ¡traer dinero!

19. LOS MANDATOS INFORMALES (Imperatives: Informal Direct Commands)

A. Ud. oirá una serie de oraciones. Cámbielas a mandatos informales. Repita la respuesta correcta después de oírla en la cinta.

MODELO: Tú debes estudiar los verbos. → *Estúdialos.*

1. … 2. … 3. … 4. … 5. … 6. …

B. Ud. es el ángel de la guarda de un estudiante típico. Trate de contrarrestar (*to counteract*) los malos consejos de un amigo diabólico. Ud. oirá una serie de malos consejos. Cámbielos a buenos consejos. Repita la respuesta correcta después de oírla en la cinta.

MODELO: El amigo diabólico le dice: ¡Ve a clase tarde!
Ud. le dice: *¡No vayas a clase tarde!*

1. … 2. … 3. … 4. … 5. … 6. …

C. Ud. oirá las descripciones de unas situaciones. Luego dé un mandato apropiado, usando las palabras indicadas a continuación. ¡Cuidado! A veces hay que usar un mandato formal y a veces un mandato informal. Use pronombres de complemento directo cuando sea posible. Repita la posible respuesta después de oírla en la cinta.

1. no fumar
2. no fumar
3. no poner
4. hacerme
5. no dárnoslo; darnos más tiempo
6. jugar con él

D. Cuando los padres tienen que ir a la compra con el niño pequeño se pueden hacer algunas cosas para que la situación no sea una tragedia. Primero lea las siguientes sugerencias. Luego escuche con atención el texto, señalando (✓) las sugerencias que se mencionan. Si lo necesita, escuche la selección otra vez.

MODELO: __✓__ Escoja un supermercado con carritos especiales para los niños.

1. ____ Compre muchas cosas.
2. ____ Es mejor ir a un supermercado que tenga un baño cerca.
3. ____ Salga del supermercado inmediatamente si el niño se comporta mal.
4. ____ Deje que el niño ayude en la compra buscando los artículos que él conozca.
5. ____ Dígale gracias cuando le ayude.
6. ____ Cómprele un pequeño regalo por colaborar (ayudar).

Enlace

VOCES

Escuche con atención a Alan V., Carlos B. y María José R., tres hispanos que nos contestan las siguientes preguntas: ¿De qué forma le corregían de niño/a? ¿Se acuerda de algún incidente en particular por el cual fue castigado/a?

A. Lea las siguientes oraciones. Luego escuche por primera vez a Alan (A), Carlos (C) y María José (MJ) mientras nos cuentan sobre su juventud. A base de lo que dicen, ¿cómo caracterizaría (*would you characterize*) la juventud de cada uno?

	A	C	MJ	
1.	☐	☐	☐	Cuando era más joven se peleaba con su hermana con frecuencia.
2.	☐	☐	☐	De joven no tenía muchas restricciones ni prohibiciones.
3.	☐	☐	☐	De joven tenía miedo del sonido de la correa (*leather belt*) de su padre.
4.	☐	☐	☐	El uso del castigo físico era infrecuente en su casa.
5.	☐	☐	☐	Se usaba el castigo físico en su casa.

B. Examine el siguiente cuadro con atención. Después, escuche los testimonios una segunda vez para sacar más detalles: ¿Qué hacía cada joven que sacaba a sus padres de sus casillas (*drove their parents crazy*) y que luego merecía el castigo? ¿Qué tipo de castigo se utilizaba en estos casos? Complete el cuadro a base de lo que comprende. Note que no todas las acciones ni todas las consecuencias se mencionan en la cinta.

A	C	MJ	ACCIONES
____	____	____	responder (*to talk back*) a los padres
____	____	____	pegar a los hermanos
____	____	____	mentir (*to lie*)
____	____	____	no hacer las tareas debidas
____	____	____	ser traviesos
____	____	____	pelear (*to fight*) con otros
A	**C**	**MJ**	**CONSECUENCIAS**
____	____	____	razonar, explicando por qué la acción era mala
____	____	____	dar una bofetada (*slap*) o un cachete (*smack*)
____	____	____	dar un azote (*whipping*)
____	____	____	tirar (*to pull*) de la oreja o del pelo
____	____	____	suspender ciertos privilegios durante una temporada
____	____	____	regañar (*to scold*) o gritar

C. María José recuerda un episodio en particular cuando provocó la ira de su madre. Antes de escuchar su narración, lea la siguiente transcripción y complétela con la forma apropiada —o el imperfecto o el pretérito— de los verbos indicados. Luego escuche su narración para verificar sus selecciones.

Una vez, teniendo seis o siete años (dejar: yo) ________________[1] de ir al cole[a] una mañana. (Tener) ________________[2] entonces una maestra muy estricta que siempre (enfadarse) ________________[3] muchísimo si (llegar: nosotros) ________________[4] tarde y aquella mañana, por alguna razón, era tarde. Otras dos niñas y yo (decidir) ________________[5] no enfrentarnos con nuestra maestra y (irse) ________________[6] a jugar a espaldas del[b] colegio… (Tener: nosotras) ________________[7] la

[a]el colegio [b]a… *behind*

mala suerte de que al cabo de[c] un par de horas mi madre, por acortar el trayecto[d] a otro mercado al que no iba casi nunca, (pasar) ______________[8] por allí. Todavía recuerdo el tirón de orejas que (darme: ella) ______________[9] y además (llevarme: ella) ______________[10] al cole.

[c]al... *after* [d]por... *as a shortcut*

** **D.** Conteste brevemente por escrito.

1. ¿Con cuál de estas personas —Alan, Carlos o María José— se identifica Ud. más? ¿Por qué?

____

____

____

2. ¿Cuál era el castigo más común en su casa? ¿Recuerda Ud. algún incidente en particular? ¿Qué ocurrió? ¿Cuáles eran las circunstancias? ¿Cómo respondieron sus padres? Describa el episodio en el espacio a continuación. Tenga cuidado con el uso del pretérito y del imperfecto.

____

____

____

____

____

____

____

____

EXPLORACION CULTURAL: **Los nuevos padres**

A. Primera parte. La siguiente selección trata del padre de hoy. Escuche la selección buscando semejanzas y diferencias entre los padres de hoy y los padres de «antes», es decir, los padres de la generación de nuestros abuelos. Trate de entender las ideas generales y de adivinar las palabras o frases que no entiende completamente. ¡Cuidado! La palabra **padres** tiene dos significados: *parents* y *fathers*. En este texto significa solamente *fathers*. Las siguientes palabras pueden ser útiles para comprender la selección:

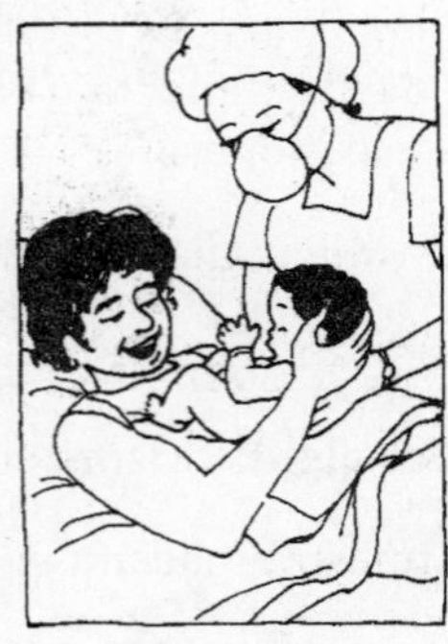

el parto

coger en brazos

el pañal

el biberón

Al final de la selección Ud. oirá unas oraciones basadas en el texto. Decida si son ciertas (C) o falsas (F), o si la selección no dice nada (ND) sobre ese punto. Si lo necesita, escuche la selección una vez más.

(Use este espacio para sus apuntes.)

	C	F	ND
1.	☐	☐	☐
2.	☐	☐	☐
3.	☐	☐	☐
4.	☐	☐	☐
5.	☐	☐	☐

B. Segunda parte. La selección sobre los nuevos padres continúa, esta vez explorando la pregunta, «¿Pueden los padres ser buenas madres?» Examine el cuadro y la pregunta a continuación y luego escuche la selección buscando la información para completar la tabla.

1. El siguiente cuadro enumera algunas características que siempre se han asociado (*have been associated*) con las mujeres en su papel de madres. Escuche con atención para identificar cuáles de estos rasgos describen también al nuevo padre.

¿los padres?	las madres	RASGOS
	✓	Tienen mucho interés en el nacimiento (*birth*) del hijo.
	✓	Hablan mucho del hijo.
	✓	Tienen un gran deseo de tocarlo.
	✓	Desean tenerlo en brazos.
	✓	Admiran al recién nacido y cree que es hermoso.
	✓	Sufren una depresión después del parto.
	✓	Dedican mucho tiempo a alimentar al pequeño.

2. Según el texto, hay diferencias cualitativas entre el papel del padre y el papel de la madre. ¿Cuál es una de estas diferencias que se menciona en la selección? Escuche la selección una vez más si lo necesita.

____

____

____

Pronunciación y ortografía*

PRONUNCIACION:† LOS SONIDOS [s/θ]

The sound [s] is represented in several different ways in Spanish. In Latin America and some parts of southern Spain, it is written with the letters **c** (before **e** and **i**), **z,** and **s.** Listen to the following words as a Spanish American would pronounce them.

ce, ci:	centro	cita	hice	paciencia
z:	Zaragoza	crianza	feliz	noviazgo
s:	suegro	sobrino	casarse	esposo

In most parts of Latin America, when these letters occur at the end of a syllable, they are usually pronounced not as [s] but as [h], that is, as a slight aspiration.

esperar [eh-pe-rar]
los chicos [loh-čí-koh]
¿Quieres más? [kyé-reh-máh]
las manzanas [lah-man-sá-nah]

Listen to the following sentences as you would probably hear them in conversation with a Spanish American.

Las ciudades de nuestros países tienen los mismos problemas que las de Uds.

A veces tienen más porque son más antiguas.

In most of Spain, the sound [s] is represented only by the letter **s.** In contrast to the [s] sound of South America, the Spanish sound is pronounced [ś], somewhat like English [š] in *shirt.* The letter **c** (before **e** and **i**) and the letter **z** are pronounced [θ]. Listen to the following words as you would hear them pronounced in most of Spain.

ce, ci:	centro	cita	hice	paciencia
z:	Zaragoza	crianza	feliz	noviazgo
s:	suegro	sobrino	casarse	esposo

Escuche cada una de las siguientes palabras y repítala en la pausa. Compare su pronunciación con la que oye en la cinta y repita una vez más.

1. cine
2. disciplina
3. esposo
4. bisabuelo
5. cabeza
6. travesura
7. azul
8. castigo
9. disfraz

PRONUNCIACION: LOS SONIDOS [k/kʷ]

The sound [k] is represented by the letter **c** before all consonants and the vowels **a, o,** and **u.** It is represented by the letters **qu** before **e** and **i.** The **u** in **qu** is never pronounced in Spanish. The [kʷ] sound is spelled with the letters **cu.** Listen to the following sounds and words.

*Remember to use the separate Pronunciation Tape for the **Pronunciación y ortografía** sections.

†The spelling patterns for the sounds [k] and [s], which you will study in this section, are particularly important for writing preterite and present subjunctive verb forms.

	SOUND	SPELLING	SOUND	SPELLING
1.	[ka]	cariño, castigo	[k^wa]	licuadora, Pascuas
2.	[ke]	queso, paquete	[k^we]	cuestión, cuenta
3.	[ki]	requisito, quien	[k^wi]	cuidado, cuidar
4.	[ko]	cosa, Paco	[k^wo]	cuota, inocuo
5.	[ku]	curioso, cuna		

A. Escuche cada una de las siguientes palabras y repítala en la pausa. Compare su pronunciación con la que oye en la cinta y repita una vez más.

1. cariño
2. cuenta
3. quieto
4. castigo
5. rezar
6. cena
7. descuento
8. que
9. cuarenta
10. cuñado

B. Lea cada una de las siguientes palabras en voz alta, grabando su pronunciación en la cinta. Después de grabar cada palabra, escuche la pronunciación que oye y repita una vez más.

1. poquito
2. divorciarse
3. felicidad
4. saque
5. azul
6. seco
7. querido
8. sequedad
9. quinto
10. caza

ORTOGRAFIA: LOS SONIDOS [k/s/k^w]

Escuche cada una de las siguientes palabras. Luego escriba las letras que faltan. Oirá cada palabra dos veces.

1. fre___ente
2. di___fra___e___
3. po___ísimo
4. ___atro
5. pa___ete
6. lí___ido
7. en___esta
8. in___ilino

PRONUNCIACION: DICTADO

Escuche el siguiente texto por completo. Luego se repetirá el texto más lentamente con pausas. En las pausas escriba lo que oyó. Al final toda la selección se repetirá una vez más.

____

____

____

____

____

____

____

Nombre ______________ *Fecha* ______________ *Instructor(a)* ______________

PRACTICA ESCRITA Y COMPOSICION

Describir y comentar

A. Complete las oraciones con una palabra o frase del vocabulario de la lista en la página 79.

1. No es necesario que los padres sean inflexibles, que impongan muchas reglas. Pero sí creo que es importante que haya disciplina en la casa con respecto a los niños.
2. El problema de los hijos únicos es que los padres muchas veces los miman demasiado; les dan todo lo que quieren.
3. En esta ciudad hay una compañía que manda a una persona a tu casa para cuidar a tu perro, si tienes que hacer un viaje y lo tienes que dejar solo en casa.
4. ¡El servicio en este restaurante es terrible! ¿Quién está a cargo aquí? Quiero hablar con el jefe.
5. Laura es una niña muy bien educata: siempre se porta con mucha cortesía.
6. Estoy de acuerdo: los crímenes violentos son un problema grave en nuestra sociedad. Pero no puedo aceptar la pena de muerte (*death penalty*). En mi opinión, es un castigo demasiado fuerte.

****B.** Conteste las siguientes preguntas según su experiencia personal usando oraciones completas.

1. ¿Cuándo era pequeño/a, era bien o mal educado/a?

   Era bien educada cuando era pequeño.
2. ¿Se peleaba con sus hermanos/amigos con frecuencia?

   Nunca peleaba con mi hermano
3. ¿Qué hacía cuando se portaba mal?

   Tenía disculparse y iba a mi cuarto
4. ¿Qué castigos le imponían sus padres?

   Mis padres no creen en muchos castigos.
5. ¿Había una disciplina muy estricta en su casa?

   Nunca había disciplina estrica en mi casa
6. En general, ¿llevaba una vida feliz o una vida difícil?

   Yo llevaba una vida feliz.

C. Describa las relaciones familiares indicadas, siguiendo este modelo: X es el/la ____ de Y. Use los nombres de los parientes en el orden indicado.

MODELO: 6 → 7: *Jorge es el padre de Fausto.*

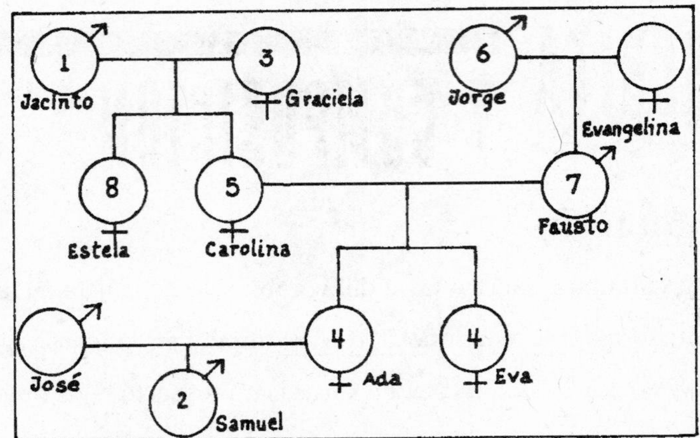

1. 2 → 1: Samuel es el bisnieto de Jacinto
2. 1 + 3 → 4: Jacinto y Graciela son los abuelos de Ada y Eva
3. 5 → 6: Carolina es la nuera de Jorge
4. 7 → 8: Fausto es el primo de Estela
5. 4 → 8: Ada y Eva son las sobrinas de Estela

Exploraciones

16. LOS MANDATOS FORMALES (Imperatives: Formal Direct Commands)

A. Pablo y María son dos instructores que no están de acuerdo con la forma de tratar a los estudiantes. Pablo cree que no se les debe dar mandatos, sino que se les debe pedir que hagan ciertas cosas. María cree que los estudiantes responden mejor cuando se les manda hacer las cosas (*they are ordered to do things*). Cambie la forma de pedir de Pablo por los mandatos que María usaría (*would use*).

MODELO: Pablo dice: Por favor, Manolo, ¿puede entregarme el cuaderno mañana? →
María dice: Manolo, entrégueme el cuaderno mañana.

1. Paco, ¿no quiere practicar más en el laboratorio?
   Paco, practique más en el laboratorio
2. Susana, ¿puede Ud. hacerme una lista de los puntos que Ud. no entiende?
   Susana, hágame una lista de los puntos que Ud no entiende
3. Carolina, ¿no es cierto que Ud. debe ir a ver al decano (*dean*)?
   Carolia, deba ir a ver al decano
4. Pedro, ¿puede corregirme esta composición?
   Pedro, corregame esta composición

5. Carmen y Luis, ¿pueden Uds. venir a mi oficina después de clase?
Carmen y Luis vengan a mi oficina.

6. Por favor, Rafael y Jorge, Uds. no deben hablar inglés en clase.
Rafael y Jorge no hablen inglés en clase

** **B.** Dé mandatos formales en las siguientes situaciones.

1. Cuando Ud. sale de su clase de español, una señora le pregunta cómo se llega al laboratorio de lenguas. Camine a ~~mi coche~~ derecho y

2. Un turista quiere saber dónde puede comer cuando visite la ciudad donde Ud. vive y qué platos debe pedir. Vaya a Tucci Benucchi y coma el baked spaghetti

3. Unos amigos quieren saber qué hacer este fin de semana para divertirse. No tienen mucho dinero. Visitan el aeropuerto y caminen el el parque

4. Un profesor de matemáticas quiere saber cómo puede mejorar (*improve*) su clase. Use más ejemplos cuando enseñar.

5. Unos estudiantes de último año de secundaria vienen a visitar la universidad por primera vez. Quieren saber qué lugares interesantes de la universidad deben ver. Vean el rec ~~ct~~ y el centro de los estudiantes

17.–18. EL SUBJUNTIVO (The Subjunctive Mood: Concept; Forms of the Present Subjunctive. Uses of the Subjunctive: Persuasion)

A. ¿Qué edad tienen sus padres? Si sus padres tienen entre 40 y 50 años pertenecen a la llamada generación de los *Baby Boomers*. ¿Sabía que hay estudios que afirman que estos jóvenes revolucionarios de los años sesenta son ahora los padres más estrictos de las tres últimas generaciones? Para enterarse bien de la noticia que a lo mejor Ud. ya suponía, complete el siguiente texto con la forma correcta del presente de subjuntivo de los verbos entre paréntesis.

Haz lo que digo, no hagas lo que hice

Los jóvenes de la generación de los años sesenta vivieron un tiempo de cambio. El hacer todo lo prohibido significaba rechazar los valores de sus mayores. Es por ello que experimentaron con drogas y predicaron el amor libre. Sin embargo, estos jóvenes, ahora adultos, se han convertido en los padres más estrictos. No sólo prohíben que sus hijos (probar) proben[1] las drogas sino que tampoco les permiten que (fumar) fume[2] tabaco. Aunque ellos disfrutaron de libertad sexual, ahora prefieren que sus hijos (practicar) practiquen[3] la abstinencia hasta el matrimonio. A estos padres tampoco les gusta que sus hijos (salir) salgan[4] frecuentemente o que (volver) vuelvan[5] muy tarde por las noches.

Esta actitud tan protectora se debe a que ellos no creen que los años noventa (poder) puedan[6] compararse con los sesenta. Ellos dudan que el mundo de hoy en día (ser) sea[7] un lugar tan seguro como el que ellos conocieron. Estos padres temen que la proliferación de drogas duras y la epidemia del SIDA (afectar) afecte[8] a sus hijos. Por eso piensan que es necesario que (tomar: sus hijos) tomen[9] muchas precauciones y que (tener: sus hijos) tengan[10] el máximo cuidado.

** ¿Está Ud. de acuerdo con la actitud protectora de los padres? Escriba sus reacciónes y sugerencias para los padres (si las tiene) aquí.

sé muchas ~~parent~~ padres quién como los padres en este artículo, entonces no está sopresa.

** **B.** Para los siguientes dibujos, use el subjuntivo para indicar lo que quiere cada persona.

1.

El carnicero quiere que… el perro déjo el carne

2.

La madre les dice que no… juegen con los tacos

y que… hagan su tarea

3.

Los niños al fondo (*in the background*) prefieren que...

coman hamburguesas

____

4.

Los aficionados prefieren que el tenista...

no grite

sobre el ~~juego~~ partido

** **C.** Use el subjuntivo para indicar las recomendaciones que Ud. da o recibe en las siguientes circunstancias. Cuidado con los pronombres.

1. Cuando Ud. y sus amigos hacen mucho ruido por la noche, ¿qué les dicen sus vecinos? Quieren que no gritemos todo ~~el~~ la noche.
2. Si Ud. tiene malos resultados en un examen, ¿qué le recomiendan sus padres? ¿Y qué le aconsejan sus amigos? Recomiendan que estudie más para el examen y mis amigos aconsejan que no sean importante.
3. Si un amigo le pide favores constantemente, ¿qué le dice? No ~~pid~~ me pida todos los días por favores.
4. Si Ud. les pide dinero a sus padres, ¿qué le recomiendan? le recomiendan que dé un trabajo
5. ¿Qué les sugiere Ud. a unos amigos que quieren ver una buena película? Yo sugiero que vea Empire Records

D. El siguiente texto ofrece sugerencias sobre cómo ayudar a los niños a asimilar el divorcio. Llene los espacios con la forma correcta del presente del subjuntivo o del indicativo de los verbos entre paréntesis, según el contexto.

En todo momento es importante que los padres (intentar) intenten[1] ser honrados y respetuosos con sus hijos. Y en caso de divorcio los psicólogos recomiendan que (poner: los padres) pongan[2] aún más énfasis en este principio. Así, cuando hay dos versiones, es importante que los niños (oír) oigan[3] las dos. Es verdad que esto (poder) puede[4] ser difícil para los padres, especialmente si su separación no ha sido[a] amigable. Sin embargo, es esencial que la comunicación con los hijos no (ir) vaya[5] cargada[b] del odio que sienten hacia el otro. Los psicólogos aconsejan que los padres no (hablar) hablen[6] nunca mal del padre ausente. Entre otras muchas razones este consejo se justifica porque al insultar al cónyuge[c] se insulta a los niños. Los niños saben que ellos (tener) tengan[7] un poco de cada padre.

Es importante que la vida de los niños (alterarse) se alteren[8] lo menos posible. Por ejemplo, es mejor que los hijos no (cambiar) cambien[9] de casa (si esto es posible) y que (ser: ellos) sean[10] los padres los que viajen de un lugar a otro para cumplir con sus deberes paternos.

[a]no… *has not been* [b]*loaded* [c]*spouse*

** ESTRATEGIAS PARA LA COMUNICACION Por favor

Ud. quiere hacer las siguientes sugerencias. En algunos casos puede que sea apropiado usar un mandato directo (familiar o formal); en otros será mejor usar una expresión más cortés. ¿Cómo se va a expresar Ud.?

1. You want to tell your grandmother's elderly friend to take an umbrella since it's raining.
   Tome un paraguas por el lluvia.
2. Your niece is screaming and you want to tell her to behave.
   Portase bien.
3. You ask your friends to pay attention to what you are saying.
   Escuchame
4. Your little brothers are fighting over a toy. You want to tell them to be well-mannered and share the toy.
   Comparte el jugete

19. LOS MANDATOS INFORMALES (Imperatives: Informal Direct Commands)

A. Escriba la forma correcta del mandato familiar de los siguientes verbos. Tenga cuidado con los acentos y con la colocación del pronombre con respecto al verbo.

1. mandarlo mândalo
2. decirme dime
3. no comerlo no lo comes
4. hacerlo hazlo
5. ponerlo Ponlo
6. no ir no vayas
7. no jugar no juegues
8. venir Ven

** **B.** A veces Guillermo no puede decidir lo que debe hacer. Su ángel de la guarda le aconseja de un modo, mientras que su diablo personal le aconseja lo contrario. ¿Cuáles son los consejos que le da cada uno en los siguientes casos? Conteste en otro papel.

1.

2.

3.

4.

** **C.** En la página 98 aparece la lista de los cinco «cuentos» que los padres les hacen a sus hijos con bastante frecuencia. ¿Reconoce Ud. algunos? Escoja *dos* de los cuentos y escriba un breve párrafo para cada uno. En el párrafo, indique

- quién se lo hizo (¿padre? ¿madre? ¿abuelo/a?)
- qué hacía Ud. que provocó esta reacción de parte de su pariente
- qué ocurrió después —qué hizo Ud. y qué le pasó

1. ____

____

____

____

____

2. ____

____

____

____

____

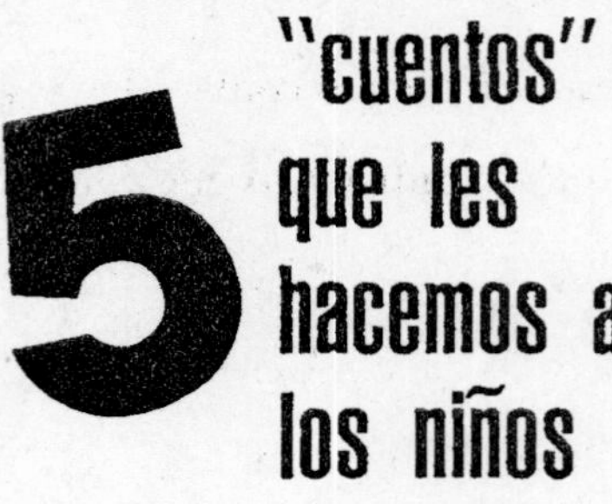

5
"cuentos"
que les
hacemos a
los niños

1. A tu edad... ¡¡jamás tuve tiempo para aburrirme!
2. ¡Es la última vez que vienes de compras conmigo!
3. ¡Espera hasta que papá llegue a casa y le cuente!
4. ¡Voy en un minuto!
5. ¡No te lo diré más!

** **D.** A continuación aparece la lista de los cinco «cuentos» que los hijos frecuentemente les hacen a sus padres, como respuesta a algún mandato. ¿Reconoce Ud. algunos? Para cada uno de los cinco cuentos mencionados, escriba el mandato informal típico que habrá dado (*probably would have given*) un padre (o una madre) antes o después de cada uno.

1. ~~cepillese~~ cepillese sus dientes
2. ~~Deme~~ Digame que es esto.
3. Vaya a escuela
4. No pueda ir a la fiesta.
5. Haga su tarea

5 ¡que ellos nos hacen a nosotros!

1. Claro que ya me he lavado bien los dientes...
2. ¡Mis compañeros recibieron la misma nota!
3. ¿Puedo acostarme más tarde *solamente* hoy?
4. Papá me dijo que sí podía hacerlo...
5. ¡Ya he terminado todas mis tareas!

¡Ojo!

Exprese en español las siguientes preguntas y luego contéstelas según su experiencia personal.

1. Which aspects of dorm life are most difficult to put up with?

2. What do you admire most in your closest friend?

3. Who cared for you when you were a child?

4. Do you care about politics?

Enlace

ORTOGRAFIA: LOS DIPTONGOS Y EL ACENTO ESCRITO

As you know, a diphthong is a combination of a weak vowel (**i, u**) with a strong vowel (**a, e, o**), pronounced together to produce a single sound. The strong vowel in a diphthong is always heard more "loudly" than the weak vowel.

When a written accent is placed over the weak vowel, the diphthong is considered broken, and the sounds of the two vowels can be heard separately. Thus, **ia** is a diphthong, but **ía** is not; **ie** is a diphthong, but **íe** is not.

Sometimes the strong vowel of a diphthong will have an accent because the word breaks the general rules of stress presented in Chapter 2. This is the reason for the accents in **también** and **después.** A written accent over the strong vowel does not break the diphthong.

La vocal subrayada recibe el énfasis. Lea las palabras y escriba un acento donde sea necesario.

1.	mafia	6.	precipicio	11.	leiste	16.	linea
2.	piensalo	7.	racional	12.	huerfano	17.	traiga
3.	geometria	8.	premio	13.	muestrame	18.	maullar
4.	toxicomania	9.	cuota	14.	crianza	19.	faraon
5.	pasiones	10.	primacia	15.	noruego	20.	rei

REPASO: PARRAFO DE SINTESIS

Lea la siguiente selección, llenando los espacios con la forma correcta del verbo que aparece entre paréntesis. Las siguientes formas verbales pueden usarse:

imperfecto	mandato formal	presente del subjuntivo
infinitivo	presente	pretérito
mandato familiar		

Historia de un breve trabajo de verano

El verano pasado mi hermano Rolando y yo decidimos que en vez de salir a buscar empleo, íbamos a ayudar a nuestros padres con algunos proyectos familiares. Empezamos en casa con mamá.

—Lisa y Rolando —mamá nos (decir) ______[1]— vamos a (limpiar) ______[2] esta casa de suelo a techo. (*It's been a long time*) ______[3] que no la limpio por completo y ahora con cuatro manos extra creo que lo puedo hacer de verdad. Primero, quiero que Uds. (sacar) ______[4] todos los muebles de la sala y que (ponerlos) ______[5] en el comedor.

Mientras nosotros (cargar) ______[6] los muebles, ella (lavar) ______[7] las ventanas y (cantar) ______[8] felizmente. Cuando mi hermano y yo (terminar) ______[9], (querer) ______[10] descansar unos minutos, pero mamá (tener) ______[11] otras ideas.

—¡Vamos, hijos! ¿Cómo pueden (ser / estar) ______[12] cansados? —Todavía hay mucho que hacer. (Traer: Uds.) ______[13] la aspiradora[a] y (pasarla) ______[14] por la sala. Rolando, no (olvidar: tú) ______[15] levantar la alfombra. Luego, es necesario que (sacudir: Uds.) ______[16] los muebles; después (*return them*) ______[17] a su lugar en la sala. Después quiero (pasar) ______[18] a las alcobas.

—Mamá, esto es demasiado. (Ser / Estar: Nosotros) ______[19] personas, no autómatas.

—¡Qué va!— ella me (responder) ______[20] con una sonrisa—. No (ser: tú) ______[21] tonta, Lisa. Es cosa de unas cuantas horas. Rolando, (venir) ______[22] conmigo a la cocina; necesito tu ayuda un momento.

Mientras ellos dos (ser / estar) ______[23] en la cocina, yo fui a mi alcoba y volví a la sala con mi radio. Ya (saber) ______[24] que había una sola solución. (Escoger) ______[25] una estación de música rock y la (poner) ______[26] a un volumen espantoso.[b] Luego, (empezar) ______[27] a sacudir como una loca. En pocos minutos, Rolando salió de la cocina.

—Lisa, mamá dice que (apagar: tú) ______[28] la radio. (*She doesn't like*) ______[29] esas canciones.

[a]*vacuum cleaner* [b]*frighteningly loud*

—Rolando, por favor, (decirle: tú) dile[30] a mamá que no puedo trabajar sin música. Además —le (sonreír) sonreís[31] inocentemente—, es cosa de sólo unas cuantas horas.

Rolando (regresar) regresaba[32] a la cocina y en dos minutos (salir) salió[33] otra vez.

—Lisa, mamá sugiere que (buscar: nosotros) busquemos[34] a papá. Es posible que él (tener) tenga[35] algunas tareas…

Rolando y yo (*looked at each other*) nos miramos[36] en silencio unos segundos. Luego, agarrando[c] la radio, le (decir) dije[37] a mi hermano:

—Vamos, y no (preocuparse:[d] tú) preocupes[38], Rolando. Es probable que papá no (necesitar) necesite[39] mucha ayuda tampoco.

[c]*grabbing* [d]*to worry*

Análisis y aplicación: Composición

LA NARRACION

A narration is the presentation of an action or an event. When you write a descriptive paragraph, you are painting a picture; when you write a narrative, you are telling a story. Most narratives also contain description, but the main focus is on the story itself, the sequence of events or actions.

A narrative can be short or long, relate an incident that is factual or imagined, be funny, sad, or scary. A narrative can entertain or inform, as when a writer includes an anecdote to illustrate a point he or she is making. You use narrative techniques when you write the plot summary of a work you have read.

To write a narrative, think about an event that happened to you, or one that you witnessed, dreamed, or heard about. Try to recall all the details you can about the events and about the feelings that they created. When you tell your story, the events can be narrated in any order. Start in the middle and work both ways; or start toward the end and fill in the beginning with a flashback technique. The most common (and simplest) method is to narrate the events in chronological order. As when writing a description, the idea is not to include *every* detail, but to pick and choose only those details that help to create the effect you want.

Begin with an **introducción** that sets the stage, giving the events that lead up to the principal action or the high point of your narrative (**clímax, complicación**). At the end there should be a brief **conclusión** or **desenlace** that can indicate how the action affected you or what makes it so memorable or so important in your mind.

Look again at the narratives **«Los colores que menos me gustan»** (p. 70) and **«Un viaje inolvidable»** (pp. 70–71). Read each one carefully, then:

1. Identify their principal moments: **introducción, clímax, desenlace.**
2. Identify the ways in which the author has captured the attention of the reader. Is there suspense? humor? mystery? a surprise ending?
3. Describe the *feeling* expressed by each narrative. How did the episode affect the author? What feelings did the author have during the episode? Are these the same feelings that the reader has?
4. Tell in what order the events are related.

Tarea. On a separate sheet of paper, write a short narrative describing an incident in your own life. To get ideas, think about how you might complete the following sentences. Perhaps one of these episodes could form the basis for your narrative paragraph.

1. The first time that I . . .
2. How I learned how to . . .
3. The day/night that I . . .
4. Since that day/night, I have never/always . . .

Before you hand in your narrative, review the suggestions for editing and proofreading presented in Chapter 3. Then check your narrative and recopy it if necessary before handing it in.

Viaje cultural*

Pasaje: La «Casa de la Madre Soltera (*Single*)» en Guayaquil, Ecuador

La vida de una joven que pronto va a ser madre soltera puede ser muy difícil. En Guayaquil, Ecuador, por lo menos, estas mujeres encuentran refugio y nueva esperanza en la «Casa de la Madre Soltera». Esta casa fue fundada por Esther Guarín de Torres.

¡A ver! Las siguientes oraciones son citas directas del pasaje que Ud. verá. Antes de ver el segmento, lea las oraciones y asegúrese de entender todas las palabras. Después de verlo, numere las oraciones según el orden en que aparecen en el segmento.

1. ____ «En la actualidad (*present time*), se preocupan mucho por los niños, pero olvidan lo principal: la debida (*due*) atención que la madre merece (*deserves*).»
2. ____ «Día a día, por las calles de nuestras ciudades, deambulan cientos de mujeres embarazadas, en busca de (*in search of*) un refugio para dar a luz al hijo que llevan en sus entrañas.»
3. ____ «A pesar de sus escasos (*scarce*) recursos económicos, Esther alberga y alimenta en su propia casa a una decena (*ten*) de madres solteras.»
4. ____ «Luego de ser violada por su padre, María recorrió abandonada las calles de Guayaquil.»
5. ____ «Durante su permanencia en su nuevo hogar, la futuras madres comparten (*share*) los quehaceres (*chores*) domésticos.»
6. ____ «Una joven voluntaria comparte el arduo trabajo de pedir colaboraciones generosas para pagar el costo de la casa.»
7. ____ «El índice de madres solteras es bastante elevado. La mayoría de ellas se encuentra en absoluto estado de abandono y desamparo.»

Enigma. ¿Cuántos hijos tiene Esther? ____

*The viewing segments corresponding to the **Viaje cultural** section can be found on the Video to accompany *Pasajes*.

Geografía, demografía, tecnología

EXPRESION ORAL Y COMPRENSION

Describir y comentar

A. Escuche las siguientes palabras y repítalas en la pausa. Entonces escuche la palabra otra vez, compare su pronunciación con la que oye en la cinta y repita una vez más.

la alfabetización
el analfabetismo
  el analfabeto
la arquitecta
el barrio bajo
  el suburbio
culto/a
desnutrida
diseñar
  el diseño
el edificio
en vías de desarrollo
el hambre
instruido
el medio ambiente
la modernización
plantear
la población
  la despoblación rural
  la sobrepoblación
la pobreza
el porvenir
los recursos
resolver (ue)
la tecnología
tener en cuenta
urbanizar
  el urbanismo
la urbanista
la urbanización
la vivienda

B. Mire el vocabulario de la lista en el ejercicio A mientras escucha. Primero Ud. oirá una palabra o frase que es un sinónimo de una palabra o expresión de la lista. Luego oirá una oración que contiene esta palabra o frase. Repita la oración, cambiando la palabra o frase por un sinónimo de la lista del vocabulario. Repita la respuesta correcta después de oírla en la cinta.

MODELO: superabundancia de personas: En algunas partes del mundo hay superabundancia de personas. →
En algunas partes del mundo hay sobrepoblación.

1. … 2. … 3. … 4. … 5. … 6. … 7. …

C. Ud. oirá una serie de palabras y expresiones. Escuche cada una y repítala en la pausa. Compare su pronunciación con la que oye en la cinta y repita una vez más.

las aplicaciones
  la autoredacción
  la base de datos
  la hoja de cálculo
  el procesador de textos
el correo electrónico
  el mensaje de correo electrónico
el disco, el disquete
  el disco duro
en línea
el *hardware*
imprimir
  la impresora
la informática
la memoria
el módem
el monitor
la multimedia
la pantalla
programar
  la programación
el ratón
la red
  navegar la red
  la red local
  trabajar en red
el *software*
la superautopista de la información
el teclado

D. Mire el vocabulario de la lista del ejercicio C mientras escucha las siguientes definiciones. Después diga la palabra que mejor corresponde a cada definición. Repita la respuesta correcta después de oírla en la cinta.

1. … 2. … 3. … 4. … 5. …

E. Ud. oirá un breve texto acerca de las personas y la situación que se ven en el dibujo. Después oirá una serie de afirmaciones. Decida si las afirmaciones son ciertas (C) o falsas (F). Si el texto no incluye información acerca de una afirmación, indique que «no dice» (ND). Oirá el texto una vez y las afirmaciones dos veces.

	C	F	ND
1.	☐	☐	☐
2.	☐	☐	☐
3.	☐	☐	☐
4.	☐	☐	☐
5.	☐	☐	☐
6.	☐	☐	☐

F. La tecnología ha cambiado la vida cotidiana. Escuche el siguiente texto una vez para identificar la siguiente información.

1. ¿De qué manera ha transformado la tecnología el mundo del trabajo?

____

2. ¿Cómo ha cambiado la manera en que la gente explora el mundo?

____

3. Escuche el texto una vez más para buscar los siguientes datos específicos relacionados con la tecnología.

   a. Hoy, casi ________________ de internautas recorren ________________ por el placer de explorar ese mundo desconocido.

   b. El ________________ es el ________________ del futuro. Navega, a la velocidad de ________________, por todo el mundo con un teléfono, un módem y ________________ como único equipaje.

   c. Según las estadísticas, los internautas tienen estas características: edad entre ________________, nivel cultural ________________, hábitos ________________ y una enorme ________________.

Exploraciones

20. MAS PRONOMBRES RELATIVOS (More Relative Pronouns)

A. Ud. oirá una serie de oraciones. Léalas mientras escucha la cinta y luego júntelas con **que, quien** o **quienes,** según el contexto. Tenga cuidado con la colocación de la preposición. Repita la respuesta correcta después de oírla en la cinta.

MODELO: El porvenir de los hijos es un problema. Este problema preocupa a muchos padres. →
El porvenir de los hijos es un problema que preocupa a muchos padres.

1. Los autores de este proyecto son unos ingenieros españoles. Los autores recibieron un premio internacional.
2. La tecnología también debe tener en cuenta las necesidades de la población. Se habló de tecnología en la reunión.
3. A muchas personas les interesa el medio ambiente. También desean resolver otros problemas del mundo.
4. En ese centro de investigación se programan computadoras. Las computadoras se utilizan en la industria.
5. ¿Es Ud. arquitecto? Ud. participó en el congreso de urbanismo, ¿verdad?

B. Utilice los pronombres relativos para hacer oraciones completas usando las siguientes palabras y frases, sin cambiar el orden de las palabras. Conjugue los verbos y agregue los pronombres relativos. Repita la oración correcta después de oírla en la cinta.

MODELO: el arquitecto / ser / la persona / diseñar / edificios →
El arquitecto es la persona que diseña edificios.

1. la pobreza / existir / en muchas zonas rurales / explicar / la emigración
2. el control / tener (nosotros) / sobre el medio ambiente / ser / insuficiente
3. los científicos / elegir (pasado) / el gobierno / ir a terminar / el informe

4. muchas medicinas / consumirse / en la actualidad / venir / de la naturaleza
5. la madre Teresa / trabajar / con los más pobres de la India / nacer / en Albania

21. PALABRAS POSITIVAS, NEGATIVAS E INDEFINIDAS (Positive, Negative, and Indefinite Expressions)

A. Conrado siempre contradice a su hermano Armando. Ud. oirá una serie de comentarios de Armando. Haga el papel de Conrado, contradiciendo las afirmaciones de Armando. Repita la respuesta correcta después de oírla en la cinta.

MODELO: ARMANDO: Viene algún amigo. →
CONRADO: *No viene ningún amigo.*

1. … 2. … 3. … 4. …

B. Ud. está de muy mal humor y contesta de manera negativa todas las preguntas que le hacen sus amigos. Repita la respuesta correcta después de oírla en la cinta.

MODELO: ¿Tiene Ud. un coche? → *No, no tengo ninguno.*

1. … 2. … 3. … 4. … 5. … 6. …

22. LOS USOS DEL SUBJUNTIVO: LA DUDA; LA EMOCION (Uses of the Subjunctive: Certainty Versus Doubt; Emotion)

A. Berta es una joven muy curiosa y siempre pregunta el por qué de las cosas. Su madre normalmente se lo explica, pero hoy está apurada (*in a hurry*) y no quiere entrar en detalles. ¿Cómo contesta la madre a las siguientes preguntas de Berta? Ud. oirá las preguntas de Berta. Contéstelas de manera negativa. Repita la respuesta correcta después de oírla en la cinta.

MODELO: Mamá, ¿crees que la pobreza tiene una solución fácil? →
No, no creo que la pobreza tenga una solución fácil.

1. … 2. … 3. … 4. … 5. …

B. Los hermanos Conrado y Armando siguen su discusión anterior. Lo que dice uno, el otro siempre lo duda. Ud. oirá los comentarios de Armando. Contéstelos, expresando las dudas de Conrado con respecto a lo que dice su hermano. Repita la respuesta correcta después de oírla en la cinta.

MODELO: ARMANDO: Mi profesora trabaja 24 horas al día. →
CONRADO: *Dudo que trabaje 24 horas al día.*

1. … 2. … 3. … 4. … 5. …

C. Los padres de Roberto son muy tradicionales y se escandalizan ante cualquier cosa «moderna». Ud. oirá una serie de oraciones. Cámbielas para expresar las reacciones de los padres de Roberto. Repita la respuesta correcta después de oírla en la cinta.

MODELO: Los estudiantes viven en residencias mixtas. →
Les escandaliza que vivan en residencias mixtas.

1. … 2. … 3. … 4. … 5. …

Los estudiantes beben a los dieciocho años.
Los estudiantes hacen mani-festaciones contra el gobierno.
Los estudiantes no dicen «doctor» cuando hablan a sus profesores.
Algunos estudiantes fuman marihuana.
El divorcio es tan común como el matrimonio.

D. A Roberto también le afectan emocionalmente ciertos aspectos de la vida universitaria. Ud. oirá una serie de oraciones. Cámbielas para expresar las reacciones de Roberto, usando las expresiones indicadas y pronombres de complemento directo e indirecto cuando sea posible. Repita la respuesta correcta después de oírla en la cinta.

MODELO: Hay mucha competencia por las notas. (es una lástima) →
Es una lástima que haya tanta competencia por las notas.

1. está bien 2. es triste 3. se alegra 4. le gusta 5. no le gusta

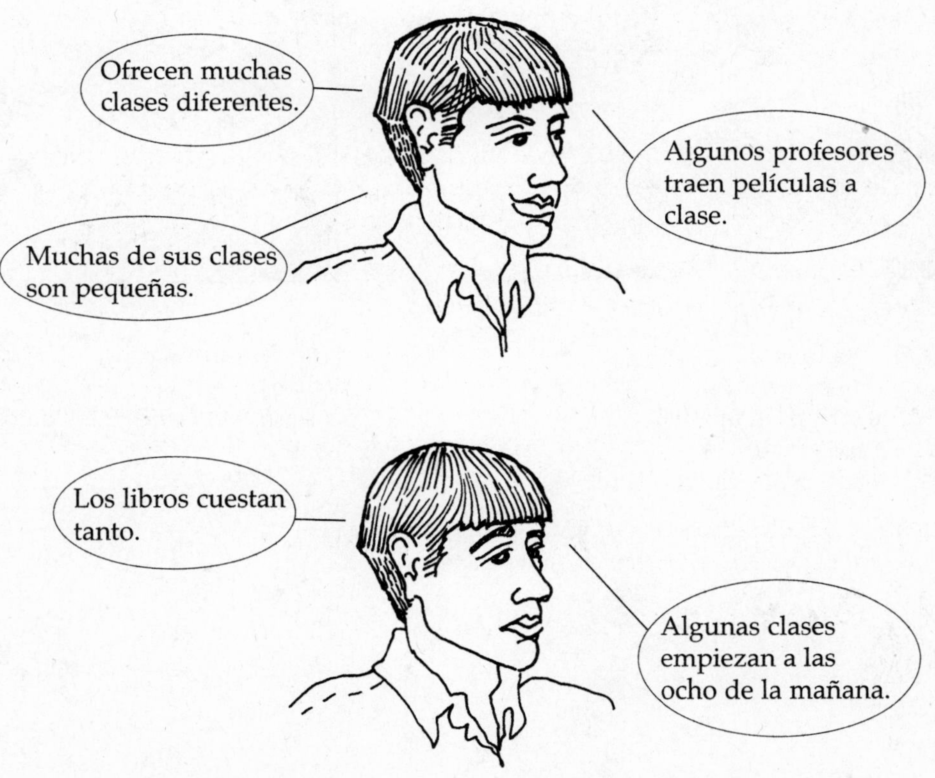

Ofrecen muchas clases diferentes.
Algunos profesores traen películas a clase.
Muchas de sus clases son pequeñas.
Los libros cuestan tanto.
Algunas clases empiezan a las ocho de la mañana.

**E. Ud. es el portavoz para uno de los candidatos a presidente de los estudiantes de su universidad. Ud. tiene que transmitir a sus compañeros varias opiniones del candidato. Ud. oirá una serie de oraciones. Cámbielas para expresar las opiniones del candidato. Repita la respuesta correcta después de oírla en la cinta.

MODELO: Hay cucarachas en las residencias. (no le gusta) →
No le gusta que haya cucarachas en las residencias.

1. le preocupa
2. es bueno
3. es fantástico
4. le encanta
5. es escandaloso
6. le gusta

F. La siguiente serie de dibujos representa un episodio en la vida de Agustín, un estudiante que tiene mucha confianza en la tecnología. Escuche la historia narrada en la cinta. Luego, vuelva a contar la historia por escrito en sus propias palabras y agréguele un final interesante. Algunas palabras útiles se indican bajo cada dibujo. *Use el tiempo presente* en su narración y, si es posible, trate de incorporar algunas de estas construcciones:

buscar	esperar	ser posible
creer / no creer	estar seguro / no estar seguro	tener miedo
dudar	ser necesario	

brochure el folleto
to send for mandar por
date (person) la compañera
to go out with salir con
to make a date with quedar con

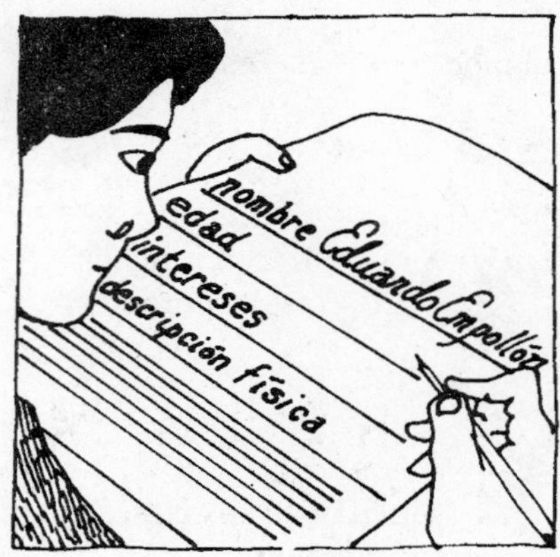

form el formulario
to fill out llenar
personal information los datos personales

to calculate computar
to match emparejar
to knock on the door llamar a la puerta

to find out descubrir

Enlace

VOCES

Escuche con atención a Daniel B., Ariel T. y Dolores S., tres hispanos que nos hablan de los medios de comunicación y de transporte que hay en sus países.

A. Examine el siguiente cuadro con atención. Luego escuche a Daniel, Ariel y Dolores para poder identificar los medios que describe cada uno y su reacción general (escriba [+] si es positiva y [–] si es negativa) en cada caso. Note que no todas las personas mencionan todos los medios.

DANIEL

MEDIO	COMODIDAD	COSTO	EFICIENCIA	RAPIDEZ	SEGURIDAD
el automóvil					
el avión					
el (ómni)bus					
caminar					
el correo					
el metro (el subterráneo)					
el téléfono					
el tren					

ARIEL

MEDIO	COMODIDAD	COSTO	EFICIENCIA	RAPIDEZ	SEGURIDAD
el automóvil					
el avión					
el (ómni)bus					
caminar					
el correo					
el metro (el subterráneo)					
el téléfono					
el tren					

DOLORES

MEDIO	COMODIDAD	COSTO	EFICIENCIA	RAPIDEZ	SEGURIDAD
el automóvil					
el avión					
el (ómni)bus					
caminar					
el correo					
el metro (el subterráneo)					
el téléfono					
el tren					

B. ¿Cuáles son las preferencias de estas tres personas, pues, con respecto a los varios medios de transporte? A base del cuadro que Ud. acaba de llenar, ¿puede completar las siguientes oraciones? Luego escuche la selección una vez más para verificar sus respuestas.

1. Daniel prefiere viajar en ________________ porque este medio de transporte es ________________.
2. Los trenes en Argentina son terribles pero ________________.
3. Ariel prefiere hacer viajes largos en ________________ porque el tren es más ________________ y menos ________________ y el avión muy ________________.
4. Ariel piensa que el teléfono es ________________ pero demasiado ________________ y por eso prefiere usar ________________.

5. Dolores va generalmente a trabajar ______________ y a veces en ______________.

6. Dolores no tiene tiempo para escribir ______________ a los amigos. Casi siempre utiliza ______________, incluso para ______________ el año nuevo.

C. Ahora escuche con atención a Tomás D., Eduardo B. y María José R. —tres hispanos diferentes que nos hablan del lugar en el que pasaron su niñez. Examine el siguiente cuadro con atención. Luego escuche a Tomás, Eduardo y María José para contestar esta pregunta: ¿Qué incluyen sus recuerdos y, en general, son sus asociaciones positivas (+) o negativas (–)? Si lo necesita, escuche la selección más de una vez.

	Tomás	Eduardo	María José
personas	______	______	______
amigos	______	______	______
parientes	______	______	______
otras personas	______	______	______
lugares	______	______	______
ciudad	______	______	______
campo	______	______	______
montañas	______	______	______
playa	______	______	______
actividades	______	______	______
emociones	______	______	______

D. Escuche con atención a Francisco F., de Pontevedra, España, mientras él describe su niñez. Llene los espacios en blanco con las palabras correctas según su testimonio. Si lo necesita, escuche la selección una vez más. Luego diga a quién de los otros hispanos —Tomás, Eduardo o María José— más se parece Francisco.

Me llamo Francisco y soy de Pontevedra, España

En aquellos primeros años de mi vida, mi ilusión mayor era estar en casa de mis ______________[1] ______________[2] en Tomiño. Era Tomiño un bonito ______________[3] donde yo había nacido (en aquel momento los niños ______________[4] en las casas de los abuelos) y representaba para mí la ______________[5], el ______________[6] constante con otros niños a través de ______________[7] y montes... Mis abuelos eran ricos, ______________[8], ______________[9] y consentidos con sus ______________[10] —es decir, que nos ______________[11] hacer ______________[12] cosa que queríamos. ¡Aquello los hacía adorables!

**E. Pensando en su propia niñez, ¿tiene Ud. algo en común con Tomás, Eduardo, Francisco y María José? Cuando se pone a recordar sus experiencias, ¿qué le vienen a la mente más —imágenes de personas, de lugares, de actividades o de emociones? ¿Un poco de todo? Haga un mapa semántico con respecto a estas clases de información y luego organice sus recuerdos en un breve párrafo.

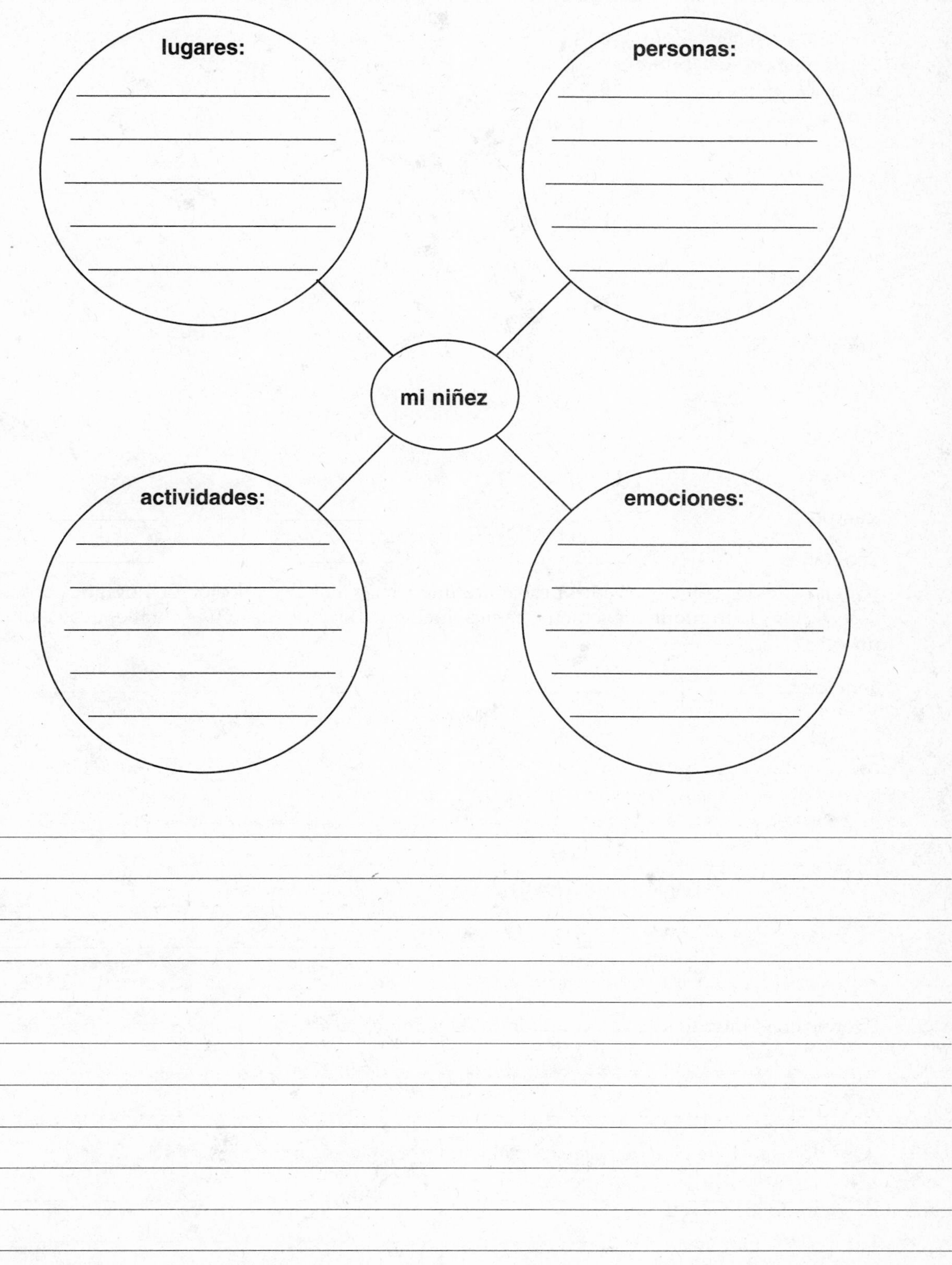

EXPLORACION CULTURAL: **La explosión demográfica**

La siguiente selección trata de la sobrepoblación. Antes de escucharla, mire las preguntas y luego escuche la selección, buscando la información para contestarlas. Trate de entender las ideas generales y de adivinar las palabras o frases que no entienda completamente. Si lo necesita, escuche la selección una vez más.

(Use este espacio para sus apuntes.)

1. ¿Cuáles son dos soluciones a los problemas que resultan de la explosión demográfica descrita en la selección? Identifique brevemente cada solución y luego dé dos o tres detalles acerca de cada una.

   a. ______________________________

   ____

   ____

   ____

   b. ______________________________

   ____

   ____

   ____

2. ¿Dónde en el mundo se están explorando estas soluciones?

   ____

   ____

3. ¿Qué datos incluye el texto que explican la urgencia de encontrar una solución?

   ____

   ____

4. En el texto se describe un hotel futurístico que quizás sea el prototipo de la vivienda del futuro.
   a. ¿Dónde está y cómo es el hotel? ______________________________

   ____

   b. ¿Qué opina Ud. acerca de esto como solución al problema de la vivienda en un mundo sobrepoblado? Explique. ______________________________

   ____

   ____

   ____

   ____

   ____

Pronunciación y ortografía*

PRONUNCIACION: LAS VELARES OCLUSIVAS Y FRICATIVAS: [g/ǥ/x]

The letters **j** and **g** (before **e** and **i**) represent the fricative sound [x]. The pronunciation of this sound varies regionally. In most of Spain it is [x]: [xente]. In most of Latin America it is a softer sound, similar to the first sound in English *hue:* [çente]. In Central America and the Caribbean it is even softer: [hente].

The letter **g** also represents the sounds [g] and [ǥ]. As an initial sound and after the letter **n**, **g** is pronounced as a stop; that is, the flow of air is stopped and then released: [gata]. In all other contexts the letter **g** is pronounced as a fricative; the flow of air is not completely stopped: [una ǥata].

A. Escuche cada una de las siguientes palabras y repítala en la pausa. Estas son algunas de las variaciones dialectales del sonido [x]. Compare su pronunciación con la que oye en la cinta y repita una vez más.

España:	hijo	baja	viaje
Latinoamérica:	junto	general	ají
Centroamérica:	gitano	José	jardín

B. Escuche cada una de las siguientes palabras y repítala en la pausa. Compare su pronunciación con la que oye en la cinta y repita una vez más. La **g** fricativa [ǥ] está indicada.

1. gato
2. laǥo
3. gente
4. ojo
5. gustar
6. me ǥusta
7. gimnasio
8. viejo
9. gafas

C. Lea cada una de las siguientes palabras en voz alta, grabando su pronunciación en la cinta. Después de grabar cada palabra, escuche la pronunciación que oye en la cinta y repita una vez más. La **g** fricativa [ǥ] está indicada.

1. droǥa
2. reja
3. gastar
4. gitano
5. pasaje
6. gesto
7. gata
8. una ǥata
9. regir

---

*Remember to use the separate Pronunciation Tape for the **Pronunciación y ortografía** sections.

D. Lea cada una de las siguientes palabras en voz alta, grabando su pronunciación en la cinta. Después de grabar cada palabra, escuche la pronunciación que oye en la cinta y repita una vez más. La **g** fricativa *no* está indicada.

1. salga	4. región	7. cojo
2. jabón	5. diálogo	8. tragedia
3. ciego	6. garaje	9. Jorge

PRONUNCIACION: LOS SONIDOS [g/gʷ/x]*

The letter sequence **ge** is pronounced [xe]; **gi** is pronounced [xi]. For this reason, the sounds [ge] and [gi] must be spelled with a different letter sequence, as must other combinations with [g]. The following chart shows the pattern of sound-letter correspondences for the letter **g.**† Listen to how each of the following words is pronounced.

	SOUND	SPELLING	SOUND	SPELLING	SOUND	SPELLING
1.	[xa]	jarra	[ga]	gato	[gʷa]	igual
2.	[xe]	jefe, gente	[ge]	guerra	[gʷe]	bilingüe
3.	[xi]	jirafa, ágil	[gi]	guitarra	[gʷi]	lingüista
4.	[xo]	ajo	[go]	lago	[gʷo]	antiguo
5.	[xu]	jurar	[gu]	gusano		

A. Escuche cada una de las siguientes palabras y repítala en la pausa. Compare su pronunciación con la que oye en la cinta y repita una vez más.

[ga]	gato	pagar	[gi]	siguiente	lánguido
[gʷa]	guardia	guapo	[gʷi]	pingüino	lingüística
[ge]	sigue	llegue	[go]	largo	gorila
[gʷe]	degüelle	Mayagüez	[gʷo]	averiguo	contiguo

B. Lea cada una de las siguientes palabras en voz alta, grabando su pronunciación en la cinta. Después de grabar cada palabra, escuche la pronunciación que oye en la cinta y repita una vez más.

1. mango	5. vergüenza	9. amiguito
2. juguete	6. litigar	10. vaguería
3. agua	7. Guillermo	11. guagua
4. larguísimo	8. guacho	12. bilingüe

C. Lea cada una de las siguientes oraciones en voz alta, grabando su pronunciación en la cinta. Después de grabar cada oración, escuche la pronunciación que oye en la cinta y repita una vez más.

1. Jorge le dijo a Jaime: «Yo regué el jardín usando la manguera.»
2. Por lo general llegaba temprano, pero ayer llegué tardísimo. ¡Qué vergüenza!
3. El joven de Paraguay es guapo y güero; juega al fútbol con frecuencia.
4. La mujer tiene un amiguito bilingüe con quien practica la conversación cada semana.

---

*These spelling patterns are particularly important for writing preterite and present subjunctive verb forms.

†Since the stop [g] and fricative [ǥ] sounds are always spelled in the same way, the symbol for the fricative has been omitted from the chart in order to simplify it.

ORTOGRAFIA: LOS SONIDOS [g/g^w/x]

A. Escuche cada una de las siguientes palabras. Luego escriba las letras que faltan: g/j/gu/gü. Oirá cada palabra dos veces.

1. si___e
2. ca___a
3. reco___a
4. ___ille
5. va___o
6. ci___eña
7. ena___as
8. mi___ita

B. Escuche las siguientes palabras y escríbalas en los espacios en blanco. Oirá cada palabra dos veces. Puede encontrar las respuestas correctas al final del cuaderno.

1. ______________
2. ______________
3. ______________
4. ______________
5. ______________
6. ______________

C. Escuche las siguientes oraciones y escríbalas en las líneas a continuación. Ud. oirá cada oración dos veces: una vez rápida y otra más lentamente con pausas.

1. ____

____

2. ____

____

3. ____

____

4. ____

____

PRACTICA ESCRITA Y COMPOSICION

Describir y comentar

A. Las siguientes palabras son del vocabulario de la lista en la página 103, pero las letras no están en el orden correcto. Descífrelas y luego ponga cada una con su definición.

1. ____ crimtofinaa
   ____
2. ____ buzniarra
   ____
3. ____ odirtunsed
   ____
4. ____ dapucmotaro
   ____
5. ____ noveci
   ____

a. característica del que no ha tenido suficiente nutrición
b. un individuo que vive cerca de otro
c. estudio de la programación de computadoras
d. desarollar un área urbana
e. máquina electrónica que se puede programar

** **B.** Escriba oraciones originales empleando las siguientes palabras.

1. tener en cuenta ______________________
2. alquilar ______________________
3. en vías de desarrollo ______________________
4. gas ______________________
5. inquilino ______________________

Exploraciones

20. MAS PRONOMBRES RELATIVOS (More Relative Pronouns)

A. Después de leer la tira cómica de Quino, complete los espacios en blanco con la forma apropiada del pronombre relativo: **que, quien(es).**

El señor González, ________________[1] trabaja para un periódico, busca un paquete de cigarrillos en su chaqueta. Saca un cigarrillo ________________[2] no tiene filtro. Sorprendido, busca en el paquete otros cigarrillos ________________[3] tengan filtro. Es increíble, el señor González no lo puede creer: todos los cigarrillos ________________[4] saca del paquete están rotos y sin filtro. De repente, él decide que las personas con ________________[5] trabaja le quieren hacer una broma pesada. Sin pensarlo dos veces les grita a sus compañeros, ________________[6] no comprenden nada. El pobre señor González no sabe que su hija Mafalda tomó el filtro de todos los cigarrillos ________________[7] había en el paquete para protegerse de la contaminación ________________[8] hay en la calle.

B. Escoja el pronombre relativo que mejor complete cada oración. Para hacer este ejercicio tenga en cuenta los siguientes comentarios.

In many cases, the **que** and **cual** forms are interchangeable; choosing between them is, to some extent, a matter of personal preference (like the choice between *that* and *which* in some contexts in informal English). However, there are contexts where one or the other is necessary or preferred. The following are some general tendencies in Spanish.

1. After the short prepositions **a, de, en,** and **con,** either the **que** or the **cual** forms can be used, but the **que** forms are more frequent.

Los problemas **de los que (de los cuales)** nos hablaron son realmente graves.	*The problems (**that**) they spoke to us about are really serious.*
Conoció a los arquitectos **con los que (con los cuales)** su hija iba a trabajar.	*She met the architects **with whom** her daughter was going to work.*

2. After prepositions of more than one syllable (**cerca de, durante,** and so on), the **cual** forms are preferred. Use of the **que** forms is infrequent in this context.

Este es un asunto **sobre el cual** no es posible llegar a un compromiso.	*This is a matter **on which** no compromise is possible.*
Allí hay unas casas **al lado de las cuales** querían construir una carretera.	*Over there are some houses **next to which** they wanted to build a highway.*

3. So that there is no confusion with the conjunctions **porque, para que,** and **sin que,** the **cual** forms also appear after the short prepositions **por, para,** and **sin. Quien(es)** can also be used to refer to people.

El diseñador destruyó el plan, **sin el cual** no podemos continuar.	*The designer destroyed the plan, **without which** we cannot continue.*
El arquitecto habló con el ingeniero **para el cual (quien)** trabajamos.	*The architect spoke with the engineer **for whom** we work.*

¿Qué pronombre mejor completa cada oración?

1. Estas máquinas, sin (que / las que / las cuales) este proyecto sería (*would be*) imposible, son del gobierno.
2. El inquilino (quien / que / el cual) vive a mi lado hace mucho ruido los fines de semana.
3. Es necesario que te lleves bien con las personas con (que / la que / quienes) trabajas, ¿no crees?
4. La despoblación rural, (la cual / cual / el que) es un problema en los Estados Unidos, existe en muchos países.
5. Esa es la razón por (que / la que / la cual) tantas personas emigran hoy hacia las ciudades.

C. Llene los espacios con el pronombre relativo que mejor corresponda al contexto. ¡Cuidado! A veces hay más de una respuesta posible.

1. Me gustan más los diseños ________________ me mostraste la semana pasada.
2. Por fin se terminó esa modernización en la ________________ gastaron tanto dinero.
3. Los estudiantes ________________ se especializan en la programación o en la informática encuentran empleo rápidamente.
4. Los arquitectos con ________________ acabamos de hablar terminaron el diseño ayer.
5. ________________ Ud. necesita es más práctica.
6. Tengo que escribir un trabajo en ________________ demuestro los efectos negativos de la urbanización.
7. Los inquilinos ________________ vivían aquí entonces rompieron varias ventanas.
8. La sequía (*drought*) ________________ causó el hambre en Etiopía resultó en muchas muertes.

D. Cambie la palabra **que** en el siguiente texto sobre el Amazonas a otros pronombres relativos para darle un tono más formal. ¡Cuidado! No utilice siempre la misma alternativa, puesto que esto resulta en un estilo aburrido.

El porvenir de la región amazónica nos afecta a todos. Muchos investigadores y ecologistas, (que) ________________[1] fueron los primeros en preocuparse por la situación, quieren que todos conozcamos los problemas que se plantean a esta zona, (que) ________________[2] representa el futuro del planeta.

Un proyecto en (que) ________________[3] ya trabajan muchas personas se basa en una nueva estrategia, (que) ________________[4] pretende asegurar la supervivencia del ecosistema y también la supervivencia de los indígenas de la zona. Estos indígenas, (que) ________________[5] viven allí desde hace muchos años, pueden desaparecer al destruirse su medio ambiente. Por otro lado, los recursos naturales, (que) ________________[6] significan la base del progreso económico para los gobiernos de la región, también exigen atención.

21. PALABRAS POSITIVAS, NEGATIVAS E INDEFINIDAS (Positive, Negative, and Indefinite Expressions)

****A.** ¿Cuál es su actitud ante el medio ambiente? Aquí vienen los comentarios de algunos amigos. Complete cada oración con las palabras necesarias en español y luego diga su propia opinión o reacción hacia cada una.

MODELO: (*I always buy*) Yo siempre compro productos que no contaminan el medio ambiente. ¿Y tú? →
Los compro casi siempre.

1. (*No one*) Nadie está dispuesto a pagar más por productos que no contaminan. Y tú, ¿que opinas?
   Siempre Pago más si no contaminan
2. (*I never*) Nunca reciclo el papel que utilizo (*nor*) ni el vidrio (*either*) también. ¿Y tú?
   siempre reciclo los dos.
3. (*Some people*) Algunos se preocupan por la destrucción del Amazonas. ¿Y tú?
   También me preocupa mucha
4. (*No longer*) Nada más voy a conducir tanto. Quiero reducir la contaminación. ¿Y tú?
   A veces conduzco, pero no quiero nada
5. Hay personas que (*never read anything*) nunca lee nada sobre la ecología. ¿Y tú?
   Leo algunas periódicos a veces

**B. Llene los espacios con información verdadera.

1. Nunca voy a mundo de Disney otra vez porque mi cabeza queda en una cerca allí
2. Cuando no quiero leer, ni estudiar, ni trabajar, yo a veces juego golf o corro
3. Mis amigos siempre van al cine en viernes
4. Apenas llego a mi cuarto después de clase y empiezo mi tarea imediamiente
5. Más que nada en la vida, quiero divertirme
6. Mis (padres / amigos / profesores) son superanticuados. Ni siquiera pausa para hablan con otros.

**ESTRATEGIAS PARA LA COMUNICACION ¡No me gusta nada!

Escriba una oración verdadera sobre cada uno de los temas a continuación. Luego, usando una de las expresiones de la página 155 de *Pasajes: Lengua,* dé su opinión sobre cada tema.

MODELO: el televisor de color →
No me importa tener un televisor de color porque no miro la televisión.

1. la contaminación del medioambiente
   Me importa que reducimos la contaminación del medioAmbiente porque me gusta el medioambiente
2. la computadora
   Es cierto que tengo una computadora por mi correo electronico
3. la energía nuclear después de la caída de la Unión Soviética
4. la agricultura orgánica
5. la superautopista de la información

22. LOS USOS DEL SUBJUNTIVO: LA DUDA; LA EMOCION (Uses of the Subjunctive: Certainty Versus Doubt; Emotion)

** **A.** ¿Qué opina Ud.? Usando una de las expresiones a continuación, diga qué reacción tiene a cada una de las siguientes afirmaciones. Luego justifique brevemente su respuesta. ¡Cuidado! En algunos casos será necesario poner el verbo en el subjuntivo.

Creo…	Es verdad…
Dudo…	Espero…
Es cierto…	Estoy seguro/a…
Es (im)posible…	No creo…
Es (im)probable…	Sé…

1. Los jóvenes que usan calculadoras en la escuela primaria luego tienen problemas con las matemáticas.
   Es cierto que los jóvenes tienen problemas si siempre usan calculadores
2. Se deben usar vuelos no tripulados (*unmanned*) para la exploración del espacio.
   Es posible que usan vuelos no tripulados pero es más peligroso
3. El sistema educativo de los Estados Unidos fomenta la uniformidad, no la creatividad.
   No creo que la educaction fomenta la uniformidad
4. Hay vida en otras partes del universo.
   Es probable que haya otras partes
5. El avión representa el mejor invento del siglo XX.
   Es verdad que el avión es muy importante por siglo XX
6. Las ciencias son más importantes que las artes y las humanidades.
   Estoy seguro que las ciencias son más importante porque me gusta ciencias mucho.

B. Llene los espacios con la forma correcta del verbo —el subjuntivo, el indicativo o el infinitivo— según el contexto.

1. Es necesario que ellos (estudiar) estudien la informática para encontrar un empleo.
2. Tenemos miedo de que tú no (poder) puedas diseñar otro edificio.
3. Ellos saben que la vivienda (ser) es escasa, pero esperan (encontrar) encontrar algo.
4. Es bueno que nosotros (saber) sepamos algo de otras culturas. Por eso voy a insistir en que mis hijos (viajar) viajen a otros países.

5. Mis padres están muy contentos de que mi novia (tocar) toque la guitarra clásica. Piensan que la música moderna (contribuir) contribuye a la violencia.

** **C.** Escoja a una persona de la lista A y una emoción de la lista B y escriba la reacción de tal persona ante cada una de las siguientes situaciones.

A (PERSONAS)		B (REACCIONES)	
mis padres	mis hermanos	alegrarse	enojarse
mis amigos	mi perro	preocuparse	tener miedo
yo	mi novia (novio)	horrorizarse	sorprenderse
		dudar	gustar

1. Tengo un compañero (una compañera) de cuarto empollón.
   Yo me enója
2. Mi novio (novia) es miembro de los *Hell's Angels*.
   Mis padres tienen miedo que es miembro de los Hell's Angels.
3. Voy a vivir en casa de mis padres el próximo año.
   Mi perro se alegra
4. Pienso dejar mis estudios para viajar por el mundo.
   Mi novio se preocupa
5. Recorro la red informática veintitrés horas al día.
   Mis amigos dudan
6. Lavo la ropa una vez al mes.
   Mis hermanos me horroizan
7. Mis profesores piensan que soy brillante.
   Yo me sorprende

** **D.** El anuncio de la página 126 apareció en una revista española. ¿Qué piensa Ud.? ¿Tiene problemas con los cuales la llamada «máquina de la felicidad» le podría ayudar? Lea el anuncio brevemente y luego escriba cinco oraciones en las que expresa sus propias reacciones. Utilice algunas de estas expresiones (o sus formas negativas) en sus oraciones:

dudo que	es posible que	estoy seguro que	me escandaliza que
es maravilloso que	espero que	me alegra que	me sorprende que

1. Es maravilloso que dejas de fumar
2. Espero que no apoyes a la dieta de adelgazamiento
3. Es posible que desarrolles de las facultades intelectuales

4. Me escandaliza que tenía consecución de relajaciones muy profundas.

5. Me alegre que superación de la ansiedad y el estrés.

** **E.** La siguiente serie de dibujos representa un episodio cuasicientífico bastante conocido. Contestando las preguntas a continuación en otro papel, narre brevemente la historia en el tiempo presente.

- ¿Quienes son los individuos? ¿Cómo son?
- ¿Cuál es la acción principal del relato? ¿Por qué ocurre? ¿Cuál es la reacción de los varios individuos hacia esto? ¿Por qué?
- ¿Qué va a pasar luego? (¡Se puede inventar detalles!)

Trate de usar en su relato cada una de las siguientes expresiones por lo menos una vez.

duda(n) que	le enoja que	(no) quiere(n) que
es (im)posible que	pide(n) que	tiene(n) miedo que

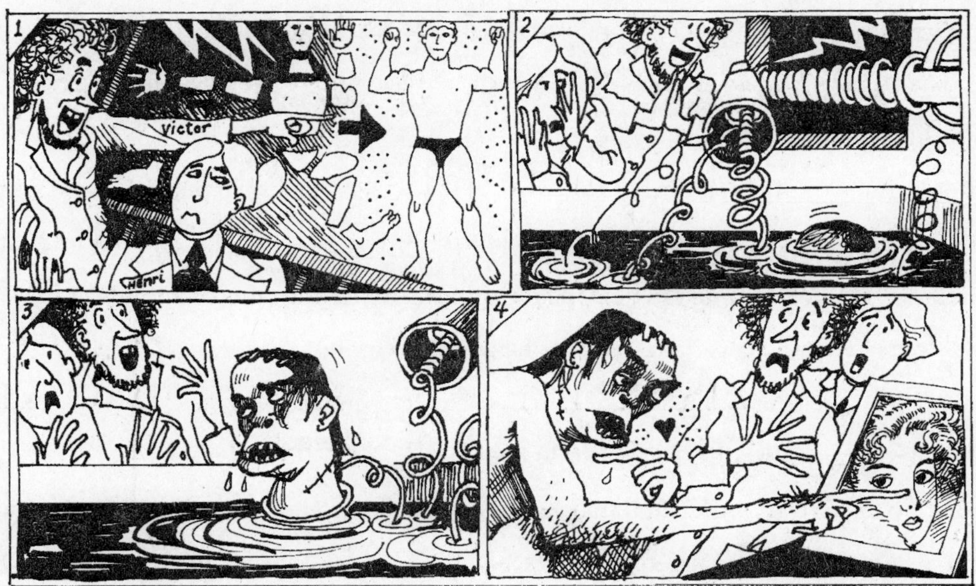

VOCABULARIO UTIL	
el relámpago *bolt of lightning*	crear *to create*
partir *to strike (with lightning)*	colaborar con *to help*
el experimento *experiment*	

¡Ojo!

A. Elija el verbo que mejor complete la oración y conjúguelo en la forma y tiempo adecuados.

1. Mi compañero/a de cuarto me (devolver / regresar / volver) devolvió mi libro de español ayer.
2. Hace tres años que mi familia (moverse / mudarse / trasladarse) se mudó a este estado.
3. (Sentir / Sentirse: Yo) siento que no puedas venir a mi fiesta de cumpleaños.
4. No puedo (moverse / mudarse / trasladarse) moverme. Tengo agujetas (*cramps*) por todo el cuerpo.
5. Mi madre (devolver / regresar / volver) regresó de su viaje esta tarde.
6. (Sentir / Sentirse: Yo) me siento muy contenta de que te den una beca para estudiar en Hawai.

B. Pablo y Susana son amigos. Susana le cuenta a Pablo los problemas que tuvo en su viaje a Cancún. Dé la forma correcta de la palabra o frase que mejor complete cada oración, según las palabras indicadas entre paréntesis. ¡Cuidado! También hay palabras de los capítulos anteriores.

PABLO: ¡Hola Susana! ¿Cúando (*did you return*) volviste de Cancún?

SUSANA: ¡Gracias a Dios (*I returned*) regresé hace unos días! Tuve un viaje horrible.

PABLO: ¿Por qué? ¿Qué pasó?

SUSANA: Mira, primero olvidé (*the time*) la hora del vuelo y lo perdí. Después, en las oficinas de la compañía aérea me dieron (*a ticket*) un billete para tomar otro avión diferente. Luego, durante el vuelo, había tantas turbulencias que el avión (*moved*) se movía a cada rato de arriba a abajo. Vomité (*one time*) una vez.

PABLO: ¡Increíble! ¡Qué (*story*) historia! No creo que (*you'll go back*) vuelvas a Cancún hasta dentro de 20 años por lo menos.

SUSANA: No, todo lo contrario. Cancún me encanta y quiero volver en mis vacaciones de primavera, pero usaré otra compañía aérea.

Enlace

ORTOGRAFIA: LOS SONIDOS [g] Y [x]

The pattern of sound-letter correspondences for the sounds [g] and [x] has special importance for the verb system. The consonant sound that precedes the infinitive ending must be maintained throughout all the verb conjugations. This will often cause spelling changes. Similar spelling changes are also involved when the endings **-ito** or **-ísimo** are added to words ending in **-go** or **-ga.**

A. Each of the following verbs requires a spelling change in the indicative forms indicated and in all the forms of the present subjunctive. Write the new form. ¡Cuidado! Hay también algunos verbos con cambios de [k] y [s].

		PRESENT	PRETERITE	PRESENT SUBJUNCTIVE
1.	recoger	yo: recójo		yo: recoja
2.	averiguar		yo: averigüé	tú: averigües
3.	chocar		yo: choqué	ellos: choquen
4.	socializar		yo: socialicé	nosotros: socialicemos
5.	pagar		yo: pagué	Ud.: paguen
6.	escoger	yo: escojo		yo: escója
7.	seguir	yo: sigo		tú: sigas

B. The following words have a spelling change when the **-ísimo** or **-ito** ending is added. Write the new word. ¡Cuidado! También hay algunas palabras con cambios de [k] y [s].

1. amigo + ito amiguito
2. largo + ísimo largísimo
3. Diego + ito Diegito
4. rizo + ito riquito
5. cabeza + ito cabecita
6. truco + ito truquito

REPASO: PARRAFO DE SINTESIS

El dibujo representa una escena típica de una ciudad grande. Lea las siguientes oraciones y llene los espacios de acuerdo con las acciones que se ven en el dibujo y según las palabras entre paréntesis. Cuando se dan palabras en inglés, exprésela en español. Use el tiempo presente del indicativo, subjuntivo o infinitivo, según cada contexto.

a. Un hombre (encender) encjende[1] su último cigarrillo y luego (tirar) tira[2] el paquete vacío al suelo. Es triste que no (ponerlo) lo ponga[3] en el receptor de basura (*that*) que[4] él acaba de (pasar) pasar[5].

b. (Ser / Estar / Haber) Hay[1] un coche estacionado (*parked*) debajo de una señal que prohíbe que se (estacionar) estacione[2] en ese lugar. No hay (*anyone*) nadie[3] en el coche; es posible que su dueño (ser / estar / haber) sea[4] el hombre (*who*) quien[5] fuma.

c. Otro coche (doblar) dobla[1] a la derecha y casi (atropellar) atropella[2] a una anciana (*who*) que[3] (ser / estar) está[4] en medio de la calle. Se nota que el conductor (llevar) lleva[5] gafas oscuras y probablemente no (poder) puede[6] ver bien. Por eso no (ver) ve[7] que la señal prohíbe que allí se (doblar) doble[8] a la derecha.

d. Un hombre (acabar) acaba[1] de darle un portazo (*blow with the door*) a un peatón mientras (bajar) baja[2] de su coche. Al mismo tiempo un camión (sofocar) sofoca[3] a otro peatón en una nube de aire sucio. Un muchacho (desde el camión) y una mujer (desde la ventana) tranquilamente (cubrir) cubren[4] la calle con más basura. (*Neither of them*) Niguno[5] (notar) nota[6] que (ser / estar / haber) está[7] (*someone*) alguien[8] en esa nube de polvo.

e. Una mujer y su hijo (empezar) empiezan[1] a cruzar la calle cuando un obrero que trabaja en una excavación (echarle) le echa[2] tierra al niño. La mujer (parecer) parece[3] bastante sorprendida, (*but*) pero[4] el obrero (*not even*) ni[5] se da cuenta (*notices*).

f. En la esquina un joven (contribuir) contribuye[1] a la contaminación del aire, no con humo (*but rather*) síno[2] con música fuerte. Es posible que él (buscar) busque[3] una estación de música más suave, (*but*) pero[4] (*since*) ya que[5] su radio es tan chiquita, no es probable que (recibir) reciba[6] muchas estaciones.

Análisis y aplicación: Composición

LA EXPOSICION

Expository writing is different from description and narration in that it seeks to inform—and sometimes to convince—the reader about a specific topic. It conveys factual information about an idea or a process. Expository essays have a simple structure:

1. They begin with one main idea and state that idea clearly in the first paragraph.
2. They include supporting details that expand and clarify the main point. All irrelevant information is eliminated.
3. The final paragraph summarizes the information presented and restates the main idea.

This structure can be outlined as follows:

I. Introduction: Main idea
II. First supporting idea
  A. Specific example of supporting idea
  B. Specific example of supporting idea
III. Second supporting idea
  A. Specific example of supporting idea
  B. Specific example of supporting idea
IV. Conclusion: Summary and restatement

Depending on the length and completeness of the essay, there may be more supporting ideas and / or additional examples of each. For example, in a one-page essay, each supporting idea would be discussed in its own paragraph. In a very brief essay, the introduction, supporting ideas, and conclusions might be expressed by a single sentence for each within a single paragraph.

1. Read the following essay and on a separate piece of paper prepare an outline of its information according to the preceding diagram.

La televisión contra los niños

La introducción generalizada de la televisión en los hogares[a] ha alterado[b] de manera radical la vida y el comportamiento de los niños de edad preescolar (dos a seis años). Actualmente, por ejemplo, los niños norteamericanos miran la televisión entre cuarenta y cincuenta horas semanales. Semejante[c] consumo televisivo provoca graves perturbaciones afectivas[d] y psicológicas.

En el campo afectivo, los efectos negativos de la televisión son profundos no sólo en el niño, sino también en la unidad familiar. Primero, la televisión priva[e] a los niños del tiempo, ese tiempo que antes les quedaba libre después de la escuela y los deberes, ese tiempo que las «generaciones de antes de la TV» consagraban[f] a las reuniones familiares o las relaciones sociales. Pero, lejos de protestar por esta pérdida, algunos padres se han aprovechado[g] de la atracción que siente el niño por la pantalla:[h] utilizan a la televisión como a una verdadera y cómoda niñera.[i] Hoy día, en las buenas familias, ya no se les pega[j] a los niños; se les coloca[k] ante la «tele». Consecuencia: los niños acaban prefiriendo ver la televisión a estar con sus padres. Según una encuesta[l] reciente, de 3000 niños, el 44 por ciento prefiere ver la televisión a estar con su padre, y el 20 por ciento la prefiere a estar con su madre.

Ya que los niños pasan tanto tiempo frente al televisor, algunos han luchado[m] para que el aparato se transforme en una fuente de saber[n] y que se convierta en una especie de escuela primaria ideal. Pero está demostrado que la cuestión de la calidad[o] de las emisiones para niños es realmente secundaria, pues lo que resulta verdaderamente mutilante para su estructura mental es el hecho[p] de mirar sin descanso la televisión, sea cual sea[q] la emisión que miren. Antes de la televisión, los niños jugaban. Hoy día, se aburren[r] en casa cuando no miran la televisión. Tal hábito ha desarrollado[s] el nerviosismo y la agresividad de los niños.

Fuente de comunicación unilateral,[t] la televisión crea en el individuo que la ve un comportamiento esencialmente pasivo. Cuando la pantalla pequeña sustituye a toda experiencia exterior, acaba por[u] convertirse, literalmente, en una pantalla entre el individuo y la realidad, entre el niño y los demás. En ese sentido, la TV funciona como una droga, un opio, que causa las mismas consecuencias de hábito y de frustración.

En la mayoría de las familias, la televisión ha puesto término[v] a la efectividad de la palabra de los padres, ha dislocado los ritos familiares. Para toda una generación de padres, la TV se ha convertido en una eficaz «nodriza[w] electrónica» que garantiza cierta paz en el hogar y actúa sobre los niños como un sedante, un anestésico providencial. Sin duda, la televisión es la droga más perversa de la edad moderna.

[a]*homes* [b]ha… *has changed* [c]*Such* [d]*emotional* [e]quita [f]dedicaban [g]se… *have taken advantage* [h]*screen* [i]*babysitter* [j]*smack* [k]pone [l]sondeo [m]han… *have fought* [n]fuente… *source of knowledge* [o]*quality* [p]*fact* [q]sea… *whatever may be* [r]se… *they get bored* [s]ha… *has developed* [t]*one-way* [u]acaba… *it ends up* [v]ha… *has put an end* [w]se… *has become an efficient nursemaid*

2. Fill in the following outline with information that could be used as the basis of an expository essay. Here are two choices of topics to start you out.

Las contribuciones étnicas a la cultura norteamericana	*Las atracciones de la universidad pequeña*
I. Muchas de las fiestas y tradiciones norteamericanas tienen su origen en otras culturas.	I. Las universidades pequeñas tienen muchas ventajas sobre las instituciones grandes.

II. ______________________________

A. ____________________

B. ____________________

III. ____________________

A. ____________________

B. ____________________

IV. ____________________

3. *Editing and proofreading.* Read the following selection, making editorial and proofreading comments and changes. Ask yourself the following questions as you edit:
   a. Can I identify the main idea easily? If not, what is the problem? How could the main idea be made to stand out more clearly?
   b. Is the main idea supported and developed with specific points? Is irrelevant information included that should be eliminated? Are there other arguments that might be included in order to make the writer's position stronger?
   c. Is there an introduction and a conclusion? What effect (either positive or negative) does this have? How could I improve it?

After you have suggested editorial changes, read the selection again carefully, looking for errors of the following types:

- **ser/estar** confusion
- lack of agreement: noun / adjective and subject / verb
- preterite / imperfect confusion
- indicative / subjunctive confusion
- unnecessary repetition (could have used pronouns)
- spelling and accentuation
- vocabulary (dictionary) mistakes

Las sociedades que tienen la television son mejores que las sociedades que no tienen la television. Mucha gente no gusta la television porque creen la television cause problemas para la sociedad. Las sociedades que no tienen la television tienen otra cosas que hacer. Las chicas y los chicos escuchan la radio. Los padres leen los libros. Las familias van al cine. Las sociedades que tienen la television miran la television por siete u ocho horas todos los dias. No es bueno.

Pero, la television esta importante porque mucha programas son buena. Los programas de los animales o el viaje a la luna, son muy interesantes. Aqui, la television es simpatica. Pero mucha programas son violenta y los chicos miran este programas y creen que la programa esta la vida real. La programa produce mucha violencia.

En mi casa voy a tener una television pero no voy a mirar la television todas las horas y no voy a permitir a mis chicas y chicos mirar la television por siete u ocho horas todos los dias.

Tarea. You have been invited to join the President's Committee on Environmental Issues. You feel very strongly that the committee must focus on one single issue in order to be effective. Choose an issue from the following list and write a brief essay (100–150 words) arguing why the committee should adopt this particular issue over the others.

1. la lluvia ácida
2. el efecto invernadero

3. la desaparición de las selvas vírgenes
4. los residuos radioactivos
5. la contaminación del mar
6. la basura y cómo procesarla

1. Before beginning to write, discuss the topic briefly with a classmate. Working together, try to come up with many different ideas to help you clarify which point of view—positive or negative—you wish to defend.
2. On a separate sheet of paper organize your ideas, following the general outline on pages 50–51. If you need to use a bilingual dictionary, be very careful to double-check each word that you look up.
3. Using your outline as a general guide, prepare a rough draft. Remember that at this stage the most important thing is to get your ideas out; don't worry about grammar, vocabulary, or spelling yet. Put your rough draft aside for a day and/or share it with a classmate before you begin to revise.
4. Edit and proofread following the guidelines on page 77.
5. Make any changes that need to be made following your editing and proofreading, then recopy your final version onto another sheet of paper to hand in.

Viaje cultural*

Los árboles son soporte y protección para el clima de nuestro planeta, pero se corta anualmente una gran cantidad de ellos. Se usan los árboles de maneras diferentes para ayudar a nuestra subsistencia.

¡A ver! ¿Qué se hace con esos árboles cortados? ¿Para qué se utilizan? Vuelva a mirar el vídeo para buscar la siguiente información.

1. Metros cúbicos de árboles que se emplean anualmente: ______________
2. Recurso más explotado de los bosques: ______________
3. Cantidad de árboles que se usa con fines industriales: ______________
4. Cantidad de árboles que se usa como combustible: ______________
5. Número de años para reestablecer una parcela cultivada a su estado original de bosque primario: ______________

*The viewing segments corresponding to the **Viaje cultural** section can be found on the Video to accompany *Pasajes*.

Enigma. ¿Para qué año se espera que los bosques hayan desaparecido del planeta y solamente queden algunos espacios con árboles que van a servir como recuerdo de su pasada existencia? __________

Para más práctica. Usando las siguientes frases y transformando los verbos en el infinitivo en mandatos, prepare un aviso corto para persuadir a la gente a utilizar, con moderación y con conciencia, la madera y cualquier otro producto que proceda de los árboles. Vuelva a ver el vídeo para obtener algunas ideas.

Aconsejamos que	Esperamos que	Pedimos que
Es importante que	(No) Desechar	Prohibimos que
Es necesario que	(No) Malgastar	Recomendamos que
Es preferible que	(No) Usar	Sugerimos que

____

____

____

____

____

El hombre y la mujer en el mundo actual

EXPRESION ORAL Y COMPRENSION

Describir y comentar

A. Escuche las siguientes palabras y repítalas en la pausa. Entonces escuche la palabra otra vez, compare su pronunciación con la que oye en la cinta y repita una vez más.

la abnegación
abnegado/a
el amo/a de casa
aspirar a
la aspiración
el cambio
la carrera
la custodia
educar
la educación
en cuanto a
la expectativa
femenino/a
la igualdad
el juguete
la juventud
masculino/a
la meta
la muñeca
el papel
desempeñar un papel
la pelota
el prejuicio
el puesto
los quehaceres domésticos
la responsabilidad
sensible
socializar
la socialización
el sueldo

B. Mire el vocabulario de la lista en el ejercicio A mientras escucha las siguientes oraciones o preguntas. Diga la palabra de la lista que mejor corresponda a cada contexto. Repita la respuesta correcta después de oírla en la cinta.

1. … 2. … 3. … 4. … 5. … 6. …

C. Ud. oirá un breve texto describiendo el siguiente dibujo. Primero mire las actividades a continuación y luego escuche con atención para completarlas. Trate de hacer el ejercicio escuchando el texto una sola vez.

Indique (✓) todas las respuestas correctas según el texto.

1. Tere comprende la importancia de…
   - a. ☐ la salud y los deportes.
   - b. ☐ los buenos modales (*good manners*).
   - c. ☐ la independencia económica.
   - d. ☐ la obediencia de los hijos.
   - e. ☐ la educación.
   - f. ☐ la cocina.
   - g. ☐ tener un esposo rico.
   - h. ☐ lo que pueden decir los vecinos.
   - i. ☐ tener amigos.
   - j. ☐ la apariencia / la belleza física.

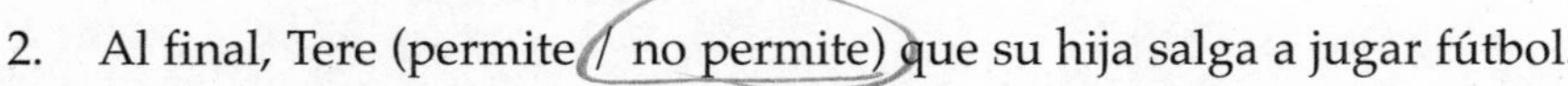

2. Al final, Tere (permite / no permite) que su hija salga a jugar fútbol.

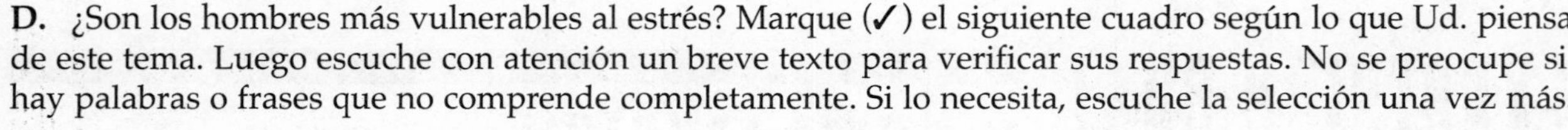

D. ¿Son los hombres más vulnerables al estrés? Marque (✓) el siguiente cuadro según lo que Ud. piensa de este tema. Luego escuche con atención un breve texto para verificar sus respuestas. No se preocupe si hay palabras o frases que no comprende completamente. Si lo necesita, escuche la selección una vez más.

	MUJERES	HOMBRES
1. sexo fuerte		
2. sexo débil		
3. más afectados por el estrés		
4. recuperación más rápida de la depresión		
5. mayor producción de adrenalina		

Exploraciones

23. EL PRESENTE PERFECTO DEL INDICATIVO (Present Perfect Indicative)

A. Ud. oirá una serie de oraciones. Repítalas, cambiando el verbo en el pretérito al presente perfecto del indicativo. Repita la respuesta correcta después de oírla en la cinta.

1. … 2. … 3. … 4. … 5. … 6. …

B. A Luis le gusta dar la impresión de que es el primero en todo. Así que cuando sus amigos le preguntan si quiere hacer algo, él siempre les contesta que ya lo ha hecho. Ud. oirá una serie de preguntas. Contéstelas como Luis las contestaría. Trate de usar pronombres de complemento directo cuando sea posible. Repita la respuesta correcta después de oírla en la cinta.

MODELO: Luis, ¿quieres leer este libro? → *No, ya lo he leído.*

1. … 2. … 3. … 4. … 5. … 6. …

24. EL PRESENTE PERFECTO DEL SUBJUNTIVO (Present Perfect Subjunctive)

A. Los siguientes dibujos indican lo que piensan o sienten las personas en el momento actual acerca de algo que ya ha ocurrido. Para cada dibujo Ud. oirá una pregunta. Contéstela, incorporando las palabras indicadas. Repita la respuesta correcta después de oírla en la cinta.

MODELO: ¿Qué le enoja al profesor? (dormirse en clase) →
Le enoja que los estudiantes se hayan dormido en clase.

dormirse en clase

1. cerrar los grifos
2. traerle un cachorro
3. robarle un bistec
4. caerse

B. Ud. oirá las siguientes oraciones. Complételas con la forma correcta del presente perfecto del subjuntivo del verbo en letra cursiva. Use pronombres de complemento directo cuando sea posible. Repita la respuesta correcta después de oírla en la cinta.

MODELO: Es fantástico que ahora las mujeres *tengan* muchas oportunidades profesionales.
Es una lástima que en el pasado... →
no las hayan tenido.

1. Es necesario que en el futuro los cuentos infantiles *eviten* el sexismo. En el pasado no creo que...
2. Es importante que en el futuro los padres *eduquen* a los niños sin estereotipos. Es triste que en el pasado...
3. Es bueno que ahora los hombres *pasen* más tiempo con sus hijos. Dudo que en el pasado...
4. Esperamos que los esposos *hagan* más quehaceres domésticos. No creo que en el pasado...

C. Marta está un poco enojada con su esposo. Ud. oirá las siguientes sugerencias de Marta a su marido. Complételas con la forma correcta del verbo en letra cursiva, en el tiempo presente perfecto del subjuntivo o en el presente perfecto del indicativo. Use pronombres de complemento directo cuando sea posible. Repita la respuesta correcta después de oírla en la cinta.

MODELO: Es fantástico que hoy *laves* tú la ropa, aunque en el pasado… → *no la hayas lavado.*

1. No quiero que *tires* los calcetines por el suelo, aunque ya sé que en el pasado…
2. Es importante que *comprendas* tu actitud sexista; en el pasado no creo que…
3. Es irónico que ahora *digas* que crees en la igualdad; estoy segura de que en el pasado…
4. Es importante que me *escuches* cuando hablo; dudo que en el pasado…

25. LOS USOS DEL SUBJUNTIVO: CLAUSULAS ADJETIVALES (Uses of the Subjunctive: Adjective Clauses)

A. Ud. oirá una oración y luego la primera parte de una nueva oración. Haga la nueva oración usando la primera parte indicada y haciendo cualquier cambio necesario en el verbo. Repita la respuesta correcta después de oírla en la cinta.

MODELO: Tengo una casa que está cerca. (Busco) → *Busco una casa que esté cerca.*

1. … 2. … 3. … 4. … 5. … 6. …

B. Para cada uno de los siguientes dibujos, Ud. oirá una pregunta. Conteste la pregunta usando el vocabulario indicado para expresar lo que tiene la persona (o animal) en el dibujo y lo que quiere. Repita la respuesta correcta después de oírla en la cinta.

MODELO: ¿Qué tiene Juan y qué quiere? →
Tiene un coche viejo; quiere uno que sea nuevo.

coche viejo / uno nuevo

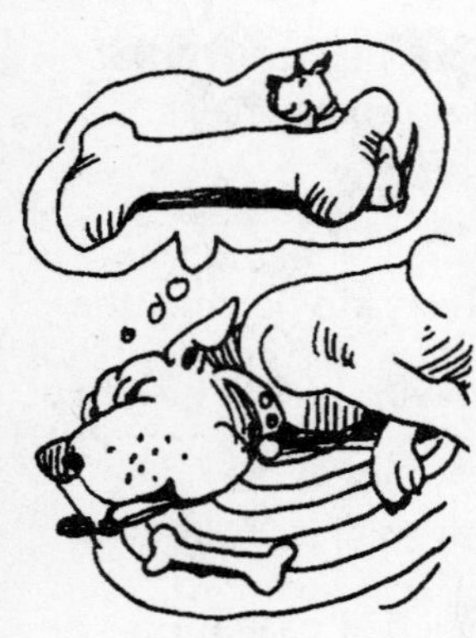

1. hueso pequeño / más grande

2. fumar / no fumar

3. dormir / participar activamente

4. aburrido / interesante

Enlace

VOCES

Escuche con atención a Alan V. y Soledad N. M., dos hispanos que nos hablan de cómo llegaron a conocer a su pareja.

A. Escuche sus historias para identificar dos semejanzas y dos diferencias entre sus experiencias. Mientras escucha, puede ser útil prestar atención a los siguientes aspectos de cada encuentro y tomar algunos apuntes al respecto de:

- cuándo ocurrió (¿eran niños? ¿adolescentes? ¿adultos?)
- dónde ocurrió (por ejemplo, ¿en una fiesta? ¿en el trabajo? ¿ ?)
- cómo ocurrió (¿un encuentro accidental? ¿alguien los presentó? ¿un proceso normal dentro del trabajo? ¿ ?)
- ¿fue un amor «a primera vista»? ¿empezó primero con la amistad?

Si lo necesita, escuche el testimonio de Alan y Soledad más de una vez.

SEMEJANZAS

1. ______________________________
2. ______________________________

DIFERENCIAS

1. ______________________________
2. ______________________________

** **B.** Ud. oirá el testimonio de Alan y Soledad otra vez. Escriba un breve resumen *en el pasado* de *una* de estas dos historias de amor. Las siguientes palabras y expresiones le serán útiles para resumir las historias de Alan y Soledad. Seleccione las que se necesitan para la historia que Ud. decide resumir y luego organice la información de acuerdo con la historia. Cuidado con las formas del pretérito y del imperfecto. Después de escribir el resumen, escuche la historia una vez más para verificar su versión. ¡No se olvide de ponerle un título!

VOCABULARIO UTIL	
ayudar	limitarse a miradas o gestos
crecer con el tiempo	pasar por frente a la casa
darse disimuladamente notas	poder acompañar
extrañar	ponerse de acuerdo
hacer la práctica profesional	realizar un (estudio / trabajo)

C. Ahora escuche con atención a tres hispanas —Cecilia, Elvira y Lorena— quienes hablan de los cambios que han visto con respecto a los papeles del hombre y la mujer en sus respectivos países. Escuche para identificar

- un cambio positivo que menciona cada hablante y
- un área donde la situación todavía no ha cambiado mucho.

Luego escriba la información en el siguiente cuadro. Si lo necesita, escuche sus testimonios más de una vez.

	POSITIVO	TODAVIA NO HA CAMBIADO
Cecilia	____________	____________
Elvira	____________	____________
Lorena	____________	____________

D. Ud. oirá el testimonio de Cecilia, Elvira y Lorena otra vez. ¿En qué campo parece que han ocurrido con más frecuencia los cambios que se mencionan? Anote los cambios que se mencionan, clasificándolos en el cuadro a continuación.

TIPOS DE CAMBIOS	CECILIA	ELVIRA	LORENA
económico	____________	____________	____________
social	____________	____________	____________
político	____________	____________	____________
educativo	____________	____________	____________
legal	____________	____________	____________
¿otro?	____________	____________	____________
¿otro?	____________	____________	____________

** **E.** De las experiencias que nos han contado Lorena, Soledad, Alan, Elvira y Cecilia, ¿cuál se identifica mejor con la realidad actual de los Estados Unidos? Explique brevemente.

____

____

____

____

** **F.** ¿Cuál de las experiencias que nos han contado es la que más se diferencia de la realidad norteamericana? Explique brevemente.

____

____

____

____

EXPLORACION CULTURAL: **Guerreros y muñecas**

La siguiente selección trata del tipo de juguetes que reciben los niños según su sexo. Trate de entender las ideas generales y de adivinar las palabras o frases que no entiende completamente. Al final de la selección, oirá cuatro oraciones que hay que identificar como cierto (C) o falso (F) y cuatro preguntas para contestar brevemente en español. Si lo necesita, escuche la selección una vez más.

	C	F
1.	☐	☐
2.	☐	☐
3.	☐	☐
4.	☐	☐

Conteste las siguientes preguntas brevemente en español. Oirá cada pregunta dos veces.

5. ______________________________

6. ______________________________

7. ______________________________

8. ______________________________

Pronunciación y ortografía*

PRONUNCIACION: REPASO DE LOS DIPTONGOS

A diphthong is formed by a strong and a weak vowel; the two vowels are pronounced as a single sound. When a written accent is placed over the weak vowel (**i** or **u**), the diphthong is considered broken and the two vowels are pronounced as separate sounds. If the strong vowel (**a**, **e**, or **o**) has a written accent, the diphthong is maintained.

A. Escuche cada una de las siguientes palabras y repítala en la pausa. Compare su pronunciación con la que oye en la cinta y repita una vez más.

*Remember to use the separate Pronunciation Tape for the **Pronunciación y ortografía** sections.

	DIPTONGO		NO DIPTONGO			DIPTONGO		NO DIPTONGO	
1.	[i̯e]	riendo	[í-e]	ríe	5.	[i̯a]	gracias	[í-a]	tía
2.	[ei̯]	reina	[e-í]	reí	6.	[ai̯]	paisaje	[a-í]	país
3.	[i̯o]	miope	[í-o]	mío	7.	[u̯e]	vuelo	[ú-e]	actúe
4.	[oi̯]	oigo	[o-í]	oído	8.	[eu̯]	deuda	[e-ú]	reúne

B. Ud. oirá una serie de palabras. Identifique la manera en que cada combinación de dos vocales se escribe. Se oirá cada palabra dos veces.

MODELO: a. ie (b.) íe

1. a. oi b. oí
2. a. ue b. úe
3. a. ia b. ía
4. a. ua b. úa
5. a. ei b. eí
6. a. ia b. ía
7. a. io b. ío
8. a. ai b. aí

PRONUNCIACION: REPASO DE LA *D* FRICATIVA Y LA *D* OCLUSIVA

A. Escuche cada una de las siguientes palabras y repítala en la pausa. Compare su pronunciación con la que oye en la cinta y repita una vez más. Cuidado de no convertir las vocales en diptongos. La **d** fricativa [đ] está indicada.

1. disfraz
2. el disfraz
3. perđer
4. el día
5. esclavituđ
6. cuiđađo
7. nađar
8. responsabiliđađ

B. Lea cada una de las siguientes palabras en voz alta, grabando su pronunciación en la cinta y prestando atención especial a la pronunciación de la **d** oclusiva y la **d** fricativa. Después de grabar cada palabra, compare la pronunciación con la que oye en la cinta y repita una vez más. La **d** fricativa no está indicada.

1. abnegado
2. grande
3. todo
4. indica
5. es diferente
6. diferente
7. comunidad
8. difuntos
9. los difuntos

ORTOGRAFIA: REPASO DE LOS SONIDOS [k/x/g]

A. Escuche cada una de las siguientes palabras. Luego escriba las letras que faltan. Se oirá cada palabra dos veces.

1. elo_____ente
2. _____esadilla
3. Ta_____o
4. lue_____o
5. lue_____ito
6. en _____nto a
7. _____u_____te
8. averi_____e
9. blan_____ísimo
10. identifi_____e

B. Lea cada una de las siguientes oraciones en voz alta, grabando su pronunciación en la cinta. Después de grabar cada oración, escuche la pronunciación que oye en la cinta y repita una vez más. Preste atención especial a la pronunciación de las vocales y de la **d,** además de los sondidos [k] y [s].

1. Para llegar a la excelencia, es cuestión de dedicar unas cuantas horas extras a la tarea.

2. Necesitan practicar si quieren tener una pronunciación perfecta; es buena idea decir las oraciones en voz alta.

3. Las máquinas modernas son capaces de hacer toda clase de computaciones, y todo lo pueden hacer con una rapidez cada vez más increíble.

C. Escuche el siguiente texto por completo. Luego se repetirá el texto más lentamente con pausas. En las pausas, escriba lo que oyó. Al final, toda la selección se repetirá una vez más.

PRACTICA ESCRITA Y COMPOSICION

Describir y comentar

A. Complete las oraciones con la forma correcta de la palabra de la lista del vocabulario en la página 135 que mejor corresponda al sentido de la oración.

1. La igualdad significa que dos o más personas reciben el mismo tratamiento y que tienen los mismos derechos.
2. Muchas personas creen que las mujeres son más sensibles que los hombres porque lloran más.
3. El sueldo es lo que gana una persona por su trabajo.
4. El objetivo o meta de Pilar es llegar a ser gerente de su compañía.
5. Pablo aspira a ser médico aunque esto requiere largos años de estudio.
6. Mi hijo desempeña un papel de Romeo en el drama de Shakespeare.
7. Ella fue la que me inspiró a seguir la carrera de artista.
8. Es un lugar bueno para los atletas porque, en cuento a instalaciones deportivas, tiene las mejores del estado.

B. ¿Qué palabra del vocabulario de la lista en la página 135 mejor completa cada serie?

1. el juguete, la pelota, la muñeca
2. el sueldo, la aspiración, la carrera
3. la generosidad, el amor, la humildad, la abnegación
4. la revolución, la transformación, el movimiento, el cambio

Exploraciones

23. EL PRESENTE PERFECTO DEL INDICATIVO (Present Perfect Indicative)

** **A.** Escriba oraciones con información verdadera usando el presente perfecto de los verbos que aparecen a continuación. Incluya una de las siguientes expresiones en cada oración.

PARA DAR CONTESTACIONES AFIRMATIVAS	PARA DAR CONTESTACIONES NEGATIVAS
muchas veces	nunca en mi vida (*never in my life*)
una vez	todavía no
ya	

MODELO: besar a un chico / una chica → *Una vez he besado a un chico.*

1. cumplir (*to fulfill*) todos los requisitos para la graduación

Ya he cumplido todos los requisitos para la graduación

2. votar en una elección presidencial

Nunca en mi vida he votado en una elección presidencial

3. probar una bebida alcohólica

Una vez he probado una bebida alcohólica

4. recibir una multa por exceso de velocidad

Todavía no he recibido una multa por exceso de velocidad

5. hacer un viaje transoceánico

Ya he hecho un viaje transoceánico

6. dormirse en una clase

Todavía no me he dormido en una clase

7. ver nacer un animal

Nunca en mi vida he visto nacer un animal

8. romperse un hueso

Muchas veces se he roto un hueso

** **B.** Algunas veces la gente explica ciertos hechos atribuyéndolos a la genética. Por ejemplo: No hay tantas grandes pintoras como grandes pintores, porque las mujeres son inferiores a los hombres. Pero a veces es posible explicar los mismos fenómenos viéndolos como el resultado de ciertas experiencias y oportunidades. Por ejemplo: Hay menos grandes pintoras que grandes pintores porque históricamente las mujeres no han tenido las oportunidades de estudiar pintura, ni de practicar esta profesión como los hombres. ¿Qué tipo de experiencias u oportunidades (o falta de ellas) puede explicar los siguientes hechos? Use una forma del presente perfecto del indicativo en su respuesta. ¡Cuidado! Algunas de estas declaraciones son generalizaciones bastante amplias.

1. La mayoría de las mujeres tiene relativamente poca capacidad para los deportes.

Históricamente las mujeres no han podido participar en los desportes

2. Los hombres suelen estar más seguros de sí mismos en el mundo de los negocios que las mujeres.

Las mujeres no han tenido el mismo optunidades en negocios

3. Los hombres no se sienten tan cómodos con los niños como las mujeres.

Solamente Las mujeres han criado los niños en el pasado

4. Las mujeres tienen menos habilidad para la mecánica que los hombres.

Las mujeres no han gustado o experiencia con las mecánicas.

Invente otra observación personal y una razón que la explique.

Los hombres tienen los profesiones que pagar ~~del~~ mucho dinero.

En el pasado no han trabajado fuera de la casa

ESTRATEGIAS PARA LA COMUNICACION

Vuelva a rescribir las siguientes oraciones para expresar de una manera más sencilla la idea general.

MODELO: Los problemas sociales como, por ejemplo, el crimen y la pobreza, sólo pueden resolverse a través de cambios difíciles y profundos no sólo en la política y el gobierno, sino también en nuestras actitudes. →
No hay soluciones fáciles para los problemas sociales.

1. Según varios estudios, hace falta poner énfasis en la enseñanza y el aprendizaje de idiomas extranjeros. Es difícil ~~p~~ a obtiene soluciones porque no hay muchos profesores buenos.
2. Muchas mujeres modernas prefieren seguir una carrera en vez de quedarse en el hogar como amas de casa. Las mujeres no tienen quedarse en la casa todos los días porque los hombres pueden ayudar
3. En el pasado solían enseñar a los niños a no ser sensibles o, por lo menos, a no demostrar su sensibilidad. En el pasado hombres han sido fuerte y sensibilidad ~~e~~ no es fuerte.
4. Mis abuelos no quieren que yo salga con una jugadora de básquetbol porque no creen que jugar deportes sea una actividad femenina. Muchas mujeres juegan básquetbol también.

24. EL PRESENTE PERFECTO DEL SUBJUNTIVO (Present Perfect Subjunctive)

A. Los siguientes dibujos representan escenarios en los que las personas piensan en el pasado reciente y en las cosas que han pasado o que no han pasado. Exprese sus pensamientos completando las oraciones con la forma correcta del presente perfecto del subjuntivo de los verbos indicados.

Te sorprende que tus padres (decidir) hayan decidido[1] venir a visitarte a última hora (*at the last minute*) pero esperas que ellos (traerte) se hayan traído[2] dinero para la matrícula. No te gusta que tu hermanito (venir) haya venido[3] también.

Esperas que tus compañeros (limpiar) hayan limpiado[4] la casa y que no (dejar) hayan dejado[5] sus cosas por todas partes. Dudas que ellos (pasar) hayan pasado[6] la aspiradora (*to vacuum*) ni que (sacudir—*to dust*) hayan sacudido[7] los muebles, pero es posible que (hacer) hayan hecho[8] lo necesario para impresionar a tus padres.

No crees que tu hermanito (respetar) haya respetado[9] la señal que dejaste en la puerta de tu alcoba «Vedada (*Forbidden*) la entrada» y tienes miedo que él (usar) haya usado[10] tus cosas o que (romperlas) las haya roto[11].

Tu madre duda que tú (comer) hayas comido[12] bien durante las últimas semanas ni que (dormir) hayas dormido[13] lo suficiente. Tu padre espera que (aplicarse) se hayas aplicado[14] a los estudios y que no (gastar) hayas gastado[15] todo el dinero que te dejaron en la última visita.

B. Complete las siguientes oraciones con la forma correcta del verbo indicado en el presente perfecto del indicativo o del subjuntivo, según el contexto.

1. A algunos hombres les molesta que las mujeres (abandonar) hayan abandonado el papel tradicional de ama de casa.

2. En el pasado es cierto que algunos hombres (permitir) han permitido trabajar a sus esposas, pero no es verdad que ellos (aceptar) han aceptado que sus esposas dejen de ocuparse también de la casa y de los hijos.
3. Algunos expertos piensan que la actitud de muchas personas —tanto hombres como mujeres— (cambiar) ha cambinado enormemente en las últimas décadas.
4. Sin embargo, muchas mujeres adultas de los 90 creen que (progresar: ellas) han progresado mucho, pero al mismo tiempo dudan que la sociedad (hacerlo) lo haya hecho al mismo ritmo.
5. Muchos hombres (comprender) han comprendido que el desarrollo de la mujer no es un invento para fastidiarles (*upset them*) y (adaptarse) se han adaptado a la nueva situación positivamente.

C. Complete el párrafo, en que tres generaciones de mujeres reflexionan sobre los papeles de los hombres y las mujeres, con la forma correcta del verbo entre paréntesis: el presente del subjuntivo, el presente del indicativo, el presente perfecto del subjuntivo o el presente perfecto del indicativo.

María Victoria está contenta que las leyes con respecto a la discriminación (cambiar) hayan cambiado[1] y que ahora su hija y su nieta (tener) tengan ~~hayan tenido~~[2] más oportunidades. Ella no está segura de que todos los cambios hasta ahora (ser) hayan sido[3] buenos, pero espera que la situación (arreglarse) se arregle[4] en el futuro.

Mercedes sabe que ella (beneficiarse) se ha beneficiado[5] mucho de los cambios en la sociedad. Al mismo tiempo, comprende que su vida en cierto sentido (ser) ha sido[6] más difícil que la de su madre. Le preocupa que su vida profesional (estar) este[7] en conflicto con su vida como madre y esposa.

A Laura no le gusta que le (llamar) llamen[8] «feminista». Ella cree que los hombres y las mujeres (deber) deben[9] tener los mismos derechos. Pero en su opinión en el pasado las mujeres «feministas» (reaccionar) han reaccionado[10] demasiado en contra de los hombres. Ella espera que en el futuro los hombres y las mujeres (poder) puedan[11] recibir el mismo pago por el mismo trabajo, pero no quiere que las mujeres (convertirse) se conviertan[12] en militantes.

** **D.** ¿Cuáles son las reflexiones de tres generaciones de hombres? Siguiendo el modelo del ejercicio C, escriba dos oraciones acerca de cada persona. Trate de incluir por lo menos un verbo en el presente del subjuntivo, uno en el presente perfecto del subjuntivo y uno en el presente perfecto del indicativo.

George es felíz porque el nieto tiene muchas opurtunidades. Pero George espera que Joe no gaste su tiempo.
Tom no cree que Joe haya estudiado mucho porque Joe juege muchos desportes
Joe no cree que su abuelo no ~~haya~~ hayan jugado nada y ~~traba~~ han trabajado todos los días.

** **E.** Imagine que Ud. ha llegado a ser famoso/a y que ya está viejo/a. El periódico le ha mandado el siguiente cuestionario. Llénelo con información sobre su vida. Cuidado con los usos del indicativo y del subjuntivo, del presente y del presente perfecto.

1. Ud. es considerado/a un experto y es muy respetado/a en su profesión. ¿Lo atribuye a alguna influencia especial o a alguna experiencia que haya tenido en su juventud?

   Claro. Me alegro mucho de que he aprendido de mi papa

2. ¿Piensa Ud. que se ha dedicado demasiado al trabajo?

   Puede ser. Sé que para tener éxito, necesito trabajar mucho

   A mis hijos les enfada mucho que ahora, en comparación con el pasado, yo creo que es más competición entre los hijos

3. En su opinión, ¿tuvo su vida profesional un efecto negativo en su familia?

   No tanto. Mis dos hijas se quejan (*complain*) mucho de que su padre nunca les haya entendido, pero creo que eso es natural.

4. ¿Hay algo que le gustaría cambiar?

   Claro que sí. Me pone triste ahora pensar que nunca en mi vida (*never in my life*) he viajado a Europa.

5. ¿Tiene Ud. planes para el futuro?

   Sí, algunos. Creo que mi esposo/a y yo ~~va~~ vaya a Hawaii y es posible que vivan en Japón

6. ¿Tiene Ud. algunos consejos que darle a la juventud de hoy?

   Sí. Espero que los jóvenes dan se cuenta todos oportunidades

   y creo que ellos se divierten

25. LOS USOS DEL SUBJUNTIVO: CLAUSULAS ADJETIVALES (Uses of the Subjunctive: Adjective Clauses)

A. Complete las siguientes oraciones con la forma correcta de los verbos entre paréntesis en el indicativo o en el subjuntivo, según el contexto.

1. No hay ningún estereotipo que (corresponderse) se corresponda exactamente con la realidad.
2. Me dicen que tienen un perro que nunca (estar) está quieto.
3. ¿Hay alumnos que (asistir) asistan a todas las clases?
4. No conozco a nadie que no le (temer) tema a la muerte.
5. Ahora hace un viaje que (incluir) incluye toda Europa y parte de Africa.
6. Nadie (saber) sabe cómo va a ser la vida en el año 2050.
7. Buscan un arquitecto que (poder) pueda diseñar algo más moderno.
8. Van a dar un premio al científico que (lograr) logre resolver el problema.
9. Vamos a otra tienda. Aquí no hay nada que me (gustar) guste.
10. Aquí se prepara una paella que (tener) tiene el auténtico sabor valenciano.

** **B.** Ud. y un compañero diseñan la sociedad del porvenir. ¿Cómo quieren que sea? Complete las siguientes proclamaciones.

1. En nuestra sociedad, no va a haber nadie que no pueda nada
2. La contaminación no va a ser un problema, porque no va a haber vehículos que usan gasolina, pero usan el sol.
3. Todos los miembros del gobierno van a ser personas que saben mucho sobre las negocios y politicas
4. Para evitar el problema de la discriminación, recomendamos que todas personas aceptan todas cosas

5. En nuestra sociedad, va a ser obligatorio que todos los ciudadanos recicle su botallas y papeles

6. En nuestra sociedad, no va a haber ninguna compañía que tenga una monopolía sobre los otros

7. En nuestra sociedad, va a haber mujeres que tenga trabajo buenos

y hombres que crían su familia

8. En la plaza central de la capital, vamos a tener un(a) lugar para todos

porque sea muy bonita

** **C.** Para tener un matrimonio contento y estable, una pareja necesita varias cosas. Describa lo que un matrimonio debe tener para ser feliz.

MODELO: un apartamento →
La pareja necesita un apartamento que tenga suficiente espacio para los dos.

1. unos suegros ______

2. ingresos (*income*) La pareja necesita dos ingresos que tenga suficiente dinero.

3. un horario de trabajo La pareja necesita dos horarios de trabajo ~~pa~~ parecidos

4. una comunidad La pareja necesita una communidad traquilo para su ~~ne~~ nueva familia

5. unos jefes La pareja necesita unos jefes simpaticos para su familia

6. un niño (unos niños) La pareja ~~quier~~ esperan que tengan dos niños ~~o~~ o niñas

D. El éxito de los anuncios que aparecen en revistas o en la radio o la televisión depende de la calidad del producto, eso sí. Pero también de gran importancia es la capacidad de la compañía de conocer muy bien a su comprador futuro (¿quién será? ¿qué cualidades tiene o admira? ¿qué cualidades busca en este producto?) y luego de presentar el producto para mejor atraer su interés. Mire los dos anuncios de las páginas 153–154. ¿Puede Ud. identificar al «comprador ideal» de cada uno? ¿Es el mismo tipo de persona en cada caso? ¿Es un hombre o es una mujer? ¿Cómo lo sabe? ¿Qué palabras o expresiones se lo revelan?

	APUNTE TODAS LAS PALABRAS DESCRIPTIVAS	IDENTIDAD DEL COMPRADOR PROSPECTIVO
Anuncio 1 pág. 153	suave, deportiva, fuerza, moderna, electrónica	joven, moderno
Anuncio 2 pág. 154	espacioso, amplio, estabilidad, confiable tranquilo	desea seguridad,

Nombre ____________________ Fecha ____________ Instructor(a) ______________

En su opinión, ¿son igualmente efectivos los dos anuncios? Explique.

Los dos son iguales porque el primero es más interesante para los jovenes. Pero el segundo es más atractivo para las familias.

Amor a primera pista.

De la vista nace el amor. Y en la pista, el Accord Coupé de Honda te robará el corazón.

Su línea es moderna y deportiva. Muy de hoy y de acuerdo con tu excitante actividad. Su motor de 130 caballos de fuerza con inyección electrónica programada es potente como pocos.

Su andar es suave gracias a su sistema de suspensión de doble brazo en A. Además, en su interior alberga todos los detalles que lo hacen un super-auto. Después de todo, ha sido creado según la más avanzada ingeniería Honda.

Míralo. Siéntelo. Córrelo. El Accord Coupé. A simple vista y en la pista, hay que manejarlo para creerlo. Visita a tu concesionario Honda para probar uno.

¡Algo grande está pasando!

¡Ojo!

A. Dé la forma correcta de la palabra o frase que mejor complete cada oración, según las palabras indicadas entre paréntesis.

1. Si quiere sacar una «A» es necesario que (asistir / atender / ayudar) ________ a clase todos los días.
2. Aunque lo intento, yo nunca (lograr / suceder / tener éxito) ________ levantarme temprano por las mañanas.
3. Yo (hacerse / llegar a ser / ponerse / volverse) ________ rojo de vergüenza cuando me di cuenta de que había salido en pijama a la calle.

4. Enrique, el hijo de Julio Iglesias, (lograr / suceder / tener éxito) tengo éxito con sus canciones en toda Hispanoamérica el año pasado.
5. Mi compañero de cuarto (hacerse / llegar a ser / ponerse / volverse) se volvió completamente loco de tanto estudiar español.
6. Ayer descubrí que el psicólogo que me (asistir / atender / ayudar) atendio en la escuela secundaria vive ahora en un hospital psiquiátrico.

B. Dé la forma correcta del verbo que mejor complete cada oración, según la palabra indicada entre paréntesis.

1. Ayer le (*happened*) pasó una cosa muy divertida a mi hermana.
2. Los fines de semana suelo (*help*) ayudar en un hogar para los sin casa.
3. Mi padre me va a prestar su Cadillac este fin de semana. Tengo que (*return it*) devolves en perfectas condiciones.
4. En sólo tres años mi tía (*became*) llegaba a ser una abogada muy prestigiosa.
5. ¡Es la última (*time*) vez que te espero dos horas para ir al cine!
6. Según las estadísticas, el americano medio (*moves*) muda de ciudad al menos tres veces en su vida.

Enlace

REPASO: PARRAFO DE SINTESIS

Lea la siguiente selección, llenando los espacios con la forma correcta de las palabras indicadas entre paréntesis. Cuando se dan palabras en inglés, exprésselas en español.

Los juegos de los niños

No hay duda que los hombres y las mujeres son diferentes. Pero, ¿son distintos los sexos porque la biología los hace así o porque la cultura y la sociedad insisten en separarlos? Varios estudios recientes (indicar) indican[1] que los mensajes[a] (que / quien) que[2] los niños y las niñas (recibir) reciben[3] de la sociedad (ser / estar) son[4] muy diferentes. Uno de los campos en (cual / que) que[5] esto (*is noted*) se nota[6] es en el de los juegos físicos y el deporte.

Antes de que los niños hayan expresado su preferencia en cuanto a sus intereses, sus padres ya (*have indicated them to them*) los han indicado[7]. Si uno (comparar) compara[8] los juguetes que (*are found*) se encuentran[9] en los dormitorios[b] de los niños, aun de los más chiquitos, descubre algo muy interesante. En el dormitorio

[a]*messages* [b]*bedrooms*

masculino, (ser / estar / haber) hay ____[10] una variedad de objetos que llevan al niño fuera de[c] la casa: equipo deportivo, animales, coches y trenecitos, armas. En cambio,[d] en el dormitorio femenino (*are seen*) se ven ____[11] juguetes que enfocan la casa como centro de interés: casas en miniatura, muñecas,[e] prendas de ropa. No sorprende, pues, que los niños (soler) suelen ____[12] jugar fuera de la casa. (*We see them*) los vemos ____[13] entreteniéndose[f] en deportes y juegos de fantasía como vaqueros e indios, o como soldados. A veces es posible que (jugar: ellos) juegen ____[14] a vaqueros e indios todo el día. Las películas del oeste (ser / estar) son ____[15] muy populares entre los jóvenes. Mientras (vivir) vivía ____[16], John Wayne (ser / estar) era ____[17] el ídolo de muchos niños.

Por otro lado,[g] los juegos femeninos (tener) tienen ____[18] lugar dentro[h] de la casa: muñecas y juegos de tablero como las damas[i] y monopolio. Barbie y Ken (ser / estar) son ____[19] dos muñecas famosas. Este año la empresa Mattel sabe que (ir) va ____[20] a vender más de un millón de estas muñecas. En contraste con los niños, que (jugar) juega ____[21] cada vez más lejos de[j] su propia casa y así (ir: ellos) vayan ____[22] aprendiendo a ser independientes, las niñas (aprender) aprenden ____[23] que cuando (jugar: ellas) juegan ____[24] (deber) deben ____[25] hacerlo sin hacer ruido.[k]

El 65 por ciento de los juegos de los niños, generalmente juegos de equipo, (ser / estar) son ____[26] muy competitivos, tienen reglas y llevan la posibilidad de ganar o perder. También (*is needed*) se necesita ____[27] un alto grado de destreza[l] física. Sólo el 35 por ciento de los juegos femeninos son de este tipo. En vez de jugar en equipo, la niña típica (jugar) juega ____[28] con sólo una persona más: «la mejor amiga» con (que / quien) quien ____[29] ella (poder) puede ____[30] compartir todos sus secretos. Las niñas (poner) ponen ____[31] mucho énfasis en la popularidad: (querer: ellas) quieren ____[32] que los demás (admirarlas) las admira ____[33]. Desde una edad temprana, pues, las niñas tratan de ser sensibles a las emociones y a los sentimientos[m] de otros; los niños, mientras tanto,[n] (aprender) aprenden ____[34] a competir y a organizar actividades con muchas personas y a resolver disputas para que el juego pueda continuar. Como[o] los niños (ser / estar) son ____[35] muy agresivos, las disputas son frecuentes.

¿Y qué?[p] ¿No son los juegos de los niños simplemente juegos de niños? Desgraciadamente para las mujeres, el mundo adulto también (tener) tiene ____[36] sus juegos. Ellas (descubrir) descubren ____[37], ya tarde, que éstos se asemejan[q] mucho a los juegos que

[c]fuera… *outside* [d]En… *On the other hand* [e]*dolls* [f]*entertaining themselves* [g]Por… *On the other hand* [h]dentro… *inside* [i]*checkers* [j]cada… *farther and farther from* [k]*noise* [l]*skill, dexterity* [m]*feelings* [n]mientras… *meanwhile* [o]*Since* [p]¿Y… *So what?* [q]éstos… *these (games) are similar*

(practicar) practicaban sus amiguitos masculinos cuando (ser / estar) eran ________[39] pequeños. La famosa incompetencia de la mujer en el mundo de los negocios no es culpa[r] de la biología; es simplemente falta[s] de práctica.

[r]*fault* [s]*lack*

Análisis y aplicación: Composición

EL BOSQUEJO

Before you begin to write anything, you obviously have to have a general idea about what you are going to say. This general idea is a loose or informal outline. For some people, and for some writing tasks, an informal outline is enough to guide the development of an idea. For other people, and particularly for extensive writing tasks, a formal outline is often helpful. A formal outline is much more detailed and takes longer to create. It identifies the specific points the author wishes to make and the order in which he or she intends to make them. Although it takes time to create a formal outline, if it is well done, it can reduce the time needed for actual writing. Also, the detail involved in a formal outline can sometimes alert the writer to undeveloped or disorganized ideas and can thus help to guarantee a clearer, more coherent essay or paper.

To construct a formal outline, you first need to select a topic and have at least a general idea of the main point you wish to make, the issue that you plan to defend (or attack), the idea that you intend to explain or describe in greater detail. The process of constructing an outline will often suggest additional ideas to you and help you to further clarify ideas that you already had considered. First, jot down all aspects of your main idea that occur to you. Some people find that discussing the topic at least briefly with someone else can help to generate ideas. You can jot down your ideas in Spanish or English or in a combination of the two languages. Then, looking carefully at your list, try to group together those aspects that seem similar. Some may be duplicates, and you can eliminate them. With the remaining items in groups, determine what the major characteristic is for each group. This in turn helps to signal what could be the major divisions of the outline—and of the essay. After you have your main ideas generally organized, take some time to look up vocabulary words that you think you will need to discuss them in Spanish, and keep this list handy as you actually begin to write.

The following items are possible aspects of a composition in which the writer wishes to discuss the advantages of going to college. On another sheet of paper, group them and determine the major characteristic—the organizing principle—for each group.

1. to make more money
2. to have greater professional opportunities
3. to get a broader education
4. to gain good social experience
5. to get a good job
6. to be exposed to new ideas and different viewpoints
7. to prepare for graduate school
8. to not have to get a job right now
9. to make new friends
10. to become independent of parents
11. to discover a career
12. to make contacts
13. to get training in critical thinking

There is no single way to organize these items, but it *is* possible to group them as follows:

1, 5 2, 5, 7, 11 4, 9, 10, 12 8 3, 6, 13

Some items fall into two categories, depending on how they are defined. Item 8 seems to stand by itself, which may mean that it is irrelevant to the central issue or that it needs to be expanded by adding other, similar items. These are decisions that the individual writer must make.

The remaining items fall into four categories.

ECONOMIC	PROFESSIONAL/CAREER	SOCIAL	INTELLECTUAL
1, 5	2, 5, 7, 11	4, 9, 10, 12	3, 6, 13

These categories are the general headings of the outline for "The Advantages of Going to College." The items can be grouped within them according to their importance, logical order, or some other appropriate means. Here is one possible outline based on the preceding grouping.

THE ADVANTAGES OF GOING TO COLLEGE

I. Introduction
II. Professional/Career Advantages
    A. Career orientation or selection
        1. To discover a career
        2. More education leads to more professional opportunities
    B. Career preparation
        1. Coursework prepares one to get a good job
        2. Coursework prepares one to go to graduate or professional school for additional training
III. Economic Advantages
    A. More education leads to better jobs
    B. More education ensures better salaries
        1. University graduate versus high school graduate
        2. Professional versus nonprofessional
IV. Intellectual Advantages
    A. Exposure to knowledge in many fields
    B. Exposure to new ideas and different viewpoints
    C. Training in critical thinking
V. Social Advantages
    A. Expand horizons
        1. Meet new friends
        2. Good social experience through people and activities
    B. Prepare for post-college
        1. Become independent of parents
        2. Make contacts
VI. Conclusion

Tarea. A. On another sheet of paper, organize the following items into groups, then make an outline.

THE LARGE FAMILY: PROS AND CONS

1. overpopulation
2. good social experience
3. teaches responsibility
4. teaches how to get along with others
5. doesn't provide enough parent attention
6. older children get overworked
7. too difficult to provide economically for all
8. parents don't have any time or freedom
9. gives parents security in old age
10. children will always have a playmate
11. children will always have some sibling to relate to

B. You have been assigned to write an expository essay about one of the following general topics. Choose a topic and, on another sheet of paper, make a list of information related to the topic you choose. Following the format suggested in **El bosquejo,** organize these points into general groups, and identify the main idea suggested by each subgroup. According to your ideas, make a list of at least ten words that you would need to develop your essay in Spanish. Recopy your outline and your word list on a new sheet of paper.

1. lo bueno y lo malo de los exámenes universitarios
2. ¿Deben los adultos animar a los niños a creer en Santa Claus?
3. las maneras en que la sociedad socializa a los niños con respecto a los papeles sexuales
4. la imagen que se presenta en la televisión de la familia

Viaje cultural*

Pasaje: Alfareras (*Potters*) de la provincia del Cañar, Ecuador.

Las mujeres de esta región del Ecuador sostienen a sus familias y la economía municipal practicando la alfarería con una antigua técnica incaica. Sus ollas y cántaros (*jugs*) se venden bien en los mercados vecinos por su calidad y por sus características únicas.

¡A ver! ¿Capta Ud. los detalles? Examine los índices y las preguntas a continuación y luego mire el vídeo otra vez para buscar la información pedida. Los siguientes grupos de preguntas se concentran en pasajes específicos del vídeo.

1. Al comenzar el segmento, la narradora comenta que su primera impresión era que la soledad se había apoderado de este pueblecito al sur de la provincia del Cañar.

    a. ¿Qué imágenes presenta el vídeo para corroborar esta afirmación de la narradora?

    ____

    b. ¿Qué imágenes se emplean inmediatamente después para contradecir esta afirmación?

    ____

2. «Doña Margarita Henríquez nos demostró cómo se empieza a formar una olla» dice la narradora.

    a. ¿Qué es lo primero que hace la mujer en el vídeo para efectuar esta demostración?

    ____

    b. ¿Cuál es el segundo paso de esta demostración?

    ____

*The viewing segments corresponding to the **Viaje cultural** section can be found on the Video to accompany *Pasajes*.

3. La narradora explica que la ausencia de los hombres es notoria en este pueblo, porque ellos han emigrado a las camaroneras (*shrimping ports*).

   a. ¿A qué otros dos lugares han emigrado los hombres?

   ____

   b. Además de la alfarería, ¿qué más hacen las mujeres para sobrevivir?

   ____

Enigma. ¿Hasta cuántas ollas se queman (*are fired*) en una hoguera? ____

Para más práctica. Elija un segmento del vídeo de unos cinco segundos, y escriba dos o tres párrafos para describir en detalle todo lo que se ve y lo que se oye durante ese segmento: los colores, los objetos, los movimientos, las expresiones, etcétera. Indique también sus impresiones al respecto.

____

____

____

____

____

____

____

____

____

____

El mundo de los negocios

EXPRESION ORAL Y COMPRENSION

Describir y comentar

A. Escuche las siguientes palabras y repítalas en la pausa. Entonces escuche la palabra otra vez, compare su pronunciación con la que oye en la cinta y repita una vez más.

- las acciones
- el/la accionista
- el almacén
- la Bolsa
- la cafetera
- el cajero / la cajera
- la compañía
- contratar
  - el contrato
- el desempleo
  - el desempleado / la desempleada
- el despacho
- despedir (i, i)
- el empleado / la empleada
- la empresa
- entrevistar
  - la entrevista
- las ganancias
- la gerencia
  - el/la gerente
- hacer cola
- hacer horas extraordinarias
- el hombre / la mujer de negocios
- irse de vacaciones
- el mercado
- la oficina
- las pérdidas
- renunciar
- el secretario / la secretaria
- el sindicato
- el socio / la socia
- solicitar
  - la solicitud
- la tienda
- la venta
  - estar a la venta

B. Mire el vocabulario de la lista en el ejercicio A mientras escucha las siguientes series de palabras asociadas. Diga la palabra de la lista que se asocia con cada serie. Repita la respuesta correcta después de oírla en la cinta. 1. el contrato 2. la empresa 3. las acciones

1. … 2. … 3. … 4. … 5. … 4. el despacho 5. el empleado

C. Escuche las siguientes palabras y repítalas en la pausa. Escuche la palabra otra vez, compare su pronunciación con la que oye en la cinta y repita una vez más.

LAS TRANSACCIONES MONETARIAS/BANCARIAS	
ahorrar	invertir (ie, i)
cargar	las inversiones
cobrar	pagar a plazos
cobrar un cheque	pagar en efectivo
la cuenta	pedir prestado
la cuenta corriente	prestar
la cuenta de ahorros	el préstamo
las deudas	pedir un préstamo
gastar	retirar
los gastos	la tarjeta cajero
ingresar	la tarjeta de crédito

D. Mire el vocabulario de la lista en el ejercicio C mientras escucha las siguientes definiciones. Luego diga y escriba la palabra que se ha definido en la cinta. Repita la respuesta correcta después de oírla en la cinta. Oirá cada definición dos veces.

1. gastar 2. ahorrar 3. pagar en efectivo

E. Imagine que Ud. va a hacer un año de prácticas en varias compañías de diferentes países de Europa. Busca una tarjeta de crédito para facilitar su trabajo. Para Ud. hay *tres* servicios que la tarjeta ideal tiene que ofrecer:

1. tiene que ser válida por toda Europa,
2. tiene que darle alguna protección si pierde su equipaje durante un viaje y
3. tiene que ofrecerle asistencia a cualquier hora del día.

Un anuncio de televisión le describe las características de dos tarjetas: una VISA normal y la nueva tarjeta VISA MUNDITAR.

Escuche el anuncio por primera vez para decidir cuál de estas tarjetas vale la pena investigar más (es decir, si la tarjeta cumple sus tres requisitos mínimos) y cómo pedir más información. Marque (✓) la tarjeta que le conviene más y escriba el número de teléfono para pedir más información.

☐ VISA; número para pedir más información: ______________________

☒ VISA MUNDITAR; número para pedir más información: 92-51-17-45

F. Además de sus tres necesidades básicas, Ud. tiene otros requisitos que le gusta que tenga su tarjeta. Ahora escuche el anuncio una vez más. ¿Ofrece la tarjeta que Ud. seleccionó en el ejercicio E todos los requisitos que aparecen en su lista? Indique (✓) las ventajas que ofrece.

1. ☒ dinero en efectivo en cualquier lugar del mundo
2. ☐ ventajas para obtener entradas para cines, teatros y discotecas
3. ☒ seguro de accidentes
4. ☒ precios especiales al alquilar un coche
5. ☒ en caso de pérdida de la tarjeta, sustitución inmediata en cualquier lugar del mundo
6. ☒ ventajas para reservar hoteles
7. ☐ descuentos en los billetes de aviones y barcos
8. ☐ ventajas para invertir en la Bolsa

Nombre ______________________ Fecha ______________ Instructor(a) ______________

G. Según un estudio reciente, los hombres y las mujeres tienen maneras muy diferentes de dirigir (*management styles*). Ud oirá un texto breve. Escuche con atención para descubrir las diferencias esenciales. Luego complete la siguiente actividad.

1. ¿Cuál de estos gráficos mejor corresponde a la manera femenina de dirigir?

a. 

b. 

c. 

Ahora escuche el texto una segunda vez para responder a las siguientes preguntas más específicas.

2. Según el texto, la manera de dirigir de las mujeres, ¿representa algo positivo o algo negativo para los años noventa? Representa algo positivo

3. Dé una razón concreta para justificar su respuesta para el número dos: Porque ellas son más rapido para sus deciciones

Exploraciones

Antes de completar los ejercicios que practican el imperfecto del subjuntivo, complete el siguiente repaso de las formas del pretérito y el uso del presente del subjuntivo.

26. REPASO DEL PRETERITO (Review of the Preterite)

A. El último día del semestre, antes de empezar las vacaciones, todos estábamos muy ocupados. Explique las actividades que hicimos usando la forma correcta del pretérito. *No* repita el sujeto. Repita la respuesta correcta después de oírla en la cinta.

MODELO: yo / abrir una cuenta de ahorros → *Abrí una cuenta de ahorros.*

1. … 2. … 3. … 4. … 5. … 6. … 7. … 8. … 9. … 10. …

1. se acostaron tarde
2. Me visitó
3. Fuimos al cine

B. Para cada uno de los siguientes dibujos, Ud. oirá una pregunta. Contéstela, describiendo lo que hicieron ayer las personas que se ven. Use pronombres de complemento directo e indirecto cuando sea posible. Repita la respuesta posible después de oírla en la cinta.

4. El perro durmió todo el día
5. Tú no hiciste nada
6. El estudio 24 horas
7. Los profesores dieron otro examen
8. Mis padres ~~ve~~ vinieron a mi casa
9. vimos una pelicula
10. Yo leí un libro nuevo

MODELO:  ¿Qué hizo el niño? → *Comió mucho.*

comer

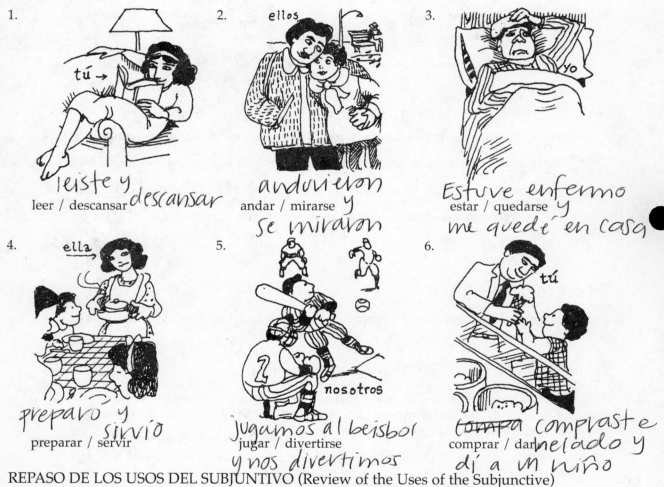

1.  tú →

leiste y descansar

leer / descansar

2.  ellos

anduvieron y se miraron

andar / mirarse

3.  yo

Estuve enfermo y me quedé en casa

estar / quedarse

4.  ella

preparó y sirvió

preparar / servir

5.  nosotros

jugamos al beisbol y nos divertimos

jugar / divertirse

6.  tú

~~compra~~ compraste helado y dí a un niño

comprar / dar

27. REPASO DE LOS USOS DEL SUBJUNTIVO (Review of the Uses of the Subjunctive)

A. Ud. oirá una serie de acciones. ¿Quiere Ud. que ocurran estas acciones? Exprese su opinión. *No* repita el sujeto. Repita la respuesta posible después de oírla en la cinta.

MODELO: Hay un examen mañana. → *No quiero que haya un examen mañana.*

1. … 2. … 3. … 4. … 5. …

1. Quiero que tengamos un dia libre mañana
2. Quiero que vengan a visitarme
3. No quiero que mi novio vayan con otro
4. No quiero que me ponga un exámen
5. Quiero que me invite las vacaciones en Cancún

B. Ud. oirá una serie de afirmaciones. ¿Cree Ud. en las afirmaciones o duda de ellas? Exprese su opinión. Repita la respuesta posible después de oírla en la cinta.

MODELO: La luna es de queso verde. → *Dudo que la luna sea de queso verde.*

1. Dudo que el profesor venga ~~con~~ a clase con una toga
2. Dudo que sirvan comida excellente en la cafeteria

1. … 2. … 3. … 4. … 5. …

C. Rodolfo es un estudiante típico. ¿Cómo reacciona él a las siguientes noticias? Ud. oirá una serie de oraciones. Exprese las opiniones positivas de Rodolfo con «¡Qué bueno… !» y sus reacciones negativas con «¡Qué lástima… !» Repita la respuesta correcta después de oírla en la cinta.

MODELO: Los profesores cancelan los exámenes finales. → *¡Qué bueno que los profesores cancelen los exámenes finales!*

1. … 2. … 3. … 4. … 5. …

D. Ud. oirá una serie de comentarios sobre las cosas que busca y tiene Juan. Él siempre busca lo contrario de lo que tiene. Exprese lo que busca o lo que ya tiene, según el contexto. Repita la respuesta posible después de oírla en la cinta.

MODELOS: Juan tiene un compañero que habla mucho. → *Busca uno que hable poco.*

Juan busca una clase que sea interesante. → *Tiene una que es aburrida.*

1. … 2. … 3. … 4. … 5. …

28. EL IMPERFECTO DEL SUBJUNTIVO: EL CONCEPTO; LAS FORMAS (The Past Subjunctive: Concept; Forms)

A. Escuche la oración modelo y repítala. Luego oirá un nuevo sujeto para la oración. Repita la oración, sustituyendo el nuevo sujeto y haciendo el cambio indicado. *No* repita el nuevo sujeto. Repita la respuesta correcta después de oírla en la cinta.

MODELO: Querían que estudiaras. → *Querían que estudiaras.*
(nosotros) → *Querían que estudiáramos.*

1. … 2. … 3. … 4. …

B. Rodolfo tiene problemas de peso. El médico le aconsejó que perdiera unos kilos pero Rodolfo olvidó seguir sus advertencias. Escuche algunas de las sugerencias del doctor y repítalas. Luego oirá una nueva terminación para la oración. Repita la oración, haciendo los cambios necesarios. Repita la respuesta correcta después de oírla en la cinta.

MODELO: El médico quería que bajara de peso. → *Quería que bajara de peso.*
(no engordar) → *Quería que no engordara.*

1. … 2. … 3. … 4. …

C. Ud. oirá una serie de acciones que alguien le dijo que ocurrieron, pero Ud. no lo creía. Exprese las dudas que Ud. tenía. Repita la respuesta correcta después de oírla en la cinta.

MODELO: Elvirita vio a Elvis Presley. → *No creía que viera a Elvis Presley.*

1. … 2. … 3. … 4. … 5. … 6. …

D. Ud. oirá una serie de hechos que le ocurrieron a Lupi el primer día en su nuevo trabajo como secretaria. Lupi quería causar una buena impresión; por eso, era necesario que trabajara mucho. Exprese esta necesidad según el modelo. Repita la respuesta correcta después de oírla en la cinta.

MODELO: Lupi llegó muy temprano. → *Era necesario que llegara temprano.*

1. … 2. … 3. … 4. … 5. …

29. EL USO DEL SUBJUNTIVO E INDICATIVO EN CLAUSULAS ADVERBIALES (Use of Subjunctive and Indicative in Adverbial Clauses)

A. Escuche la oración modelo y repítala. Luego oirá una nueva terminación para la oración. Repita la oración sustituyendo la nueva terminación y haciendo el cambio indicado. Repita la respuesta correcta después de oírla en la cinta.

MODELO: Llamó antes de que yo saliera. → *Llamó antes de que yo saliera.*
(saberlo) → *Llamó antes de que yo lo supiera.*

1. … 2. … 3. … 4. … 5. … 6. …

B. ¿Subjuntivo o indicativo? Ud. oirá las siguientes oraciones. Cámbielas según las indicaciones que oirá en la cinta. Haga las modificaciones verbales que sean necesarias. Repita la respuesta correcta después de oírla en la cinta.

MODELO: *Van a exportar* más productos cuando *saquen* más ganancias. (Iban a exportar más productos…) →
…*cuando sacaran más ganancias.*

1. Siempre hablan con el gerente cuando tienen un problema.
2. Van a caminar hasta que estén cansados.
3. Pidieron un préstamo tan pronto como lo necesitaron.
4. Siempre hay manifestaciones después de que un negocio va a la bancarrota.
5. Puedo cobrar un cheque en cuanto necesite dinero.

C. Ud. oirá una oración incompleta y tres terminaciones diferentes. Escoja la terminación más lógica según el contexto de cada oración. ¡Cuidado! Es necesario distinguir a veces entre el subjuntivo y el indicativo en las respuestas. Oirá cada oración y las terminaciones dos veces.

Los padres dicen a sus hijos…

1. No vas a poder manejar el auto hasta que…
   hasta que tengan d (b) hasta que tengas un accidente
   (a.) b. c.
   (c) hasta que tienes más dinero
2. Puedes mirar la televisión tan pronto como…
   tan pronto terminaste su tare
   a. (b.) c. tan pronto como acabes de comer
   tan pronto como hablas español

Los profesores dicen a los estudiantes…

3. Ud. puede sacar libros de la biblioteca en cuanto…
   en cuanto va a hacer exalumno a universidad
   a. (b.) c. le den tarjeta
   quiere hacer investiones
4. Ud. va a ser uno de los primeros en escoger sus clases cuando…
   tiene tiempo (b) fue estudiante
   a. b. (c.)
   (c) Ud. sea estudiante de tercer or cuarto años

Los gerentes dicen a los empleados…

5. Uds. no van a tener éxito hasta que…
   ganan que lo pagar
   a. b. (c.) le dieron un suendo antísimo
   apendan más dinero
6. En esta empresa Uds. reciben un mes de vacaciones después de que…
   vuelvan de vacaciones
   a. (b.) c. (b) trabajen ave varios años
   (c) trabajaben muchos años en la empresa

D. Ud. oirá una serie de frases. Dé la forma correcta —del presente o del imperfecto del subjuntivo— de cada verbo indicado a continuación, según el contexto. Repita la respuesta correcta después de oírla en la cinta.

MODELO: los niños / trabajar en las fábricas (En el pasado era posible…) →
En el pasado era posible que los niños trabajaran en las fábricas.

1. las mujeres / quedarse en casa
   En el pasado era posible que las mujeres se quedaran en casa
2. los empleados / recibir sueldos más altos
   En el ~~pasado~~ futuro es necesario que los empleados reciban sueldos más altos
3. los jefes / ser buenos gerentes
   Hoy es importante que los jefes sean buenos gerentes
4. los hombres / tener éxito en los negocios
   En el pasado los hombres tuviera éxito en los negocios
5. los trabajadores / declararse en huelga
   En el pasado los trabajadores se declararan en huelga
6. los empleados / participar en la dirección de la compañía
   Hoy es importante que los empleados participen en la dirección de la compañía.

Enlace

VOCES

Escuche con atención a Ariel T., Josep L. y William C., tres hispanos que hablan de sus experiencias con respecto al trabajo.

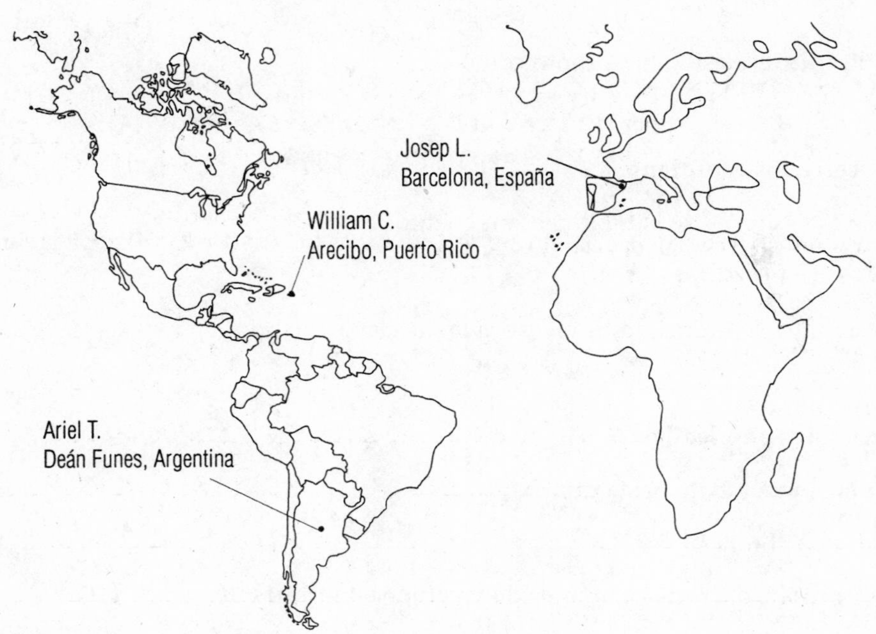

A. Escuche sus experiencias para buscar la siguiente información en particular:

- ¿Hay alguien en su familia que tenga su propio negocio o que trabaje independientemente?
- ¿Qué clase de trabajo hace?

1. Ariel

   Algún familiar que tiene un negocio propio: ☒ sí ☐ no

   Clase de trabajo: carpinteros, ferreteros, fabricantes comerciantes

2. Josep

   Algún familiar que tiene un negocio propio: ☒ sí ☐ no

   Clase de trabajo: academia de íngles en Barcelona

3. William

   Algún familiar que tiene un negocio propio: ☒ sí ☐ no

   Clase de trabajo: venta de llanta, negocios

B. Ud. oirá el testimonio de Josep y William otra vez. Ahora escuche para descubrir lo que piensan estas dos personas acerca de las ventajas y desventajas de trabajar por cuenta propia (*of working for oneself*) en vez de trabajar por cuenta ajena (para otro). Trate de dar por lo menos una ventaja y una desventaja para cada cuadro de la siguiente tabla.

TRABAJAR POR CUENTA PROPIA	
POSITIVO	NEGATIVO
·mayores ganacias ·trabaja cerca de casa ·mucho tiempo por trabajo y que dividir la trabajo	·no tiene bastante tiempo hacer cosas importantes ·invertir ~~de~~ mucho tiempo en los negocios que no son importantes

** **C.** ¿Cómo contesta Ud. las mismas preguntas que contestaron Ariel, Josep y William? ¿Hay alguien en su familia que tenga su propio negocio? ¿Qué tipo de trabajo hace? ¿Qué dificultades o triunfos ha experimentado en ese esfuerzo?

Si, mi mamá trabaja al Universidad, pero también tiene su propio negocio en el internet para profesores en Estados Unidos que quieren ayudar sus estudiantes aprenden a leer. Antes de se usa al internet, mi mamá trabajó con Houghton Miflen y el Universidad, pero este año mi mamá quiere empezar su propio negocio y ha hecho muchas problemas y cosas/situaciones dificiles.

EXPLORACION CULTURAL: **Donde los obreros son patronos**

Escuche la siguiente selección con cuidado. La selección trata de la fundación de una red de cooperativas en el País Vasco, región al norte de España. Trate de entender las ideas generales y de adivinar las palabras o frases que no entiende completamente. (Use el espacio de la página 170 para sus apuntes.)

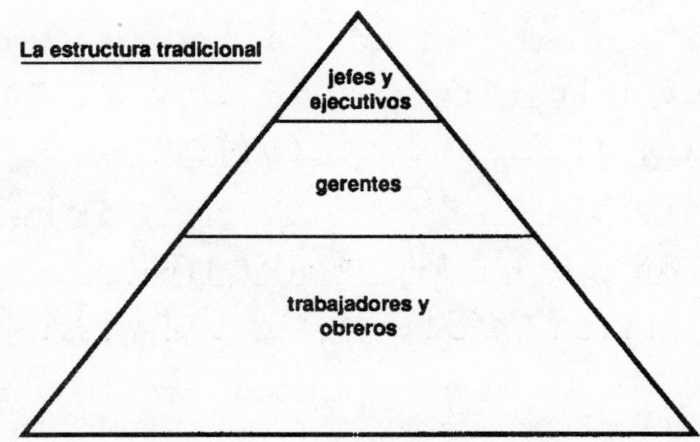

Puntas
- pirámide
- gerentes y trabajadores (8 mil)
- decisiones importantes ↑
- Vigor punto sig. en País Vasco - coop.
- Don José María
- muchos son desempleado
- fomentar desarrollo economia - con grads
- Mondragón - ciudad
- cooperativas
- jefes
- bicicletas - fabrican
- banco, escuelas, vivendas, instituto industrial

Donde los obreros son patronos

Conteste brevemente en español, usando sus apuntes como guía. Oirá cada pregunta dos veces.

1. Un empresa tradicionalmente es una pirámide con poco jefes (arriba), el medio es los gerentes y el bajo es los trabajadores. En cooperativa todos decisiones importantes son de los trabajadores porque todos son participan juntas
2. a. En País vasco Vigor es una cooperativa y es famosa y un punto significado en el area de País vasco

   b. Mondragón es una ciudad que practica cooperativas

   c. Don José María ayudó con la organizacion y fomentar un desarrollo economía con graduos de escuelas
3. cooperativas que incluyen fabrican de bicicletas, banco, escuelas, viviendas y un instituto industrial

Pronunciación y ortografía*

PRONUNCIACION: LAS OCLUSIVAS SORDAS: [p/t/k]

In English the stop consonants [p, t, k] are usually pronounced with some aspiration, that is, accompanied by a puff of air. The aspiration disappears only when [p, t, k] follow the sound [s]. Compare the sounds of [p, t, k] in the following pairs of English words.

pine/spine	cot/scott	tab/stab
take/stake	pill/spill	kit/skit

In Spanish the [p, t, k] sounds are never aspirated. They always sound like the English [p, t, k] that follow [s].

A. Escuche cada una de las siguientes palabras y repítala en la pausa. Compare su pronunciación con la que oye en la cinta y repita una vez más. Cuidado con la pronunciación de los sonidos [p, t, k] y la de las vocales.

[p] Pepe papá lápiz pepino palo

[t] tos lata taza tino pleito

[k] cosa queso quito Cuzco canal

B. Lea cada una de las siguientes palabras en voz alta, grabando su pronunciación en la cinta y prestando atención especial a la pronunciación de las consonantes oclusivas sordas y la de las vocales. Después de grabar cada palabra, escuche la pronunciación que oye en la cinta y repita una vez más.

1. antepasado	4. costumbre	7. quitar	10. característica
2. compartir	5. contraste	8. típico	11. con respecto
3. cafetera	6. importar	9. paquete	12. pedir prestado

C. Escuche el siguiente texto por completo sobre la deuda externa (*foreign debt*). Luego se repetirá el texto más lentamente con pausas. En las pausas escriba lo que oyó. Al final de toda la selección, se repetirá una vez más.

____

____

____

____

____

____

____

____

____

____

*Remember to use the separate Pronunciation Tape for the **Pronunciación y ortografía** sections.

PRACTICA ESCRITA Y COMPOSICION

Describir y comentar

** **A.** Explique brevemente la diferencia entre cada par de palabras o expresiones.

1. una oficina / un despacho

____

____

2. un empleado / un gerente

____

____

3. una tarjeta de crédito / una tarjeta cajero

____

____

4. las acciones / las ganancias

____

____

5. cobrar un cheque / pagar en efectivo

____

____

B. Ponga las definiciones con las palabras correspondientes. Escriba la palabra o expresión de la lista en la página 161 que corresponde a cada definición que sobra.

PALABRAS	DEFINICIONES
1. ____ el secretario	a. persona que se dedica a asuntos comerciales
2. ____ cobrar	b. lugar en donde se hacen las transacciones comerciales
3. ____ la mujer de negocios	c. pedir dinero por un producto o un servicio
4. ____ el mercado	d. persona que se encarga de los trabajos rutinarios de una oficina
5. ____ ______________	e. miembro de una sociedad comercial que invierte dinero en ella y recibe un porcentaje de las ganancias
6. ____ ______________	f. lugar en donde se puede comprar principalmente comestibles

C. Cada una de las series de nombres que se dan a continuación representa un ejemplo de, o está asociada con, algunas palabras o expresiones de la lista del vocabulario en la página 161. ¿Cuáles son esas palabras o expresiones?

1. la Bolsa Merrill Lynch, Wall Street, la crisis de 1929
2. el almacén Macy's, Hudson's, Bloomingdale's, Sears
3. el sindicato UAW, ILGWU, Teamsters
4. la cafetera Folger's, Hills Brothers, Maxwell House

** ESTRATEGIAS PARA LA COMUNICACION

Use las siguientes expresiones para narrar una historia en el pasado. Escríbala en otro papel. Cuidado con el uso del pretérito y del imperfecto en su narración, y no se olvide de usar algunas de las expresiones conectivas (página 242 de *Lengua*) para establecer la cronología del relato. ¡Cuidado! Las expresiones que se dan a continuación no se presentan en ningún orden específico. Ud. las puede ordenar como quiera.

ir a la bancarrota
despedir al gerente
pagar a plazos
comprar una compañía
emplear a una secretaria
decorar la oficina
descubrir algo que causa un gran escándalo

Exploraciones

Antes de completar los ejercicios que practican el imperfecto del subjuntivo, complete el siguiente repaso de las formas del pretérito y el uso del subjuntivo.

26. REPASO DEL PRETERITO (Review of the Preterite)

A. Complete la siguiente descripción del dibujo a continuación con la forma correcta del pretérito de los verbos entre paréntesis.

El lunes por la mañana el señor Negro (levantarse) se levantó[1], (ponerse) se puso[2] el traje negro y (irse) se fue[3] para el centro. Era el cumpleaños de su mujer y por eso (decidir) decidió[4] comprar algo en un gran almacén elegante. Cuando (llegar) llegó[5] al almacén, (subir) subió[6] al tercer piso. (Buscar) Buscó[7] a una dependiente y los dos (conversar) conversaron[8] sobre lo que él quería. El señor Negro y la dependiente (considerar) consideraron[9] varios regalos y (comentar) comentaron[10] los méritos de cada uno (¡el señor Negro era un comprador superprudente!).

Por fin, el señor Negro (escoger) escogió[11] un vestido para su mujer y lo (cargar) cargó[12] a su cuenta. Luego (subir) subió[13] al cuarto piso, donde le (envolver[a]) envolvió[14] el regalo. Luego, metiéndoselo debajo del brazo, el señor Negro (bajar) bajó[15] a otro piso para hacer otras compras.

El mismo lunes, el señor Bigote le (dar) dio[16] un beso a su mujer y (despedirse) se despidió[17] de sus hijos, quienes le (decir) dijeron[18]: «No olvides, papi, que hoy es el cumpleaños de mamá.» Más tarde esa mañana, el señor Bigote (cerrar) cerró[19] su tabaquería y (dirigirse) se dirigió[20] al almacén más elegante de la ciudad. (Entrar) Entró[21] y (acercarse) se acercó[22] a una dependiente. Cuando le (explicar) explicó[23] lo que quería comprar, ella lo (mirar) miró[24] extrañada y le (preguntar) preguntó[25] qué había hecho[b] con el otro. «¿Qué otro?», (contestar) contestó[26] el señor Bigote, y (sacar) sacó[27] de su billetera el dinero para pagar. Cuando (ver: ellas) vieron[28] esto, la dependiente y su asistente (sentir) sintieron[29] un poco de miedo, pero el señor Bigote (pagar) pagó[30] el vestido, y (subir) subó[31] para que se lo envolvieran.[c]

[a]*to wrap* [b]había… *had done* [c]*wrap*

** **B.** Conteste las siguientes preguntas sobre el episodio del ejercicio A. Cuidado con el uso del pretérito y del imperfecto.

1. ¿Qué le pasó al señor Bigote mientras bajaba en el ascensor después de comprar el regalo?

   Señor Bigote ~~[illegible]~~ vi señor Negro con el mismo regalo

2. ¿Por qué cree Ud. que el señor Negro subía en el ascensor?

   el señor Negro subía en el ascensor a vi su relago una vez más

3. ¿Cómo reaccionaron los dos señores al verse?

   Los ~~dan~~ dos fueron muy confudido y sorpresa

4. En su opinión, ¿qué hicieron los dos después?

   Los dos vieron cada persona dos veces y fueron a sus casas.

5. En su opinión, ¿cómo se puede explicar esta situación?

   Es una coincidencia que dos hombres que vieron simular compraron el mismo regalo en el mismo día

** **C.** La siguiente tira cómica dramatiza lo que ocurrió la semana pasada entre dos amiguitos, Mafalda y Manolito. Léala con atención y después conteste las siguientes preguntas.

VOCABULARIO UTIL	
la botella *bottle*	una imitación *a fake*
el cajón *drawer*	

1. ¿Adónde fue Mafalda? ¿Por qué? ¿Qué buscaba?

2. ¿Qué tuvo que hacer Manolito para servirle? ¿Por qué?

3. ¿Qué preguntas le hizo Mafalda a Manolito cuando llegó? ¿Por qué le hizo tantas preguntas?

4. ¿Cómo le contestó las preguntas Manolito? ¿Por qué? ¿Dijo la verdad o mintió? ¿Por qué?

5. ¿Qué hizo finalmente Mafalda? ¿Por qué?

6. ¿Qué era más importante para Manolito: ser un buen hombre de negocios o ser un buen amigo?

27. REPASO DEL SUBJUNTIVO (Review of the Uses of the Subjunctive)

A. Mire el anuncio y luego complete el siguiente texto del anuncio con la forma correcta del presente del indicativo o del presente del subjuntivo del verbo entre paréntesis, según el contexto. ¡Cuidado! También puede ser necesario usar el infinitivo.

Movilización General.

1946 Nace una corriente de Movilización General. Aparece el primer coche que todo el mundo puede comprar: El Escarabajo de Volkswagen.

1996 Surge una nueva corriente de Movilización General para conseguir el primer portátil con procesador Pentium® tamaño notebook, que cualquier persona puede adquirir: El Satellite 100CS de Toshiba.

TOSHIBA
El contacto con el Futuro

Hoy no hay nadie que (sorprenderse) se sorprenda[1] de la necesidad de poseer una computadora portátil. Es evidente que Ud. como profesional (necesitar) necesite[2] este instrumento de trabajo cuando está fuera de su oficina. Por ejemplo, a veces puede ser necesario que Ud. (trabajar) trabaje[3] mientras viaja. La computadora portátil le permite (ganar) ganar[4] ese tiempo valioso que otros (perder) perdan[5].

Toshiba ha creado un gran compañero que (adaptarse) se adapte[6] a sus necesidades. Si Ud. quiere que su trabajo (destacar) destaque[7] de los demás, es imprescindible que Ud. (disponer) disponga[8] de este vehículo de alta tecnología. No dude que la Toshiba portátil 100CS (ser) es[9] el perfecto compañero de viaje. Deseamos que Ud. (decidirse) se decida[10] y siga nuestro consejo.

** **B.** Escriba una oración para cada uno de los siguientes casos.

Una cosa que…

1. Ud. prohíbe que su hermanito haga
   mirara television todo el día
2. Ud. prefiere que sus profesores no hagan
   solamente hablara por todo la hora
3. sus padres esperan que Ud. haga
   decidiera una universidad buena
4. sus amigos ruegan que Ud. no haga
   trabajara muchas horas
5. su hermanito pide que Ud. le haga
   ayudara con la tarea de él
6. su novio/a no permite que Ud. haga
   fuera con un otro hombre

28. EL IMPERFECTO DEL SUBJUNTIVO: EL CONCEPTO; LAS FORMAS (The Past Subjunctive: Concept; Forms)

¿Cuánto recuerda Ud.? Complete el siguiente cuadro con las formas verbales indicadas.

	PRESENTE	PRESENTE DEL SUBJUNTIVO	PRETERITO	IMPERFECTO DEL SUBJUNTIVO
1. pagar: yo	pago	pague	pagué	pagara
2. escribir: ellos	escriben	escriban	escribieron	escribieran
3. ver: tú	ves	veas	viste	vieras
4. dar: Ud.	da	dé	dio	diera
5. ser: yo	soy	sea	fuí	fuera
6. volver: nosotros	volvemos	volvamos	volvimos	volvíeramos
7. dirigir: tú	~~dirigas~~ ~~dirigues~~ diriges	dirijas	dirigiste	dirigieras

Nombre ______________________ *Fecha* ______________ *Instructor(a)* ______________________

	PRESENTE	PRESENTE DEL SUBJUNTIVO	PRETERITO	IMPERFECTO DEL SUBJUNTIVO
8. atacar: ellos	atacan	ataquen	atacaron	atacaran
9. cuidar: Ud.	cuida	cuide	cuidó	cuidara
10. saber: nosotros	sabemos	sepamos	supimos	supieramos

A. La tira cómica a continuación describe lo que le pasó al señor Roto en un elegante restaurante del distrito financiero de su ciudad. Mírela con atención y luego complete el resumen a continuación con la forma correcta del verbo entre paréntesis: el presente o el pasado (pretérito o imperfecto) del indicativo, el presente o el imperfecto del subjuntivo.

Hace unas semanas el señor Roto entró en un restaurante muy selecto. Tenía mucha hambre y esperaba que algún cliente (tener) tuviera[1] compasión y que le (dar) diera[2] unos centavos para comprar un bocadillo.[a] Después de entrar al restaurante, él (dirigirse) se dirigío[3] a un hombre de negocios muy serio y le (explicar) explicó[4] lo que (querer: él) quería[5]. Este hombre no (querer) quiso[6] ni mirarlo. Era

[a]*sandwich*

necesario que el señor Roto (acercarse) se acercera[7] a otra mesa. Desafortunadamente, pasó a la mesa de un corredor de Bolsa que no (estar) estaba[8] de muy buen humor. Cuando el señor Roto le (pedir) pidió[9] que le (dar) diera[10] dinero, el corredor de Bolsa (empezar) empezó[11] a gritarle. Pero el pobre señor Roto tenía mucha hambre y también mucha paciencia. «Yo sé que alguien en este restaurante (ir) va[12] a darme algo», se dijo. «Ese hombre allá (ser) es[13] muy gordo y es posible que (estar) esté[14] de mejor humor.» Esta vez el señor Roto tuvo suerte. «Tome Ud.», le (decir) dijo[15] el accionista gordo, «Con este dinero es posible que Ud. (comprarse) se compre[16] una verdadera comilona.[b]» El señor Roto (ponerse) se puso[17] contentísimo. ¡Una verdadera comilona! (Sentarse) Se sentó[18] y cuando llegó el camarero, (darle) le dijo[19] el dinero y le dijo: «Por favor, (querer: yo) quiero[20] que Ud. (traerme) me traiga[21] una comilona de 25 bocadillos.»

[b]una… *a tremendous meal, big meal*

B. El director de la residencia universitaria donde Ud. vive quiere saber las quejas que tienen los residentes para solucionarlas. Ud. entrevista a sus compañeros de residencia y luego informa a su director. Haga su reportaje usando las formas verbales apropiadas del pasado —del indicativo o del subjuntivo— según las circunstancias. ¡Cuidado! También es necesario cambiar los pronombres.

MODELO: ESTUDIANTE: Creo que deben limpiar el vestíbulo más a menudo.
REPORTAJE: Un estudiante dijo que… →
creía que debían limpiar el vestíbulo más a menudo.

1. ESTUDIANTE: Me parece que hay ratones en mi cuarto.
   REPORTAJE: Un estudiante dijo que le parecía que había ratones en su ~~casa~~ cuarto
2. ESTUDIANTE: Es increíble que no haya suficientes lavadoras.
   REPORTAJE: Un estudiante dijo que era increíble que no hubiera suficientes lavadoras
3. ESTUDIANTE: No me gusta que la cocina común sea muy pequeña.
   REPORTAJE: Un estudiante no gustaba que la cocina común fuera muy pequeña
4. ESTUDIANTE: Es malo que la televisión del área de recreo no funcione bien.
   REPORTAJE: Un estudiante era malo que la tele del área no funcionara bien
5. ESTUDIANTE: Es importante que el correo se distribuya correctamente.
   REPORTAJE: Un estudiante dijo que era ~~es~~ importante que el correo se distribuyera correctamente

C. Durante los noventa, se estableció el Tratado de Libre Comercio (TLC) entre el Canadá, México y los EEUU. Complete la siguiente descripción del Tratado con la forma correcta de los verbos entre paréntesis: el presente o pasado del indicativo o subjuntivo según el contexto.

El Tratado de Libre Comercio intentó reducir los impuestos comerciales entre los tres países norteamericanos. Se deseaba que los productos y servicios de México y Canadá (entrar) ______[1] libremente en los EEUU y viceversa. Los EEUU (esperar) ______[2] que este acuerdo (ser) ______[3] el primer paso para obtener una zona de libre comercio desde Alaska hasta la Tierra del Fuego. A pesar de estos deseos de libre comercio, el gobierno norteamericano (decir) ______[4] en palabras muy claras que no (interesarle) ______[5] un mercado común al estilo europeo. Algunos dudan que la mano de obra barata de México (beneficiar) ______[6] el mercado de trabajo estadounidense porque consideran que es posible que (perderse) ______[7] mucho empleo. Sin embargo, otros opinan que el aumento de las exportaciones (favorecer) ______[8] a los EEUU.

** **D.** Ud. es el gerente superexitoso de una gran empresa. ¿Cómo completa las siguientes declaraciones? Cuidado con el uso del subjuntivo y del indicativo.

1. El año pasado tuve muchos problemas con el sindicato. Ellos insistían en que ______________________
2. Por ser tan importante me dieron una tarjeta de crédito que ______________________
3. Me alegró mucho que el banco ______________________
4. Con todos los cambios en los impuestos federales, dudo que ______________________
5. Para tener mucho éxito en el mundo de los negocios, es necesario que una persona ______________________

29. EL USO DEL SUBJUNTIVO E INDICATIVO EN CLAUSULAS ADVERBIALES (Use of Subjunctive and Indicative in Adverbial Clauses)

A. Lea las siguientes oraciones y decida si la parte en letra cursiva se refiere a una situación real y conocida (R) o a una situación anticipada o no experimentada (A).

1. ______ *When I finish school,* I plan to look for a job in New York.
2. ______ They had to expand the building almost *as soon as they finished it.*
3. ______ Ms. Williams will wait, however long it takes, *until you finish.*
4. ______ *When you have a minute,* I'd like you to come by and talk to me.
5. ______ I'll give you a decision *as soon as I talk to my parents.*
6. ______ That day I swore that, *as soon as I was rich and famous,* I would come back and make people sorry for the things they had said.

7. ____ *When I was a child,* I thought that life would be a lot simpler *when I was older.*

8. ____ Because the boss was in the room we couldn't talk freely, but John told me he would explain everything *after the boss left.*

9. ____ *After the boss left,* John explained everything to me.

Ahora, haga lo mismo con las siguientes oraciones, indicando también la forma correcta del verbo señalado.

10. ____ *Cuando* (reciba / recibo) *mi título* (*degree*), voy a poder encontrar un trabajo sin ninguna dificultad.

11. ____ Todos se rieron *después de que el señor Palo* (dijera / dijo) eso. ¡Fue tan cómico!

12. ____ Mis amigos y yo vamos a celebrar *tan pronto como* (sabemos / sepamos) los resultados de la entrevista.

13. ____ Todos aprendimos mucho sobre el sistema económico japonés mientras (estábamos / estuviéramos) *en Tokio el verano pasado.*

14. ____ Me enojo mucho *cuando* (vea / veo) *ese tipo de explotación.*

15. ____ No van a poder hacer nada con la computadora *hasta que* (aprendan / aprenden) *a programar.*

16. ____ *Tan pronto como* (oigas / oyes) *ese tono de voz,* sabes que tienes que tener mucho cuidado.

17. ____ El jefe me dijo que quería hablar conmigo *después de que* (volviera / volvió) *de mi viaje.*

B. Complete las siguientes oraciones con la forma correcta del verbo entre paréntesis: en el subjuntivo o en el indicativo, según el contexto. Cuidado con la secuencia de los tiempos verbales.

1. Te contrataron para reemplazar a un empleado enfermo. Sólo puedes trabajar aquí hasta que (volver) ____ ese empleado.
2. Ese hombre me vuelve loco. Silba (*He whistles*) mientras (trabajar) ____.
3. El señor Brown no sabía cuándo iba a ser exactamente, pero me dijo que me iba a llamar cuando (poder) ____.
4. Después de que el Congreso (aprobar) ____ esa ley, hubo muchas manifestaciones porque ahora los empleados no pueden fumar cuando (estar) ____ en la oficina.
5. Después de que el Congreso (aprobar) ____ esa ley, va a haber muchas manifestaciones.
6. La industria automovilística norteamericana tuvo casi un monopolio del mercado en los EEUU hasta que con la crisis de energía en los años setenta, (empezar) ____ a sentirse la necesidad de tener coches más económicos, como los japoneses. Ahora, no va a recuperar su posición dominante hasta que no se decidan a (efectuar: *to undertake*) ____ cambios radicales en la manufactura de los autos.

** **C.** Complete las siguientes oraciones de una forma lógica, usando el subjuntivo o el indicativo según el contexto. Cuidado con la secuencia de los tiempos verbales.

1. De joven, yo (sentirse) se sentí muy satisfecho/a cuando ganar un partido en los deportes
2. En el futuro, yo me voy a sentir muy satisfecho/a en cuanto me gradue de la universidad
3. De joven, yo (pensar) pensé que mi vida iba a cambiar radicalmente tan pronto como viviera mi vida
4. En realidad, mi vida cambió radicalmente cuando ~~an~~ mi mamá y papá empezaron viajar mucho
5. En el futuro, podré (*I'll be able*) decir que «he llegado» después de que ayude mi amiga con anorexia

** **D.** Conteste las siguientes preguntas con oraciones completas. Use la palabra o expresión entre paréntesis en la respuesta.

1. ¿Cuándo piensas empezar tu primer trabajo permanente? (en cuanto)
   En cuanto, no empeziera ~~mi~~ mi ~~pr~~ primer trabajo permanente
2. ¿Hasta cuándo vas a seguir viviendo en este estado? (hasta)
   Hasta viajará antes de viviendo en este estado
3. ¿Hasta cuándo piensas estudiar en esta universidad? (mientras que)
   Mientras que estudie despues de mi escuela ahora
4. ¿Cuándo piensas casarte / empezar una familia? (tan pronto como)
   Tan pronto como terminé mi escuela
5. ¿Cuándo te gustaría hacer un viaje alrededor del mundo? (cuando)
   cuando ~~ten~~ tuviera mi professión

¡Ojo!

A. Elija la palabra que mejor complete la oración.

1. Ramón y Laura son buenos atletas. Niñas (ambos / tanto como) niños participan en el programa.
2. ¿Sabes (la cita / la fecha) del examen?
3. El desempleo es una (cuestión / pregunta) de gran importancia.
4. No me gradúo hasta el próximo semestre (como / ya que) todavía necesito completar tres clases más.
5. (Ambos / tantos) equipos necesitan ganar el partido para clasificarse.

B. Dé la palabra española que corresponda mejor a la palabra en letra cursiva. Dé el infinitivo de los verbos y la forma masculina singular de los sustantivos y adjetivos. ¡Cuidado! Hay también palabras de los capítulos anteriores.

1. It isn't really a *question* ______________ of total space. *Both* ______________ houses have four bedrooms.
2. When my parents *took* ______________ me to the opera for the first *time* ______________ I actually liked it.
3. *Because* ______________ I misplaced my datebook, I forgot the *date* ______________ of our appointment.
4. The last *time* ______________ I saw them, they *both* ______________ *attended* ______________ school.
5. Since she *became* ______________ president of the corporation, she hasn't once *returned* ______________ to her old neighborhood. Now she doesn't have any *close* ______________ friends anymore.
6. *Both* ______________ old men and old women need better health insurance, *since* ______________ it is harder for them *to care for* ______________ themselves.

Enlace

REPASO: PARRAFO DE SINTESIS

Lea la siguiente selección, llenando los espacios con la forma correcta de la palabra o las palabras indicadas entre paréntesis. Cuando se dan dos palabras, escoja la más apropiada para el contexto.

Los profesionales más buscados por las empresas

El vecino que vive en el quinto piso y el joven que vive en el segundo buscan trabajo desde hace tiempo. Ambos terminaron sus estudios el año pasado en la rama administrativa de la Formación Profesional y por lo tanto tienen similares conocimientos. Pero es muy probable que uno (conseguir) ______________ [1] trabajo antes que el otro. El del quinto piso (ser / estar) ______________ [2] un poco mayor —tiene 25 años, está casado y tiene carnet de conducir.

¿Cuáles (ser / estar) ______________ [3] los atributos más deseados por una empresa? El empleado de entre 25 y 35 años con algo de experiencia es el que va a (lograr / suceder / tener éxito) ______________ [4]. A partir de los 35 años, es raro que uno (encontrar) ______________ [5] un trabajo si no tiene una preparación muy deseada. Las empresas buscan individuos que (saber) ______________ [6] dar un trato agradable al público y que (tener) ______________ [7] la capacidad de organización y mando. Muchas empresas dudan que la gente muy joven (poder) ______________ [8] tener estos rasgos. Según ellos es necesario que (buscar: ellos) ______________ [9] gente mayor y más madura para reunir estas características.

Nombre ________________________ *Fecha* ____________ *Instructor(a)* ________________

También en los últimos años se ha descubierto que las empresas prefieren que sus empleados (haber tener) hayan tenido[10] experiencia laboral, pero no demasiada. Lo mejor es que sólo (haber trabajar) hayan ~~trabajado~~[11] entre uno o dos años antes de entrar en el nuevo puesto. Las personas que (haber pasar) hayan pasado[12] mucho tiempo en otros puestos suelen tener hábitos muy difíciles de cambiar. Al empresario le gusta formar a su gente y no quiere que (venir) venga[13] con ideas ya muy fijas. Buscan trabajadores que (saber) sepan[14] lo que quieren pero es importante que estas personas (estar) esten[15] dispuestas a ser flexibles. Otro punto: Se sabe que las empresas (preferir) preferen[16] los casados a los solteros ya que es probable que los casados (disfrutar) disfruten[17] un estilo de vida más estable.

Así que el joven del segundo piso no tiene más remedio que esperar dos años y casarse. Entre tanto, le sugerimos que (seguir) Sigan[18] estudiando.

Análisis y aplicación: Composición

In Chapters 5 and 6 you practiced organizing the information in expository essays according to levels of generality. Several specific ideas illustrate or explain one general idea; each general idea helps to develop the main idea or thesis of the paper.

Choosing the general ideas depends on the topic, of course, but also on the *method* you use to develop your ideas. For example, the best way to discuss a short story may be to break it into parts: the characters, the scene, the plot, and so on. You might approach the same topic by comparing and contrasting the story with others that you know. In this and succeeding chapters, you will practice several different methods of essay development.

ANALISIS Y CLASIFICACION

Analysis means examining each of the parts of a piece of writing as well as their relationship to each other. If you discuss a story by looking separately at character, scene, and plot, you are using the method of analysis.

Classification means grouping together objects or ideas that are similar. For example, you might discuss short stories by classifying them: **cuentos fantásticos, cuentos realistas, cuentos policíacos, cuentos de ciencia ficción,** and so on. Classification is the opposite of analysis.

The following vocabulary is often used for establishing analysis and classification in Spanish.

VOCABULARIO PARA EL ANALISIS Y LA CLASIFICACION		
agrupar	*to group*	Es posible **agrupar** las obras en dos clases.
el análisis	*analysis*	Un **análisis** de la sustancia revela la presencia de dos elementos básicos.
analizar	*to analyze*	Es conveniente **analizar** la máquina para ver la relativa importancia de sus partes principales.
la clasificación	*classification*	La **clasificación** de los animales se basa en su modo de vida al igual que en su anatomía.
clasificar	*to classify*	Los animales se **clasifican** en cinco grupos grandes.
constar de	*to consist of*	El cuerpo del insecto **consta de** tres partes: la cabeza, el tórax y el abdómen.
dividirse en	*to divide into*	Los animales **se dividen en** cinco grupos principales.

1. Aplique brevemente el método de **análisis** a los siguientes temas generales. Conteste en otro papel. ¿Qué características específicas de cada tema se pueden mencionar?
   a. la ropa del individuo profesional exitoso
   b. la educación después de la escuela secundaria en los EEUU
   c. el automóvil
2. Aplique brevemente el método de **clasificación** a los siguientes temas generales. Conteste en otro papel. ¿Cuáles son los grupos generales que se pueden mencionar?
   a. las organizaciones estudiantiles universitarias
   b. el humor
   c. el automóvil
3. Ud. tiene que hacer una investigación sobre uno de los siguientes temas y luego escribir un ensayo sobre lo que aprendió. Cada tema se presta a varios métodos de organización. Escoja un tema y sugiera dos bosquejos, uno que se base en el análisis y otro que se base en la clasificación. Use el formulario que se da a continuación como guía para hacer su bosquejo. Antes de elaborar los bosquejos, piense en una idea central para cada ensayo proyectado.

Temas sugeridos

el chocolate	las drogas	los sindicatos
las computadoras	la literatura	las universidades

Tema: ______________________________

Idea central: ______________________________

A. Idea general: ______________________________

1. Idea específica: ______________________________

2. Idea específica: ______________________________

B. Idea general: ______________________________

1. Idea específica: ______________________________

2. Idea específica: ______________________________

C. Idea general: ______________________________

1. Idea específica: ______________________________

2. Idea específica: ______________________________

Tarea. En otro papel, escriba cuatro oraciones relacionadas con su ensayo basado en la clasificación y otras cuatro relacionadas con su ensayo analítico. Cada oración debe incluir una de las expresiones de la lista del vocabulario de la página 185. Trate de usar todas las expresiones por lo menos una vez.

Viaje cultural*

Pasaje: La Conferencia América Latina-Alemania en Buenos Aires, Argentina

El ministro de economía alemán presentó en la Argentina la iniciativa de expandir las relaciones económicas entre los países latinoamericanos y Alemania durante la Conferencia América Latina-Alemania. Las expectativas de todos los participantes en la Conferencia fueron muy grandes.

¡A ver! Examine las preguntas a continuación y luego mire el vídeo otra vez para buscar la información pedida.

A. Dos empresarios argentinos fueron entrevistados durante la Conferencia. El primero mencionó tres de las expectativas que se tienen con respecto al intercambio económico entre Alemania y América Latina. ¿Cuáles son esas tres expectativas que él mencionó?

1. ______________________________
2. ______________________________
3. ______________________________

B. El segundo empresario argentino expresó lo que América Latina es y puede significar para los negocios alemanes. ¿Cuáles son las dos características que identifican a América Latina como un lugar de grandes oportunidades para los empresarios alemanes, según lo que dijo el segundo empresario argentino?

1. ______________________________
2. ______________________________

Enigma. ¿Cuántos ministros de economía latinoamericanos asistieron a la conferencia en apoyo a la iniciativa de Alemania por establecer relaciones económicas con América Latina? ____

*The viewing segments corresponding to the **Viaje cultural** section can be found on the Video to accompany *Pasajes*.

Creencias e ideologías

EXPRESION ORAL Y COMPRENSION

Describir y comentar

A. Escuche las siguientes palabras y repítalas en la pausa. Entonces escuche la palabra otra vez, compare su pronunciación con la que oye en la cinta y repita una vez más.

animar
cambiar de opinión
el clero
competir (i, i)
comprometerse
  comprometido/a
convertir(se) (ie, i)
  la conversión
cooperar
la creencia
la Cruzada
el cura
dedicarse a

defender (ie)
el ejército
el evangelizador /
  la evangelizadora
la fe
fomentar
la iglesia
la mezquita
el/la militar
el misionero / la misionera
la monja
el monje
motivar

negociar
la oración
el pastor / la pastora
predicar
  predicar con el ejemplo
el propósito
el rabino
rezar
el sacerdote
la sinagoga
el templo
el valor

B. Mire el vocabulario de la lista en el ejercicio A mientras escucha las siguientes preguntas. Diga la palabra que mejor corresponda a cada contexto. Repita la respuesta correcta después de oírla en la cinta.

1. … 2. … 3. … 4. … 5. …

1. la iglesia
2. la sinagoga
3. el propósito
4. las cruzada
5. la monja

C. Escuche las siguientes palabras y repítalas en la pausa. Entonces escuche la palabra otra vez, compare su pronunciación con la que oye en la cinta y repita una vez más.

CREENCIAS Y CREYENTES (*Beliefs and Believers*)	
el agnóstico / la agnóstica	el/la hipócrita
el/la altruista	el/la izquierdista
el ateo / la atea	el judío / la judía
el/la budista	el/la liberal
el católico / la católica	el/la materialista
el conservador / la conservadora	el musulmán / la musulmana
el/la (no) creyente	el pagano / la pagana
el/la derechista	el/la protestante
el/la egoísta	

1. protestante 2. atea 3. materialista

D. Mire el vocabulario de la lista en el ejercicio C mientras escucha las siguientes preguntas. Diga la palabra que mejor corresponda a cada contexto. Repita la respuesta correcta después de oírla en la cinta.

1. … 2. … 3. … 4. … 5. … 4. hipócrita 5. derechista, conservadores

E. Cuando se piensa en la religión en el mundo hispano, es probable que la asociación más fuerte sea con la religión católica. Es verdad que la gran mayoría de los hispanos en España, en Latinoamérica o en los EEUU, son católicos. Sin embargo, los hispanos siempre han estado en contacto con otras religiones importantes. En este ejercicio oirá un breve texto que describe en más detalle uno de los grupos religiosos que ha tenido un enorme impacto en la cultura hispana.

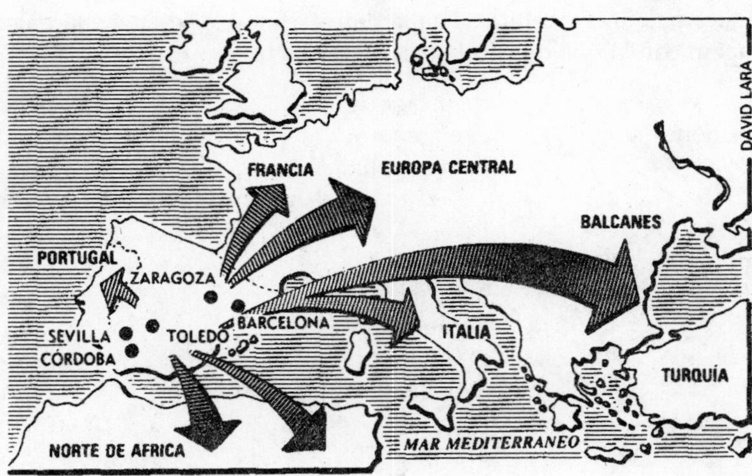

1. Escuche el texto por primera vez para buscar la siguiente información.

   a. ¿Cómo se llama el grupo? los sefardíes

   b. ¿Dónde vivía? vivían en España (1492)

   c. ¿Qué importancia tiene el año 1492 para este grupo? 1492 fueron expulsados de país por Isabel

2. Escuche el texto una segunda vez para contestar las siguientes preguntas:
   a. ¿Qué nombre le daban a su madre patria? Sefard
   b. ¿En qué sentido es este grupo similar a otros grupos de la misma religión? judíos que vivían en España
   c. ¿En qué sentido es diferente? conservan muchos tradiciones como lengua

F. En este ejercicio oirá un breve texto que describe en más detalle otro de los grupos religiosos dentro de la cultura hispana.

1. Escuche el texto por primera vez para buscar la siguiente información:
   a. ¿Cómo se llama el grupo? los indigenas
   b. ¿Dónde vive? Mexico
   c. ¿Qué importancia tiene el año 1492 para este grupo? encuentro entre el viejo mundo, entre las creencias indígenas y el cristianismo
2. Escuche el texto una segunda vez para contestar las siguientes preguntas:
   a. ¿Cuál es una característica de sus creencias hoy en día? celebran Corpus Christi, una fiesta catolica
   b. ¿En qué sentido son estas creencias semejantes a las creencias que tenían antiguamente? tambían la fiesta de Qyollor Riti

Exploraciones

30. EL SUBJUNTIVO EN CLAUSULAS ADVERBIALES: LA INTERDEPENDENCIA (The Subjunctive in Adverbial Clauses: Interdependence)

A. Oirá una pregunta y una respuesta. Repita la respuesta. Luego oirá un adverbio. Repita la respuesta, incorporando el adverbio y haciendo el cambio indicado. Cuidado con el uso del subjuntivo y del indicativo. Repita la respuesta correcta después de oírla en la cinta.

1. Si, claro puesto que trabajen

MODELO: —¿Quieres venir con nosotros? Si claro para que trabajen
—Sí, puesto que me lo pagan. → *Sí, puesto que me lo pagan.* fin de que trabajen
(con tal de que) → *—Sí, con tal de que me lo paguen.*

2. ~~Con~~ Si, lo hacia que se lo piden
- sinque lo pidieran

1. … 2. …

B. Ud. oirá las siguientes oraciones y frases y además un adverbio nuevo para cada situación. Use el adverbio para juntar la oración y la frase, haciendo los cambios que sean necesarios en el verbo subordinado. Repita la respuesta correcta después de oírla en la cinta.

MODELO: Cristóbal Colón creía que el mundo era redondo. (todos, negarlo) (aunque) → *Cristóbal Colón creía que el mundo era redondo aunque todos lo negaban.*

A menos que recibiera dinero

1. Colón no podía hacer nada. (recibir dinero) (para que) le diera dinero...
2. Colón habló con Isabel de Castilla, la reina católica. (darle dinero para hacer una expedición)
3. Isabel se lo dio. (él, conquistar nuevas tierras en nombre de ella) a condicion de que— conquistara
4. Colón quería seguir hacia el oeste. (ellos, encontrar tierra)
5. Colón sabía que los marineros se iban a poner contentos. (ver tierra)

4. Hasta que → ellos encontraban tierra

5. Tan pronto como → vieran tierra

C. Para cada uno de los siguientes dibujos, Ud. oirá una pregunta. Contéstela usando las palabras indicadas y un adverbio apropiado de la lista a continuación. Repita la respuesta posible después de oírla en la cinta.

en caso de que   para que   con tal de que   a menos que   puesto que

MODELO:

no ir a estar contenta / su madre comprarle la pelota

¿Está contenta ahora la niña? →
No, no va a estar contenta a menos que su madre le compre la pelota.

1.

no tomar decisiones importantes / consultar las estrellas

2.

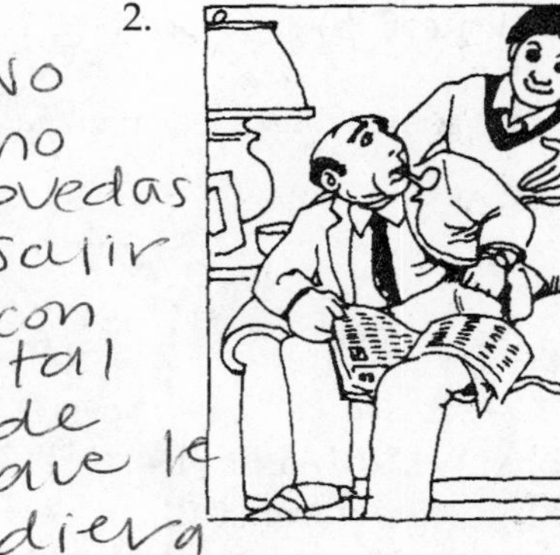

poder salir / su padre darle dinero

3.

abrirla / hacer calor en el cuarto

4.

no haber un piso número 13 / mucha gente ser supersticiosa

5.

siempre seguir ritos especiales / tener buena suerte

6.

decidir llevar el paraguas / llover más tarde

31. *POR Y PARA* (**Por** and **Para**)

A. Luisa y Emilio planean una sorpresa. Escuche las siguientes preguntas acerca de la historia presentada en los dibujos a continuación. Luego, conteste las preguntas utilizando las palabras y expresiones indicadas. Donde aparece un asterisco (*), utilice la preposición **por** o **para** según el contexto. Repita la respuesta correcta después de oírla en la cinta.

MODELO: explicarle los planes / realizar la sorpresa → *Le explica los planes para realizar la sorpresa.*

1. decidir hacer / la tarta de cumpleaños / * / su mamá Decidieron hacer la tarta de cumpleaños para su mamá

2. darle dinero / * / comprar los ingredientes / * / la tarta le dio dinero para comprar los ingredientes por la tarta

3. caminar / * [por] / el parque primero caminó por el parque primero

4. primero pasar / * [por] / el puente ; luego detenerse / * [para] / observar / el partido de béisbol Primero pasaron por el puente; luego dentuviera para observar el partido de béisbol

5. dárselo / tendero / * / los ingredientes Se lo dio tendero por los ingredientes

6. él y Luisa trabajar / *por / varias horas / *para / crear la tarta Él y Luisa trabajaron por varias horas para hacer la tarta

7. ponerse muy contenta / *por / el regalo / de sus hijos Se ~~pono~~ puso muy contenta por el regalo de sus hijos

B. Describa el siguiente dibujo con **por** o **para** usando las expresiones indicadas, según el contexto. Repita la respuesta posible después de oírla en la cinta.

1. ofrecerse / el diamante / mil dólares
2. un diamante / ser grande
3. el ladrón / entrar / la ventana
4. el joyero / correr / el teléfono
5. el muchacho / gritar / la policía

ESTRATEGIAS PARA LA COMUNICACION

Ud. oirá una oración y dos respuestas. Escoja la respuesta más lógica para cada contexto.

1. a b
2. a b
3. a b
4. a b
5. a b

32. LAS CONSTRUCCIONES CON *SE* (The Process **se**)

A. Antes de practicar las construcciones con **se** de proceso, repase (ejercicios A y B) brevemente las construcciones reflexivas. Cuando somos pequeños necesitamos que otros nos hagan muchas cosas que luego aprendemos a hacer nosotros mismos. Ud. oirá una serie de oraciones. Complételas para expresar este cambio en la vida de las personas indicadas. Use pronombres de complemento cuando sea posible. Repita la respuesta correcta después de oírla en la cinta.

MODELO: Antes mi madre me vestía pero ahora yo... → *me visto.*

1. ... 2. ... 3. ... 4. ... 5. ...

B. Para los siguientes dibujos escuche las preguntas y contéstelas. ¡Cuidado! A veces la acción es reflexiva y a veces no. Repita la respuesta posible después de oírla en la cinta.

MODELO: ¿Qué hace el niño? → *Se lava los dientes.*

lavar(se)

1. 

vestir(se)

2. 

vestir(se)

3. 

afeitar(se)

4. 

5.

6. 

quitar(se)

quitar(se)

no peinar(se)

C. A veces un acontecimiento puede provocar muchas reacciones diferentes; todo depende del punto de vista de uno. Por ejemplo, hoy Isabel y su novio anuncian que van a casarse. Ud. oirá un verbo sugerido. Exprese la reacción que tienen las siguientes personas. Repita la respuesta correcta después de oírla en la cinta.

MODELO: la hermana menor de Isabel (entusiasmarse) → *Se entusiasma.*

1. los padres de Isabel
2. el exnovio de Isabel
3. nosotros, los no invitados a la boda
4. la exnovia del novio
5. los amigos solteros del novio
6. las amigas de Isabel

D. En las últimas vacaciones hicimos una excursión al lago para nadar y hacer un *picnic.* ¿Cómo lo pasaron las siguientes personas y animales? Siga el modelo del ejercicio C. Repita la respuesta correcta después de oírla en la cinta.

1. el perro
2. nosotros
3. dos de mis amigos
4. mi hermanito
5. el gato
6. tú

33. REPASO GENERAL DEL SUBJUNTIVO (Review of the Subjunctive: An Overview)

Para los siguientes dibujos Ud. oirá unas oraciones incompletas. Complete cada oración usando las palabras indicadas bajo cada dibujo. Cuidado con el uso del subjuntivo o del indicativo según el caso. Preste atención especial a los tiempos verbales. Repita la respuesta correcta después de oírla en la cinta.

A. 

B. 

1. mirar la televisión
2. acostarse los niños
3. acostarse
4. terminar el programa

1. darle dinero
2. pedirles dinero
3. no hacer bien su trabajo
4. aprender a tener más cuidado

Enlace

VOCES

Escuche con atención a Xavier N. y Juan C., dos hispanos que nos contestan las siguientes preguntas: ¿Practica Ud. alguna religión? ¿En qué manera afectan su vida sus creencias religiosas?

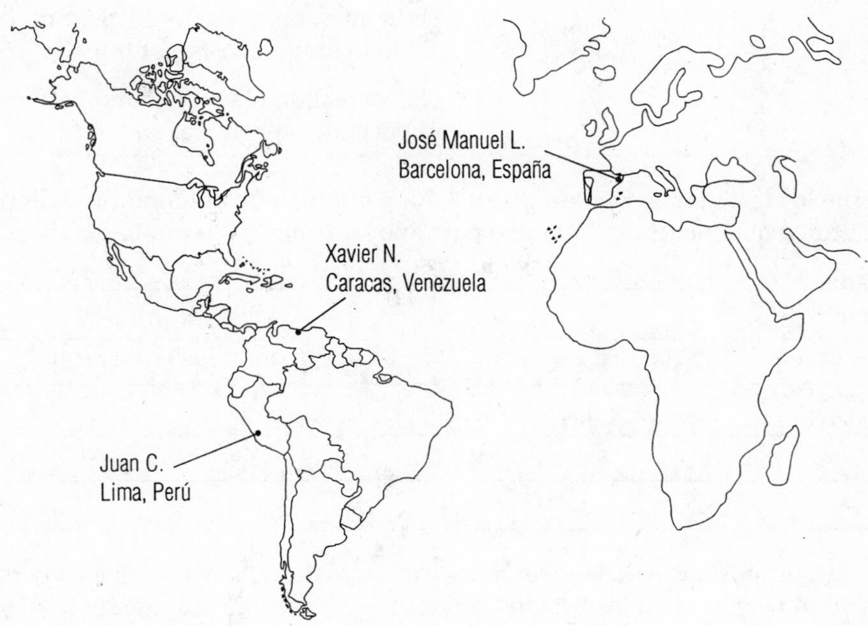

A. Lea las siguientes declaraciones y luego escuche los testimonios de Xavier y Juan para decidir a quién se describe mejor —a Xavier, a Juan, a los dos o a ninguno. Trate de sacar la información necesaria escuchando los testimonios una sola vez.

XAVIER	JUAN	LOS DOS	NINGUNO	CUALIDADES/CREENCIAS
Xavier				1. Está totalmente contento con su religión.
Xavier		~~X~~		2. Practica una religión que normalmente no se asocia con el mundo hispano.
		X		3. Empezó a practicar su religión desde niño.
x				4. Asocia la religión con la vida de todos los días.
	y			5. Asocia la religión con los ritos y los dogmas.
			X	6. Es ateo.

B. Ahora escuche con atención a José Manuel L., Xavier N. y Juan C. mientras reaccionan ante la siguiente pregunta: La religión, ¿es un factor importante en la vida de la mayoría de la población de su país?

1. Escuche los testimonios una primera vez para sacar la idea general de cada uno. Entonces identifique (✓) cuál de las siguientes declaraciones mejor resume la idea central de cada uno de los testimonios. Es posible que dos o más de los testimonios compartan el mismo «mensaje».

JOSÉ MANUEL	XAVIER	JUAN	POSIBLES IDEAS BASICAS
	X	X	1. Sí, la religión hace un papel importante en la vida de la gran mayoría de la gente de mi país.
			2. Hace un papel importante, pero menos que en el pasado.
X			3. Hace un papel importante, pero no tan importante como lo indica el estereotipo.
			4. No, en realidad la religión no hace un papel importante hoy en día.

2. Ahora escuche los testimonios de José Manuel, Xavier y Juan una segunda vez. Busque un ejemplo específico que menciona cada uno para apoyar (*support*) su punto de vista.

a. José Manuel: Es menos importante de lo que piensa en el extranjero

b. Xavier: 90% mas o menos son católica, hay muchas iglesias y festividades de origen religioso

c. Juan: La religión juega un papel y hay una desacuerdo entre el gobiern y la iglesía

**C. 1. ¿Cree Ud. que la importancia de la religión tal y como la describen estas cuatro personas es semejante a su importancia en los Estados Unidos o es diferente? ¿En qué sentido? ¿Cree Ud. que hay muchas diferencias regionales con respecto a la importancia de la religión? Explique.

______

______

______

______

______

2. Los hispanos mencionan la importancia de la religión en las fiestas —la Navidad y las Pascuas, por ejemplo. ¿Recuerda Ud. alguna ocasión festiva con origen religioso que le fue particularmente memorable? Descríbala brevemente. ¿Cuántos años tenía? ¿Qué ocurrió? ¿Por qué la impresionó tanto?

______

______

______

______

______

EXPLORACION CULTURAL: **Las misiones jesuíticas del Paraguay**

Cuando pensamos en el descubrimiento y colonización del Nuevo Mundo, es natural que lo primero que nos venga a la mente sea el nombre de grandes conquistadores como Hernán Cortés, quien luchó contra los aztecas en México o Francisco Pizarro, quien sometió el imperio inca en el Perú. Pero hay que recordar que en la historia de la colonización del Nuevo Mundo intervinieron otras figuras importantes como son los sacerdotes y frailes católicos. Desde el segundo viaje de Colón en 1493, cada expedición a América incluía misioneros. Estas personas tuvieron una gran influencia en la vida de los indígenas del Nuevo Mundo.

La siguiente selección describe una institución de gran importancia religiosa, social y económica en la historia colonial de Hispanoamérica. Antes de escuchar la selección, examine los ejercicios de comprensión que siguen. Mientras escucha la selección, trate de entender las ideas generales y de adivinar las palabras o frases que no entiende bien. Tome apuntes en el espacio en blanco mientras escucha y, al final, haga los ejercicios, usando sus apuntes como guía. Puede escuchar la selección dos veces si lo necesita. Algunas palabras que Ud. necesita saber para comprender la selección aparecen a continuación.

aislar *to isolate*
encomendar (ie) *to entrust*
exitoso *successful*
el fraile *friar*
la imprenta *printing press*
la ganadería *livestock*
labrar *to till, cultivate*
la loma *hill*
la propiedad *property*
real *royal*
la reducción *mission village*
el taller *workshop*
tomar preso *to capture*
la yerba mate *the dried leaves of this South American shrub are used to make a beverage by infusion in boiling water*

Use este espacio para sus apuntes.

Utilice sus apuntes para contestar brevemente en español las siguientes preguntas.

A. Las misiones jesuíticas del Paraguay son las más conocidas de la época colonial porque fueron…

a. por mucho tiempo las únicas misiones en Latinoamérica.

b. las primeras misiones en Latinoamérica.

c. las últimas misiones en Latinoamérica.

d. las misiones más exitosas de Latinoamérica.

B. ¿Cuáles de los siguientes conceptos o características mejor describen la vida de los indígenas en las reducciones jesuíticas del Paraguay? Justifique cada una de sus selecciones brevemente.

aislada	democrática	independiente	productiva
artística	dependiente	intelectual	religiosa
comunista	la disciplina	la libertad	seguridad
cruel	esclavitud	materialista	

C. ¿Por qué crearon los jesuitas una milicia indígena en las reducciones?

D. Los colonizadores españoles, ¿tenían una actitud positiva o negativa hacia las reducciones jesuitas? ¿Por qué?

E. ¿Cuándo abandonaron los jesuitas las reducciones del Paraguay? ¿Por qué?

Pronunciación y ortografía*

PRONUNCIACION: LA *B* OCLUSIVA Y LA *B* FRICATIVA: [b/ƀ]

Like the letter **d,** the letters **b** and **v** have two pronunciations in Spanish. The stop **b** (**la *b* oclusiva: [b]**) is similar to English [b]. It is represented by the letters **b** and **v** after the letters **m** and **n** or a pause. In all other contexts, the letters **b** and **v** represent the fricative **b** sound (**la *b* fricativa: [ƀ]**), which has no equivalent in English. It is a sound midway between [b] and [v]: the lips are stretched tight and brought together without actually touching.

A. Escuche cada una de las siguientes palabras y repítala en la pausa. Compare su pronunciación con la que oye en la cinta y repita una vez más. La **b** fricativa [ƀ] está indicada.

1. voy
2. ya voy [ya ƀoy]
3. venir
4. porvenir [porƀenir]
5. bruja
6. bastante
7. no ƀastante
8. calavera [calaƀera]
9. resolver [resolƀer]
10. beƀé
11. conversación
12. vivienda [biƀienda]

B. Lea cada una de las siguientes palabras en voz alta, grabando su pronunciación en la cinta y prestando atención especial a la pronunciación de la **b** oclusiva y la **b** fricativa. Después de grabar cada palabra, escuche la pronunciación que oye en la cinta y repita una vez más. La **b** fricativa no está indicada.

1. gustaba
2. Gustavo
3. vende
4. motivar
5. rabino
6. un beso
7. joven
8. bien
9. viene
10. no viene
11. vez
12. una vez

*Remember to use the separate Pronunciation Tape for the **Pronunciación y ortografía** sections.

ORTOGRAFIA: REPASO DE [g/g^w/x]

Escuche cada una de las siguientes palabras y llene los espacios con la letra o las letras —**g, gu, gü, j**— que la completen. Se oirá cada palabra dos veces.

1. rela____o
2. ami____ito
3. fati____a
4. nicara____ense
5. rio____a
6. ar____ir
7. a____inaldo
8. a____afiestas
9. anto____o
10. fati____é

ORTOGRAFIA: REPASO DE LA ACENTUACION

A. Escuche cada una de las siguientes palabras y escriba un acento donde sea necesario. Se oirá cada palabra dos veces.

1. politico
2. demasiado
3. dificultades
4. especial
5. musulmanes
6. papeleo
7. relampago
8. levante
9. diciendoles
10. pregunton

B. Escuche el siguiente texto por completo. Luego se repetirá el texto más lentamente con pausas. En las pausas escriba lo que oyó. Al final toda la selección se repetirá una vez más.

PRACTICA ESCRITA Y COMPOSICION

Describir y comentar

A. Complete las oraciones con la forma correcta de la palabra de las listas del vocabulario en las páginas 189–190 que mejor corresponda al sentido de la oración.

1. ______________ invadieron España en 711 y la dominaron durante siete siglos.
2. Los ______________ y las ______________ de la Iglesia Católica no pueden casarse.
3. Un mártir es una persona que dio su vida por su ______________.
4. Mi padre fue ______________. Por eso nos mudamos cada dos años y yo me eduqué en las escuelas de las distintas bases.
5. El revolucionario quiso ______________ un espíritu de rebeldía entre los indígenas.
6. Los ______________ ortodoxos no comen carne de cerdo.
7. Es un niño muy perezoso. Lo tenemos que ______________ con promesas de dulces y regalos o no hace nada.
8. Para la gente muy competidora, es difícil ______________ con otros.
9. Cuando yo te ______________ a que hicieras más ejercicio, nunca me imaginé que correrías (*you would run*) en un maratón.

B. Ponga cada palabra de la segunda columna con su definición en la primera columna.

1. ____ la clase sacerdotal de una religión organizada, que se dedica a administrarla
2. ____ una expedición religiosa militar que se proponía defender a Jerusalén de los turcos
3. ____ un individuo que no predica con el ejemplo
4. ____ el nombre que los cristianos le daban a un individuo que no creía en un solo Dios
5. ____ un edificio consagrado a las ceremonias religiosas
6. ____ el conjunto de individuos que defienden la patria con las armas
7. ____ un individuo que ayuda a los demás sin pensar en su propio bien
8. ____ una católica que vive según las reglas de cierta orden religiosa

a. el ejército
b. el pagano
c. el clero
d. el altruista
e. la monja
f. la iglesia
g. el hipócrita
h. la cruzada

C. ¿Qué palabra de la lista de la derecha completa mejor cada serie?

1. b el pastor, el cura, el misionero
2. c el protestante, el católico, el judío
3. d el objetivo, la meta, el fin
4. a los ideales, las creencias, los principios

a. los valores
b. la conversión
c. el musulmán
d. el propósito

** **D.** Explique la diferencia entre cada par de palabras o expresiones.

1. el izquierdista / el derechista el izquierdista es una persona que cree en socialista, pero el derechista cree en un persona con poder
2. competir / negociar Compete es entre tú y un otro, negociar es también pero trabajas con el otro no contra.
3. el agnóstico / el ateo el ateo no cree en or practica un religion con Dios y el agnóstico practica los dos.
4. cambiar de opinión / convertirse convertirse es cuando una persona cambia su religion, pero cambiar de opinión es cuando tu pensar en un otra manera sobre una cosa

Exploraciones

30. EL SUBJUNTIVO EN CLAUSULAS ADVERBIALES: LA INTERDEPENDENCIA (The Subjunctive in Adverbial Clauses: Interdependence)

A. Construya una oración completa usando la primera oración, las palabras entre paréntesis y una palabra o frase de la siguiente lista. Use el subjuntivo, el indicativo o el infinitivo según el caso. Se puede usar una palabra o frase más de una vez. Hay más de una manera de unir las oraciones.

a condición de (que)	aunque	en cuanto
a fin de (que)	cuando	hasta (que)
a menos de (que)	de modo que	para (que)
antes de (que)	en caso de (que)	sin (que)

1. En 1478 los Reyes Católicos recibieron autorización. (establecer la Inquisición en España) para a condición de establecer la Inquisición en España.
2. La Inquisición ya existía en Europa. (ponerla en práctica los Reyes Católicos) Antes de que la pusieran en práctica los Reyes Católicas
3. Fue creada en 1231 por el papa Gregorio IX. (combatir varios movimientos heréticos de aquella época) a fin de combatir varios movimientos heréticos de aquella écopa
4. La Inquisición perseguía a los herejes y a los que no eran católicos. (aceptar ellos los dogmas de la Iglesia) para que aceptaran ellos los dogmas de la Iglesia.

5. Los herejes tenían que confesarse. (llegar el Inquisidor a su pueblo) Antes de llegara el Inquisidor a su pueblo

6. La Inquisición amenazó a los fieles. (denunciar ellos a posibles herejes) para que dunuciaran ellos a posible herejes

7. Recibieron sentencias leves. (confesar sus errores) ~~ta~~ cuando confesaron sus errores

8. Los Reyes Católicos decidieron expulsar a los judíos y a los musulmanes del país. (convertirse ellos al cristianismo) a menos de que se convertieran ellos al cristianismo

9. Muchos de ellos se convirtieron. (no aceptar realmente la nueva fe) aunque no aceptaron realmente la nueva fe

B. Las creencias sobre la muerte representan la religión para algunos y el comercio para otros. Lea el texto de la página 206 acerca de un servicio que ofrece una compañía de Salt Lake City, Utah. Luego, complete las oraciones que siguen, escogiendo el verbo apropiado de la lista y conjugándolo en la forma correcta del subjuntivo o indicativo, según el contexto. ¡Cuidado! No se utilizan todos los verbos.

basarse	conservar	decir	morir	ser
buscar	contar	elegir	ofrecer	tener
clonarse	dar	ir	poder	vivir

1. Los clientes de la Summun Corporation deben consultar con la compañía antes de que muevan

2. La compañía permite que sus clientes elijan entre varias momiformas, desde las más elegantes hasta otras más frívolas, con tal de que tengan suficiente dinero.

3. Según el texto, la Summun es única; es decir, no hay otras compañías que ofrezcan este servicio.

4. Parece que los métodos de la Summun se basa en las antiguas técnicas que usaban los egipcios.

5. Ya que estos métodos conservan el mensaje genético, es posible que un cliente se clone algún día si quiere.

6. No es verdad que la momificación sea lo mismo que la crionización puesto que la gente momificada no puede reanimarse después de la muerte.

7. Hasta ahora la Summun tiene pocos clientes, a menos que uno ~~cuenta~~ cuente Butch y Oscar, el perro y el gato del presidente de la compañía.

LA MODA DE MOMIFICARSE

La Summun Corporation de Salt Lake City (EEUU), única empresa comercial de momificaciones del mundo, está al servicio de la clientela más caprichosa. Ofrecen tres estilos estándar de *momiformas* a elegir: el modelo *egipcio* (con o sin jeroglíficos personalizados), el *art deco* o el *renacentista*, que puede incluir una máscara con la reproducción exacta del rostro en vida. Aparte de ello, el cliente puede encargar cualquier decoración póstuma que se le ocurra. Desde copiar su uniforme de gala a ser envuelto en seda bordada con los versos del *Libro tibetano de los muertos*.

Basado en las milenarias técnicas egipcias, el método de Summun pretende incluso conservar el mensaje genético de manera que la gente pueda clonarse algún día.

Esto no significa que este método de conservación sea igual que la crionización; aquí nadie puede ser reanimado. Es una alternativa para aquellas personas que no están dispuestas a permitir que sus cuerpos se corrompan después de la muerte.

Summun lleva años *momificando* mascotas domésticas. Ahora trata de *enrollar* con sus vendajes también al ser humano, pero encuentra pocos voluntarios. Por el momento, las únicas momias que tiene expuestas son las de *Butch y Oscar*, el doberman y el gato del presidente de la compañía. Encargos para el futuro, sin embargo, sí que ha recibido: casi 110 personas han firmado ya el contrato, entre ellas altos cargos de diferentes países, celebridades del mundo de la música y, cómo no, estrellas de cine que han decidido también pasar a la posteridad entre vendas.

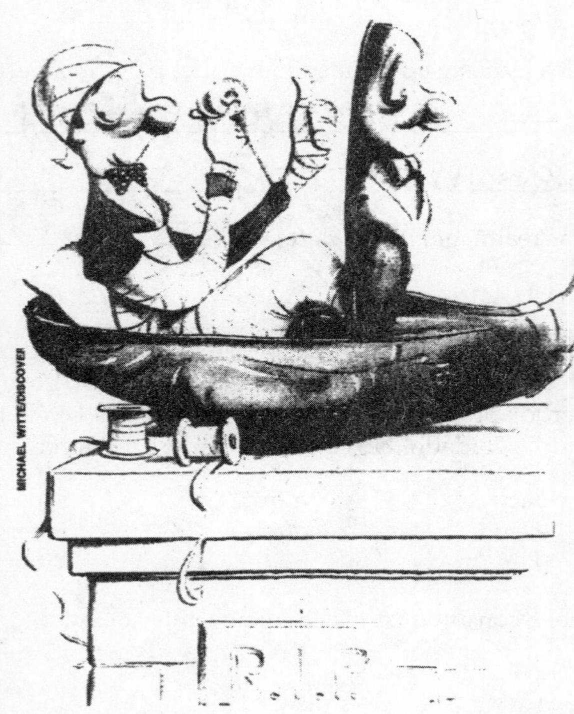

Realizada mediante una puesta al día de los métodos del antiguo Egipto, la momificación puede encontrar sus partidarios entre quienes no quieran pasar a mejor vida de cualquier manera...

** **C.** Complete las siguientes oraciones de una manera lógica.

1. Voy a la biblioteca este fin de semana en caso de que ______________________________

   ____

2. En mi opinión, los profesores no deben recibir permanencia (*tenure*) a menos que __________

   ____

3. No me molesta tener una clase a las ocho de la mañana con tal de que ______________

   ____

4. En mi opinión, tener un «código de comportamiento correcto» no es necesario ya que ________

   ____

5. En mi opinión, los requisitos académicos existen para que nosotros ______________________
____

31. *POR Y PARA* (Por and Para)

A. Cambie las expresiones en letra cursiva por **por** o **para** según el caso.

1. Ella trabaja *con el fin de* __para__ ganar dinero *que se destina a* __par__ sus causas favoritas.
2. Nadie hace nada *en beneficio de* __por__ ese pobre.
3. *En opinión de* __POR__ el presidente, el desempleo no es un problema muy grave.
4. Fueron *en busca de* __por__ la enfermera.
5. Los niños corrieron *hacia* __por__ el columpio (*swing*).
6. No quiere darme el coche *a cambio de* __para__ el caballo.
7. Ese niño no duerme nada *durante* __por__ la noche.
8. *A causa de* __Para__ su conversión, sus padres ya no le hablan.
9. Hay que hacer esto *no más tarde que* __por__ mañana.
10. Caminaron *a través de* __por__ la sinagoga.

B. Complete el siguiente párrafo con **por** o **para** según el caso.

La historia de la invasión árabe de España ha sido contada[a] __por__ [1] muchos años y gradualmente se ha convertido en una leyenda. La leyenda dice que en aquel entonces[b] la Península Ibérica estaba controlada __por__ [2] los visigodos.[c] Florinda, la hija del conde Julián, era muy hermosa. __por__ [3] su belleza ella atrajo la atención de Rodrigo, el último rey visigodo de España. Un día, mientras ella se bañaba __por__ [4] la orilla[d] del río, fue sorprendida __por__ [5] el rey, quien la violó. __para__ [6] unos días Florinda guardó silencio, pero luego se lo contó todo a su padre. __para__ [7] el conde, las acciones del rey representaron una tremenda deshonra personal. __para__ [8] vengarse[e] del rey, invitó a los moros a pasar __por__ [9] el estrecho[f] de Gibraltar e invadir España. __por__ [10] esta razón, los moros pudieron entrar en el país y empezar un dominio que continuó __por__ [11] ocho siglos.

[a]ha... *has been told* [b]en... *back then* [c]*Visigoths* [d]*bank* [e]*take revenge* [f]*Strait*

C. Lupi y sus amigos están estudiando para sus exámenes finales cuando se dan cuenta de que no tienen café. A pesar del frío y la nieve deciden salir de compras. Vuelva a escribir las oraciones de Lupi utilizando las preposiciones **por** o **para** según el caso.

MODELO: Te doy mis apuntes *a cambio de* tu libro. → *Te doy mis apuntes por tu libro.*

1. Queríamos salir de casa *en busca de* café.
~~Par~~ Queríamos salir de casa a por café

2. *En la opinión de* mis amigos, era cuestión de vida o muerte.

para mis amigos, era cuestión de vida o muerte

3. Nos pusimos abrigo, sombrero y guantes *con el propósito de* protegernos del frío.

Nos pusimos abrigo, sombrero y guantes por protegemos del frío.

4. Fuimos *hacia* la tienda.

Fuimos por la tienda

5. No podíamos cruzar las calles *debido a* la nieve.

No podíamos cruzar las calles por la nieve.

6. Estuvimos en la calle *durante* dos horas.

por

7. *En comparación con* lo que tardamos, no mereció la pena comprar el café.

para lo que tardamos

***D.** Esta secuencia de dibujos representa algo que ocurrió la semana pasada en la familia Valdebenito. Usando las preguntas como guía, narre la historia en el tiempo pasado. Use complementos pronominales y el subjuntivo cuando sea necesario. En su relato, incorpore las preposiciones **por** y **para** según el contexto y cada uno de los siguientes adverbios por lo menos una vez: **para que, a menos que, puesto que, tan pronto como.** Escriba en otro papel.

- ¿Quiénes son los individuos y cuál es la relación entre ellos?
- ¿Cuál era el contexto del episodio?
- ¿Qué planeaban los individuos?
- ¿Cuáles eran sus motivos?
- ¿Qué pasó en la historia?
- ¿Cómo reaccionaron las varias personas? ¿Por qué?
- ¿Qué pasó luego?

1. 

2. 

3. 

4. 

5.

6.

32. LAS CONSTRUCCIONES CON *SE* (The Process **se**)

** **A.** Antes de practicar las construcciones con **se** de proceso, repase las construcciones reflexivas. El siguiente dibujo representa dos escenas —una en el apartamento de un grupo de amigas y otra en el apartamento de un grupo de amigos— que ocurrieron el sábado pasado. Usando como guía las preguntas a continuación, describa brevemente lo que pasó. Use tantas construcciones reflexivas como pueda. ¡Cuidado! Se incluyen también en el dibujo varias construcciones que no son reflexivas. Escriba en otro papel.

- ¿Quiénes son todos estos individuos?
- ¿Cómo son?
- ¿Qué planes tenían ellos para esa noche?
- ¿Estaban incluidos todos? ¿Por qué no?
- ¿Qué hacían todos en el momento representado en el dibujo?
- ¿Qué hicieron después?

B. Complete las siguientes oraciones en una forma lógica con la forma correcta de un verbo de cada lista que las precede. Decida si el sentido de la oración pide el reflexivo. Es posible usar un verbo más de una vez.

aburrir(se) asustar(se) despertar(se) levantar(se) preocupar(se)

1. Según nuestra tradición, todos deben ____________ cuando entra alguien de mucha importancia.

2. Mis niños ________________ si una actividad dura más de veinte minutos.

3. Los perros grandes ________________ a Alicia.

4. Mis notas ________________ mucho a mis padres.

dormir(se) enfermar(se) enfriar(se) enojar(se) secar(se)

5. Nosotros ________________ inmediatamente después de comer en la cafetería.

6. El movimiento de un coche o de un tren ________________ al niño.

7. Voy a dejar su cena en el horno (*oven*); no quiero que ________________.

8. De niño, no tenía buen sentido del humor: los chistes ________________.

calentar(se) divertir(se) enamorar(se) ofender(se) sentar(se)

9. Si Ud. lleva este perfume, es probable que los hombres ________________ de Ud.

10. No, no ________________ allí, señora. Esta silla de aquí es más cómoda.

11. ¿Puede Ud. ________________ un poco de agua? Quiero hacer café.

12. Tú ________________ fácilmente. ¡Fue sólo un chiste!

** **C.** Describa Ud. la siguiente secuencia de dibujos, explicando las acciones que ocurren y también los sentimientos de las personas.

____

____

____

____

____

____

____

____

____

____

____

____

____

____

33. REPASO GENERAL DEL SUBJUNTIVO (Review of the Subjunctive: An Overview)

Complete la siguiente selección con la forma correcta del verbo entre paréntesis —en el indicativo, subjuntivo o infinitivo— según el contexto. Cuidado con los tiempos verbales.

Martin Luther King, Jr., fue uno de los hombres más controvertidos[a] del siglo XX. Mientras él (vivir) ______________[1], unos creían que (ser) ______________[2] un santo. Otros estaban convencidos de que él (causar) ______________[3] la violencia, a pesar de su campaña de resistencia sin violencia. King quería (cambiar) ______________[4] el tratamiento que se les daba a los negros y también quería que los negros (sentirse) ______________[5] orgullosos de su pasado y de su identidad. Sabía que la situación no iba a cambiar hasta que el gobierno (modificar) ______________[6] las leyes.

Para (efectuar) ______________[7] algunos de estos cambios, King organizó manifestaciones pacíficas en gran escala.

El odio que los esfuerzos[b] de King despertaron culminó en Memphis, cuando éste (ser) ______________[8] asesinado en el balcón de un hotel. Desde ese día muchos han trabajado (y siguen trabajando) para que el gobierno (declarar) ______________[9] la fecha natal de King como fiesta nacional a fin de que (ser) ______________[10] honrado. Hoy día más de 40 estados han declarado día feriado el 15 de enero. No hay duda que Martin Luther King (ser) ______________[11] una figura histórica conocida en todo el mundo. Su mensaje de igualdad y tolerancia sigue inspirando a quienes quieren vivir en una sociedad más justa.

[a]*controversial* [b]*efforts*

¡Ojo!

Elija la palabra que mejor complete la oración.

1. Ellos todavía no (realizan / se dan cuenta de) la gravedad de la situación.
2. Para aprender otro idioma, creo que es necesario (moverse / mudarse) a un país donde se hable esa lengua.
3. El muchacho llamó al médico porque (sentía / se sentía) enfermo.
4. Algunas personas nerviosas (se mudan / se mueven) continuamente; o se comen las uñas, o cambian de pie o hacen otros movimientos.

5. En la película *E.T.*, Eliot (realiza / se da cuenta de) lo que muchos sólo soñamos: conocer a un ser de otro planeta.
6. Mis amigos (se sienten / sienten) mucho que no hayas podido asistir a la fiesta.
7. La compañía lo (movió / trasladó) a otra ciudad aunque él no quería irse.

Enlace

REPASO: PARRAFO DE SINTESIS

Lea la siguiente selección escogiendo la forma correcta de la palabra o las palabras que aparecen entre paréntesis.

El caso de Osel, el niño lama

¿Sabía Ud. que uno de los lamas tibetanos es un joven de Granada, España? Los budistas tibetanos creen que Osel (así se llama el joven) (es / sea)[1] la reencarnación de otro lama que murió poco antes de que Osel (naciera / nació)[2]. Osel (es / está)[3] solamente el cuarto lama reencarnado en el Occidente.

Todo (comenzaba / comenzó)[4] en 1977, cuando sus padres (conocieron / supieron)[5] a Yeshe, un lama tibetano que viajaba (por / para)[6] Europa. Yeshe los introdujo a las creencias budistas; ya que ellos se (mostraban / mostraran)[7] receptivos, les sugirió que (fundaran / fundaron)[8] un centro de retiro en La Alpujarra, una región montañosa cerca de Granada. Allí (vivían / vivieron)[9] cuando algunos años más tarde María quedó embarazada de Osel. A la sazón,[a] Yeshe había muerto. Una noche, Yeshe se le apareció en sueños a María y le pidió que (cuidaba / cuidara)[10] mucho a su futuro hijo, pues estaba llamado a ser su nuevo cuerpo. Ella no dio mucha importancia pero simultáneamente Yeshe también entró en los sueños del lama Zopa, un antiguo compañero suyo. En el sueño Yeshe le avisó a su amigo que (fue / iba)[11] a reencarnarse en un niño del sur de Europa. Zopa se puso muy contento de que su amigo (volvía / volviera)[12] y salió inmediatamente (por / para)[13] Europa (por / para)[14] buscarlo. Lo (encontraba / encontró)[15] por fin en la Alpujarra. El Dalai Lama pidió a la familia de Osel que (viajara / viajó)[16] a la India para que él y los otros lamas (podían / pudieran)[17] comprobar la supuesta reencarnación. (Por / Para)[18] diversas pruebas, como elegir los objetos personales de Yeshe de entre un montón, confirmaron que Osel sí (era / estaba)[19] el lama fallecido.[b] Desde 1987 Osel vive allí, junto a su familia, preparándose (por / para)[20] su futura vida sacerdotal.

[a]A... *At that time* [b]muerto

Análisis y aplicación: Composición

INTRODUCCIONES Y CONCLUSIONES

As you saw in Chapters 4 and 5, the introduction and conclusion are important elements in most writing. Although the specific purpose of the introduction and conclusion of a narration is different from that of an exposition, the general goal is the same. The introduction leads readers into the selection, and the conclusion leads them out again, generally leaving them with one final thought to ponder.

In a narration the introduction sets the mood, trying to capture the reader's attention by creating suspense about what will happen in the story. In an exposition, the introduction also tries to capture the reader's interest, perhaps with an anecdote or an intriguing question. But in an exposition the *main* purpose of the introduction is to inform the reader of *the selection's basic idea* or *thesis,* to be developed or defended in subsequent paragraphs. Sometimes the introduction highlights the main points of the development of the thesis. This "preview" is particularly helpful to the reader if the development of the main idea is long and consists of several different points, each discussed in some detail. The introduction may be as short as a single sentence or as long as several paragraphs; it may be humorous or serious. It is important, however, that both the length and the tone of the introduction be appropriate for the selection as a whole.

In a narration, the conclusion is the "wind-down" after the climax of the story. It may also indicate to the reader the "moral" of the story: why the incident is memorable and the impact it had on those involved. In an exposition the conclusion is a "drawing together," helping readers to synthesize the individual ideas and get back to the main point. The conclusion may be a simple summary or go beyond the summary to offer a final comment or thought, usually regarding the importance of what has been discussed or its relationship to other areas of interest.

The following vocabulary is often used in writing introductions and conclusions to expositions in Spanish.

VOCABULARIO PARA LAS INTRODUCCIONES		
tratar de	*to deal with, be about*	El libro **trata de** las leyendas de Bécquer.
se trata de	*it's about, it's a question of*	**Se trata de** las varias formas de gobierno en las Américas.
tener en cuenta, tener presente	*to keep in mind, take into account*	Para comprender esta estructura, hay que **tener presente** la estratificación de la sociedad incaica.

VOCABULARIO PARA LAS CONCLUSIONES		
a fin de cuentas	*when all is said and done*	**A fin de cuentas,** su administración no merece la crítica que siempre se le hace en la prensa.
en conclusión, para concluir	*in conclusion*	**En conclusión,** la televisión representa un grave peligro para la educación de los jóvenes.
en resumen	*in short, in a nutshell*	La televisión es, **en resumen,** la causa del deterioro de la sociedad.

1. En el Capítulo 5 Ud. preparó un bosquejo para la selección en la página 131. Mire su bosquejo y vuelva a leer la selección. ¿Qué información contienen la introducción y la conclusión de la selección?

2. Vuelva a leer la selección en las páginas 155–157 y haga el siguiente ejercicio en otro papel.
   a. Haga un bosquejo de la selección según lo que aprendió en el Capítulo 5.
   b. Analice la introducción y la conclusión de la selección. ¿Qué información se incluye?
   c. ¿Cuál parece ser el propósito de la introducción: atraer la atención del lector o informarle sobre el contenido de la selección? ¿Es la conclusión simplemente un resumen o incluye otras ideas? Si incluye otras ideas, comente el efecto que producen esas ideas.

Tarea. A continuación se dan los bosquejos para tres exposiciones. Escoja dos de ellos y escriba la introducción y la conclusión de la exposición.

Las especies animales en peligro de extinción

I. Introducción
II. Ejemplos de especies en peligro
   A. El cóndor de California
   B. El gorila
   C. La ballena
III. Causas
   A. Cambios en el lugar donde habitan
   B. Caza intensiva
IV. Posibles soluciones
   A. Reservas y santuarios
   B. Cría científica
   C. Control de la caza
V. Conclusión

Los tres grandes *-ismos* económicos

I. Introducción
II. El capitalismo
III. El socialismo
IV. El comunismo
V. Conclusión

Los fenómenos parapsicológicos

I. Introducción
II. La psicokinesis
   A. Definición
   B. Casos famosos
   C. Otras explicaciones
III. La clarividencia
   A. Definición
   B. Casos famosos
   C. Otras explicaciones
IV. La telepatía
   A. Definición
   B. Casos famosos
   C. Otras explicaciones
V. Conclusión

Viaje cultural*

Pasaje: El señor de los Milagros en el Perú y el carnaval de Oruro, Bolivia

Los eventos religiosos en los países latinoamericanos son una mezcla de tradiciones y creencias. En todos, la devoción de la gente es una de las características distintivas de la cultura hispana.

¡A ver! Examine las preguntas a continuación y luego mire el vídeo sobre la celebración del Carnaval del Oruro otra vez para buscar la información pedida.

1. Es una fiesta ______________ porque se adora por igual a la Virgen de la Candelaria y al Diablo o Tío, guardián de las minas de plata y estaño.
2. Es un carnaval de raíces ______________, es decir, no tiene raíces españolas.
3. Los bailarines del Carnaval se preparan durante ______________ para lograr recorrer el trayecto de tres kilómetros y medio.
4. Cada uno de los participantes ______________ en la catedral ante la imagen de la Candelaria.
5. «La razón por la participación en el Carnaval es ______________ a la Virgen», dice una de las participantes.

Enigma. Los bailarines del Carnaval de Oruro en Bolivia hacen una promesa con respecto a la duración de su participación en el Carnaval. ¿Por cuántos años los bailarines prometen participar en el Carnaval? ____

*The viewing segments corresponding to the **Viaje cultural** section can be found on the Video to accompany *Pasajes.*

Los hispanos en los Estados Unidos

EXPRESION ORAL Y COMPRENSION

Describir y comentar

A. Escuche las siguientes palabras y repítalas en la pausa. Después escuche la palabra otra vez, compare su pronunciación con la que oye en la cinta y repita una vez más.

acoger
  acogedor(a)
acostumbrarse (a)
adaptarse (a)
el anglosajón / la anglosajona
aportar
  el aporte
asimilarse
bilingüe
chicano/a
el ciudadano / la ciudadana
  la ciudadanía
el crisol
emigrar
  la emigración
  el/la emigrante
establecerse
el exiliado / la exiliada
la herencia
la identidad
inmigrar
  la inmigración
  el/la inmigrante
el latino / la latina
el orgullo
  orgulloso/a
la patria
el refugiado / la refugiada

INMIGRANTES LATINOS (*Latin American Immigrants*)

el/la costarricense
el cubano / la cubana
el dominicano / la dominicana
el guatemalteco / la guatemalteca
el haitiano / la haitiana
el hondureño / la hondureña
el mexicano / la mexicana
el panameño / la panameña
el puertorriqueño / la puertorriqueña
el salvadoreño / la salvadoreña

B. Mire el vocabulario de la lista del ejercicio A mientras escucha las siguientes oraciones o preguntas. Diga la palabra que mejor corresponda a cada contexto. Repita la respuesta correcta después de oírla en la cinta.

1. … 2. … 3. … 4. … 5. … 6. …

C. Ud. oirá un texto que describe las actividades organizadas por el Centro Cultural Artístico Guadalupe de San Antonio, Texas.

1. Escuche el texto por primera vez y busque la información para completar la ficha a continuación. Mientras escuche, trate de entender las ideas generales y de adivinar las palabras o frases que no entiende completamente.

CENTRO CULTURAL ARTISTICO

Dirección: ______________________

San Antonio, Texas

Público / Clientela: ______________________

Número aproximado de clientes: ______________________

Cuántos años ha existido el centro: ______________________

2. Escuche el texto una segunda vez para completar el dorso (*reverse side*) de la misma ficha.

Clase de actividades patrocinadas (*sponsored*): (indique todas las correctas)

_✓_ cine / teatro	____ actividades religiosas
____ fiestas	____ conciertos y bailes
____ excursiones	____ actividades deportivas
____ exposiciones de libros	____ cocina, corte y confección (*sewing*)

D. ¿Estado, Estado Libre Asociado o nación independiente? Ud. oirá un texto que describe las implicaciones de un cambio del estatus de Puerto Rico, las cuales son muy importantes tanto para Puerto Rico como para los Estados Unidos.

1. Escuche el texto una primera vez para buscar las respuestas a las siguientes preguntas generales:

   a. ¿Apoya el texto uno de estos tres estatus específicos? ¿Cuál? ______________________

   b. ¿Qué tipos de evidencia considera el texto en la discusión sobre estas tres posibilidades? Indique (✓) todos los correctos.

____ cultural	____ militar
____ económico	____ político
____ geográfico	____ religioso
____ lingüístico	____ social

2. Escuche el texto una segunda vez para encontrar más detalles. Complete el cuadro identificando *un punto* específico para cada sección.

	ESTADO		ESTADO LIBRE ASOCIADO
+		+	
–		–	

Exploraciones

34. LA VOZ PASIVA (The Passive Voice)

A. Cambie las siguientes oraciones pasivas por oraciones activas. Repita la respuesta correcta después de oírla en la cinta.

MODELO: La casa fue pintada por Lee. → *Lee pintó la casa.*

1. Dos fábricas fueron construidas por la compañía.
2. Los obreros fueron empleados por el jefe.
3. La cafetera fue rota por el empleado.
4. …
5. …

B. Ud. oirá las siguientes preguntas y luego la información que debe utilizar para completar sus respuestas. Conteste cada pregunta con una oración pasiva, incorporando la información. Repita la respuesta correcta después de oírla en la cinta.

MODELO: ¿Quién llamó al inmigrante? (el jefe) → *El inmigrante fue llamado por el jefe.*

1. ¿Quién puso los mensajes en el despacho?
2. ¿Quiénes echaron de menos al jefe?
3. ¿Quiénes abandonaron la patria?
4. ¿Quién empleó a ese grupo de exiliados?
5. ¿Quién cubrió el cuerpo de la víctima?
6. ¿Quién pronunció el discurso?

C. Para los siguientes dibujos, Ud. oirá un sustantivo. Describa los dibujos, empezando la descripción con el sustantivo que oye en la cinta e incorporando el verbo indicado bajo el dibujo. Repita la respuesta correcta después de oírla en la cinta.

MODELO:

firmar

La Declaración de Independencia… → *La Declaración de Independencia fue firmada por John Hancock.*

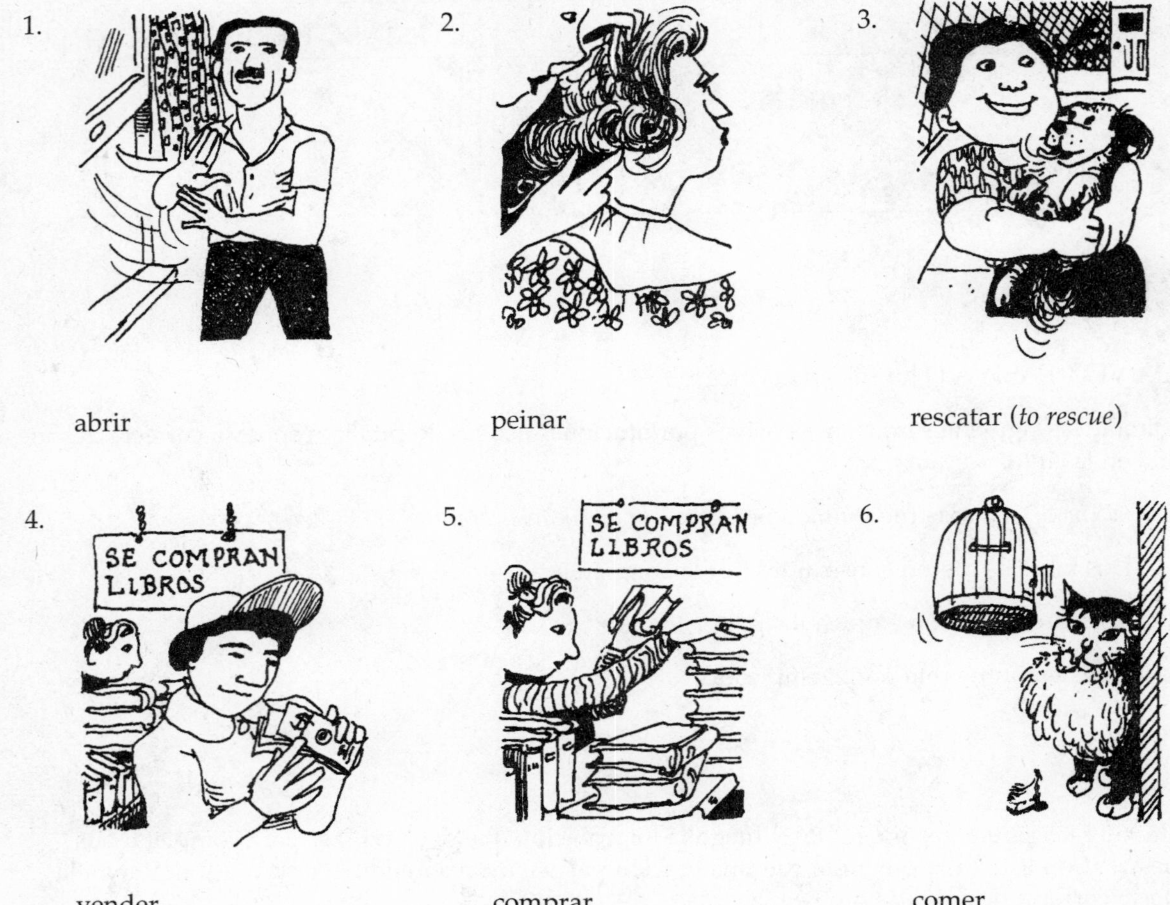

1. abrir 2. peinar 3. rescatar (*to rescue*)

4. vender 5. comprar 6. comer

D. Ud. oirá un verbo y un sustantivo. Los sustantivos son recipientes de las acciones de los verbos indicados. Exprese esto en una oración pasiva con **se.** Repita la respuesta correcta después de oírla en la cinta.

MODELO: hacer / el trabajo → *Se hizo el trabajo.*

1. … 2. … 3. … 4. … 5. … 6. …

E. Para cada uno de los siguientes dibujos, oirá un sustantivo. Describa el dibujo en el tiempo pretérito, usando oraciones pasivas con **se** e incorporando el sustantivo que oye y el verbo indicado bajo cada dibujo. Repita la respuesta correcta después de oírla en la cinta.

MODELO: (la puerta) → *Se cerró la puerta.*

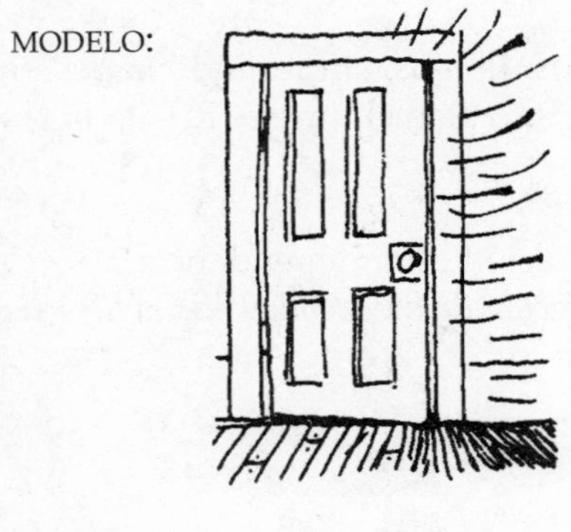

cerrar

1.

romper

2.

vender

3.

construir

4.

hacer

5.

censurar

6.

oír

35. CONDICION CONSIGUIENTE VERSUS ACCION PASIVA (Resultant State or Condition versus Passive Voice)

A. Ud. oirá una serie de acciones. Después de que ocurrieron estas acciones, ¿en qué condición está ahora el recipiente de la acción indicada? Repita la respuesta correcta después de oírla en la cinta.

MODELO: Anoche la tempestad destruyó la ciudad; ahora la ciudad… → *está destruida.*

1. … 2. … 3. … 4. … 5. …

B. Ud. oirá una serie de oraciones incompletas. Complételas con **estar** + el participio (condición) o con la voz pasiva con **ser** (acción), según las indicaciones a continuación. Cuidado con la concordancia del participio. Repita la respuesta correcta después de oírla en la cinta.

MODELO: No pude encontrar las camisas porque ayer…
(acción: lavar) → *fueron lavadas.*

1. condición: romper
2. acción: devolver
3. condición: preparar
4. acción: obtener
5. condición: hacer

ESTRATEGIAS PARA LA COMUNICACION

** Ud. oirá la descripción de una situación imaginaria. Escuche la situación y las respuestas que se dan a continuación. Luego, indique la respuesta que prefiere para cada situación.

1. ____ a. No, gracias.

   ____ b. ¡Cuánto me gustaría!, pero tengo otro compromiso.

   ____ c. No, no tengo la costumbre de ir a ver películas.

2. ____ a. Es Ud. muy amable, pero hoy no puedo.

   ____ b. Quizás otro día.

   ____ c. No, gracias.

3. ____ a. Es Ud. muy amable, pero no tengo la costumbre de salir con desconocidos.

   ____ b. Lo siento.

   ____ c. Bueno, no sé. No creo que esté libre esta noche. Es posible que tenga otro compromiso.

4. ____ a. Me encantaría pero tengo un examen mañana.

   ____ b. No, no tengo la costumbre de cenar.

   ____ c. No, sus hijos son muy aburridos.

36. EL *SE* PASIVO «*NO-FAULT*» ("No-Fault" **se** Constructions)

Según Ramón, los errores siempre ocurren por accidente; nunca son acciones deliberadas. Ud. oirá las preguntas de su padre. Contéstelas como las contestaría Ramón. Repita la respuesta correcta después de oírla en la cinta.

MODELO: EL SR. PEREZ: Ramón, ¿por qué están rotos mis lentes?
RAMON: (caer) → *Es que se me cayeron.*

1. quedar en el coche
2. acabar
3. olvidar
4. caer
5. romper

37. *A* Y *EN* (**A** and **en**)

Ud. oirá las siguientes palabras. Uselas para formar oraciones, agregando las preposiciones **a** o **en** según el contexto. Conjugue los verbos en el tiempo pretérito. Repita la respuesta correcta después de oírla en la cinta.

1. Pedro / ir / la universidad
2. Pablo / insistir / acompañarlo
3. Isabel / no trabajar / la oficina / trabajar / su casa
4. los niños / aprender / usar / computadoras / la escuela
5. unos desconocidos / llegar / la puerta
6. ellos / invitarla / bailar / la fiesta
7. todos / divertirse / la fiesta
8. las 12:30 / todos / volver / su casa

Enlace

VOCES

Ud. está recogiendo datos demográficos acerca de las familias de varios miembros de la comunidad hispana en los Estados Unidos. Escuche con atención a Eduardo C., Inés C. y Viola M., hispanos que hablan de sus familias.

A. Busque la información para completar las siguientes fichas sobre cada uno. Al final, decida a quién (o quiénes) necesita hacer más preguntas para recoger la información necesaria.

1. Nombre: ______ País de origen: ______

   País de origen de

   el padre: ______ la madre: ______

   abuelos paternos: ______ abuelos maternos: ______

   profesión u ocupación: profesional agricultura industria

2. Nombre: ______ País de origen: ______

   País de origen de

   el padre: ______ la madre: ______

   abuelos paternos: ______ abuelos maternos: ______

   profesión u ocupación: profesional agricultura industria

3. Nombre: ______________________ País de origen: ______________________

País de origen de

el padre: ______________________ la madre: ______________________

abuelos paternos: ______________ abuelos maternos: ______________

profesión u ocupación: profesional agricultura industria

B. Ahora escuche con atención a William G., Enrique B., Ilia R. y Mercedes L., cuatro hispanos que contestan la siguiente pregunta: Si alguien de otro país le dijera a Ud. que pensaba venirse a vivir a los Estados Unidos, ¿qué consejos le daría?

1. Escuche sus comentarios por primera vez y preste atención a las ideas generales, buscando la siguiente información:

- En general, ¿le animaría (*would encourage*) a alguien a venirse a vivir a los Estados Unidos o le desanimaría?
- ¿Cuál es el consejo que se menciona con más frecuencia?

a. Nombre: ______________ ____ animar ____ desanimar

Consejos: ____

Nombre: ______________ ____ animar ____ desanimar

Consejos: ____

Nombre: ______________ ____ animar ____ desanimar

Consejos: ____

Nombre: ______________ ____ animar ____ desanimar

Consejos: ____

b. Consejo más frecuente: ______________________________________

2. Ahora escuche los testimonios de William, Enrique, Ilia y Mercedes una segunda vez. Luego trate de resumir brevemente sus consejos utilizando el pasado del subjuntivo según lo indica el esquema a continuación. ¡Ojo! Estos párrafos son resúmenes de las ideas que expresan, no son transcripciones de sus palabras exactas.

William dijo que era importante que la persona ______________[1] el idioma que se habla en este país, que ______________[2] y ______________[3] constantemente consciente de la conducta apropiada.

Enrique sugirió que el individuo lo ______________[4] bien porque es muy difícil acostumbrarse a otra cultura.

Ilia recomendó que la persona ______________[5] inglés y que ______________[6] mucho dinero. Para ella, también era importante que el futuro inmigrante ______________[7] una educación universitaria.

Mercedes, igual que todos los otros, aconsejó que el futuro inmigrante fuera bilingüe. Para ella, si la persona no tenía un oficio útil era mejor que no ______________[8] a los Estados Unidos, pues le sería difícil encontrar empleo.

EXPLORACION CULTURAL: **El indígena norteamericano y el chicano en el suroeste de los Estados Unidos**

La siguiente selección trata de las relaciones entre los indígenas norteamericanos y los chicanos en el suroeste de los Estados Unidos. Mientras la escucha, trate de entender las ideas generales y de adivinar las palabras o frases que no entiende completamente. Tome apuntes en el espacio en blanco mientras escucha y al final conteste las preguntas y haga los ejercicios en español, usando sus apuntes como guía.

(Use este espacio para sus apuntes.)

Conteste brevemente en español. Oirá cada pregunta dos veces.

1. ____
   ____
2. ____
   ____
   ____

Ahora complete los siguientes ejercicios de resumen.

3. Dé tres razones para explicar por qué los indígenas norteamericanos ya no aprenden español.
   a. ____
   b. ____
   c. ____

**4. Resuma brevemente en qué maneras la comunidad chicana y la comunidad indígena se diferencian entre sí.

____

____

____

____

____

____

Pronunciación y ortografía*

PRONUNCIACION: LAS VIBRANTES ALVEOLARES: [r/r̄]

The letter **r** represents a sound similar to English *tt* in *butter, better,* or *dd* in English *rudder, riddle.* The tip of the tongue goes up to the roof of the mouth, taps once quickly, and comes down again.

A. Escuche cada una de las siguientes palabras y repítala en la pausa. Compare su pronunciación con la que oye en la cinta y repita una vez más.

pitter / patter	motto / matter	kitty / caught a
para / pero	mera / mira	cara / caro

When the letter **r** occurs at the end of a word, the tap sound is very soft, somewhat like the unreleased final stop sound in *cod:* **hablar.**

B. Escuche cada una de las siguientes palabras y repítala en la pausa. Compare su pronunciación con la que oye en la cinta y repita una vez más. Cuidado con la pronunciación de la **r** al final de cada palabra.

1. cod	5. bed	9. mod
2. jugar	6. ver	10. mar
3. lavar	7. perder	11. dar
4. decir	8. leer	12. practicar

C. Escuche cada una de las siguientes palabras y repítala en la pausa. Compare su pronunciación con la que oye en la cinta y repita una vez más. Cuidado con la pronunciación de la **r.**

1. hora	5. ganar	9. cara
2. cura	6. poner	10. comer
3. nariz	7. verdadero	11. oración
4. pared	8. gerente	12. dinero

The double **r** is pronounced not with a single flap of the tongue against the roof of the mouth, but with several flaps in rapid succession, producing a sound like a child's imitation of a motor engine: [r̄]. This sound is also represented by the single letter **r** at the beginning of a word, and after the letters **n** or **l.**

---

*Remember to use the separate Pronunciation Tape for the **Pronunciación y ortografía** sections.

If you have trouble pronouncing this sound, try curling your tongue slightly back and up to touch the roof of your mouth. With the tongue still touching the top of your mouth, blow out until the tongue begins to vibrate.

D. Escuche cada una de las siguientes palabras y repítala en la pausa. Compare su pronunciación con la que oye en la cinta y repita una vez más. Cuidado con la pronunciación de la **r.**

1. burro
2. carrera
3. bancarrota
4. zorro
5. costarricense
6. perro
7. rojo
8. raza
9. regalo
10. honra
11. refugiado
12. entierro

E. Lea cada una de las siguientes oraciones en voz alta, grabando su pronunciación en la cinta y prestando atención especial a la pronunciación de las vibrantes. Después de grabar cada oración, escuche la pronunciación que oye en la cinta y repita una vez más.

1. La secretaria abrió el despacho a las nueve y lo cerró a la hora de almorzar.
2. Después de las frecuentes crisis económicas, varias empresas están al borde de la bancarrota.
3. En general prefiero no viajar con mucho dinero; por consiguiente, hago las compras y pago las cuentas con tarjetas de crédito o con cheques de viajero.
4. Primero, la mayoría de la población chicana actual es urbana, mientras que los indios suelen vivir en reservaciones y otras áreas rurales.
5. Por su residencia y por su trabajo, los indios y los chicanos se encuentran empujados hacia una mayor integración a la sociedad angloamericana y a una menor interrelación mutua.

F. Escuche el siguiente texto por completo. Luego se repetirá el texto más lentamente con pausas. En las pausas, escriba lo que oyó. Al final, toda la selección se repetirá una vez más.

____

____

____

____

____

____

____

____

PRACTICA ESCRITA Y COMPOSICION

Describir y comentar

A. Busque antónimos en el vocabulario de la lista de la página 217.

1. el emigrante ______
2. monolingüe ______
3. mantenerse separado ______
4. inmigrar ______
5. humilde ______
6. rechazar ______

B. Busque sinónimos en el vocabulario de la lista de la página 217.

1. la nación ______
2. mexicoamericano ______
3. la contribución ______

C. Complete las siguientes oraciones con la forma correcta de la palabra del vocabulario de la lista en la página 217 que mejor corresponda al sentido de la oración.

1. Una persona que tiene que abandonar su país por motivos políticos es ______.
2. ______ son nativos de una isla del Caribe y también son ciudadanos de los Estados Unidos.
3. Se dice que los niños ______ a nuevas situaciones con más facilidad que los adultos.
4. El término «______» se emplea para indicar la mezcla de razas y grupos étnicos que ha ocurrido en los Estados Unidos.
5. Muchos ______ salieron de su país cuando Fidel Castro se declaró comunista. Un buen número de ellos ______ en Miami y sus alrededores.
6. ______ tienen fama de ser metódicos, puntuales y monolingües.
7. Ese niño no sabe quién es. Tiene un problema de ______.

D. Explique la relación entre cada par de las palabras.

1. la costumbre / acostumbrarse

______

2. la ciudad / el ciudadano

______

E. ¿Cómo se le llama a una persona que nació en los siguientes países?

1. Costa Rica: ______________________
2. Guatemala: ______________________
3. Haití: ______________________
4. Honduras: ______________________
5. México: ______________________
6. Panamá: ______________________
7. El Salvador: ______________________

Exploraciones

34. LA VOZ PASIVA (The Passive Voice)

A. Conteste las siguientes preguntas de una manera lógica, usando la voz pasiva con **ser.**

MODELO: ¿Asesinó Jack Ruby a Lincoln? → *No. Lincoln fue asesinado por John Booth.*

1. ¿Escribió *Romeo y Julieta* J. R. R. Tolkien?

   ____

2. ¿Descubrieron América los egipcios?

   ____

3. ¿Hicieron los japoneses el primer coche compacto?

   ____

4. ¿Dijo Elizabeth Taylor las palabras «Veni, vidi, vici»?

   ____

5. ¿Ganaron La Serie Mundial el año pasado los Chicago Cubs?

   ____

** **B.** Complete las siguientes oraciones con la voz pasiva con **ser.**

MODELO: Mi edificio favorito → *Mi edificio favorito fue construido por los árabes en España.*

1. Mi libro favorito ____
2. La invención más útil del mundo ____
3. Mi obra de arte favorita ____
4. 19____ es un año inolvidable porque en ese año ____

   ____

C. El agente de la acción no es importante en las siguientes oraciones activas. Por lo tanto, también se puede usar la voz pasiva con **se.** Escriba estas oraciones usando la voz pasiva con **se.**

MODELO: Discutieron el asunto. → *Se discutió el asunto.*

1. Mucha gente de Texas, Nuevo México y Arizona habla inglés y español.

   ____

2. Muchas compañías internacionales empiezan a trasmitir a Latinoamérica veinticuatro horas al día.

   ____

3. En una fiesta puertorriqueña, la gente come arroz blanco, habichuelas coloradas, papas rellenas y pasteles de carne.

   ____

4. ¿Cuándo inventaron los pesticidas? Algunos dicen que su uso ha afectado mucho a los méxicoamericanos que trabajan en el campo.

   ____

5. El año pasado muchos agricultores mexicanos y chicanos protestaron por los sueldos bajos en California.

   ____

D. Para traducir algunas de las siguientes oraciones al español, no se puede usar la voz pasiva con **ser.** Identifique las oraciones que puedan expresarse con la voz pasiva con **se,** escribiendo la palabra **se** en el espacio en blanco.

1. ____ The sentences *were translated* to Spanish by the students.
2. ____ I believe these works *were completed* during the mid-60s.
3. ____ Rome *was* not *built* in a day!
4. ____ Caesar *was killed* by his friends as well as his enemies.
5. ____ Many changes *were made* in the procedure.

E. Lea el texto sobre el arte tradicional de Carmen Lomas Garza de la página 232 y complete las siguientes oraciones con la forma apropiada de la voz pasiva (con **ser** o con **se**) según el contexto. Luego diga si las oraciones son ciertas o falsas según el texto.

1. ____ El arte hispanoamericano (*was enriched:* enriquecer) ______________ por la mezcla de razas y culturas.
2. ____ En el anuncio, la pintura que (*is presented:* presentar) ______________ (*was painted*) ______________ por el presidente de Anheuser-Busch.
3. ____ El anuncio (*was sponsored:* patrocinar) ______________ por Anheuser-Busch.
4. ____ En el arte de Lomas Garza (*are seen*) ______________ representaciones clásicas de los productos de Anheuser-Busch.
5. ____ Según Lomas Garza, sus pinturas (*were influenced:* influenciar) ______________ por su experiencia como mujer chicana.
6. ____ Las emociones que (*are expressed:* expresar) ______________ con frecuencia en las pinturas de Lomas Garza son la tristeza y la soledad.

Una Herencia Artística

El Arte Tradicional de Carmen Lomas Garza.

Influenciado y enriquecido por el mestizaje y las migraciones, el arte en Hispanoamérica ha mantenido vivas sus antiguas culturas. Y es a través del arte que se encuentra la esencia de la hispanidad.

Un claro ejemplo es la obra de Carmen Lomas Garza. "Mi pintura se basa en el recuerdo de haber crecido en Texas como una chicana." Así, Carmen tuvo que enfrentar dificultades como artista y como mujer méxico-americana. Su arte expresa "todo aquello de nuestra cultura que es importante, bello o lleno de vida."

Anheuser-Busch y su familia de distribuidores Budweiser celebran las contribuciones de la viva memoria artística de Carmen Lomas Garza. Una herencia artística que enriquece al mundo entero.

35. CONDICION CONSIGUIENTE VERSUS ACCION PASIVA (Resultant State or Condition versus Passive Voice)

A. Lea las siguientes oraciones y decida si la oración debe completarse con **fue/fueron** (acción) o **estaba/estaban** (condición).

1. Cuando volvieron al cuarto, se dieron cuenta de que la ventana ________________ abierta.
2. Los exámenes y las composiciones ________________ corregidos puntualmente.

3. El cóctel _______________ envenenado por el mayordomo.
4. No tenías que preocuparte. Todo el trabajo ya _______________ terminado cuando llegué.
5. Las camisas _______________ lavadas por la criada, pero no las pudimos usar porque todavía no _______________ planchadas.
6. El pobre señor ha estado un año sin trabajar. _______________ despedido en agosto.

B. Complete las siguientes oraciones con la mejor traducción al español de las palabras en inglés.

1. En julio de 1981 millones de personas miraban la televisión cuando Diana y el príncipe Carlos (*were married*) _______________ en la Catedral de San Pablo en Londres.
2. Como la mujer llevaba el título de «señora», todos pensábamos que ella (*was married*) _______________.
3. Llegamos a Puerto Rico después del huracán y vimos un espectáculo horrible: casas, árboles, coches… todo (*was totally destroyed*) _______________.
4. El año pasado ese libro (*was read by thousands of people*) _______________.
5. Durante su administración muchos archivos (*were destroyed*) _______________ para impedir una investigación posterior.
6. Fue imposible encontrar el libro; parece que (*it was lost or stolen*) _______________ el año pasado.

36. EL *SE* PASIVO «*NO-FAULT*» ("No-Fault" **se** Constructions)

A. Según Martín, los errores siempre ocurren por accidente; nunca son acciones deliberadas. ¿Cómo responde él cuando su padre le pregunta lo siguiente? Trate de incorporar el verbo indicado entre paréntesis.

MODELO: Martín, ¿rompieron mi martillo (*hammer*) tus amigos? → *No, papá, es que se les rompió.*

1. Martín, ¿fuiste al mercado ya? (olvidar)

____

2. Martín, ¿perdió tu amigo Raúl mis herramientas (*tools*)? (perder)

____

3. Martín, ¿saben tus amigos por qué no funciona mi cámara? (caer)

____

4. Martín, ¿saben tú y tus amigos por qué el gato está en el árbol? (escapar)

____

5. Martín, ¿por qué tú y tu hermano me piden más dinero? ¿Dónde está el dinero que les di ayer? (acabar)

____

** **B.** En los espacios en blanco, escriba una excusa apropiada para cada situación, usando uno de los verbos a continuación.

acabar / caer / escapar / ocurrir / olvidar / perder / quedar / romper

1. Ud. no hizo la tarea que se tiene que entregar hoy en clase. ¿Qué le puede decir al profesor para excusarse y conseguir más tiempo?

____

____

2. Hace varios meses Ud. pidió prestado un libro a un amigo. Ahora tiene que devolvérselo, pero el libro ya no está en muy buenas condiciones. ¿Cómo se lo puede explicar?

____

____

3. Sus padres deciden salir de noche. Ud. se aprovecha de su ausencia para invitar a algunos amigos a una pequeña fiesta. Sus padres vuelven un poco temprano y la casa es un desastre total.

____

____

4. Ud. lleva a su novio/a a comer a un restaurante elegantísimo para su cumpleaños. Cuando le traen la cuenta, descubre que no tiene suficiente dinero para pagarla.

____

____

37. *A Y EN* (**A** and **en**)

A. Elija la preposición correcta para cada una de las siguientes oraciones. En algunas oraciones no se necesita preposición.

1. Los exiliados emigraron (a / en / —) otro país donde había más oportunidades.
2. El salvadoreño cruzó el territorio de México (a / en / —) pie.
3. (Al / En el / El) principio los cubanos vivieron principalmente (a / en / —) Miami y sus alrededores.
4. Los abuelos insistieron (a / en / —) celebrar su aniversario de bodas (a / en / —) su casa.
5. ¿Cuándo aprendió Ud. (a / en / —) manejar la computadora?
6. Tengo que tomar el examen de ciudadanía (a / en / —) una hora, (a / en / —) las 2:30.
7. El acusado dijo que no estaba (a / en / —) el bar cuando ocurrió el robo.
8. ¿Por cuánto tiempo estudiaste (a / en / —) esa escuela?
9. Mis amigos me invitaron (a / en / —) salir con ellos pero no quería (a / en / —) perder este programa.
10. (A / En / —) mi casa se sirve la cena (a / en / —) las 7:00, más o menos. Todos comemos juntos (a / en / —) la gran mesa que está (a / en / —) el comedor.

B. Escriba oraciones completas usando las siguientes palabras. Es necesario agregar preposiciones y artículos y cambiar la forma de los adjetivos, pero no cambie el orden de los elementos. Cuidado con el subjuntivo y el **se** pasivo.

1. hondureños / ir / empezar / asimilarse / cultura / anglosajón / cuando / aprender / hablar / inglés

   ____

   ____

2. decir / América / ser / crisol / porque / consistir / gente / de / diverso / grupos / étnico

   ____

   ____

3. ahora que / país / convertirse / nación / bilingüe / comenzar / aparecer / gente / que / insistir / que / sólo / hablar / inglés

   ____

   ____

4. cubanos / llegar / Florida / después / viaje / barco

   ____

   ____

5. prohibir / manejar / coche / más de 65 millas / hora / pero / este estado / (yo) no / conocer / nadie / que / obedecer / ley

   ____

   ____

¡Ojo!

A. Elija la palabra que mejor complete la oración.

1. Los bomberos (ahorraron / guardaron / salvaron) al gato que subió al árbol.
2. Juan (echa de menos / falta a / pierde) los días que estudiaba español con su novia en la biblioteca.
3. Marta, (ahórrame / guárdame / sálvame) un asiento, por favor. Voy a llegar algunos minutos tarde.
4. Hoy es un gran día para Juanita. Sus padres la (hacen un viaje / llevan / toman) por primera vez al circo.
5. Si el médico llega pronto puede (ahorrar / guardar / salvar) al niño.
6. Es muy difícil (ahorrar / guardar / salvar) dinero cuando hay tantas ofertas en esta tienda.

B. Dé la palabra española que mejor corresponda a las palabras en letra cursiva. Use el infinitivo de los verbos. ¡Cuidado! Hay también palabras de los capítulos anteriores.

1. When I *realized* ________________ that I almost never *thought of* ________________ my boyfriend, I decided *not to marry* ________________ him.
2. My daughter never *seems* ________________ *to succeed* ________________ at anything.
3. I *thought of* ________________ *taking* ________________ a trip to Puerto Rico, but it *looks* ________________ like it won't be possible this year.
4. The answer *depends on* ________________ which *question* ________________ you ask.
5. His life *consists of* ________________ work, work, and more work. He doesn't *care about* ________________ anything else. I *think* ________________ he must even *dream about* ________________ work.
6. I *feel* ________________ the room would *look* ________________ roomier if the bureau were against that wall over there. Would you please *move* ________________ it for me?
7. Please *return* ________________ these books to the library for me, but don't *take* ________________ too long—they are way overdue!
8. "How do you *feel* ________________?" the doctor asked. "When I tap this muscle, can you *feel* ________________ it?"

Enlace

LAS «FRASES ESQUELETAS»

En los espacios en blanco, haga oraciones de las siguientes palabras, poniendo la forma correcta de los artículos, los verbos y los adjetivos y añadiendo preposiciones o la palabra **que** donde sea necesario. No cambie el orden de las palabras. El símbolo (§) significa que hay que poner un artículo definido.

1. durante este siglo / § / mayoría de / § / inmigrantes / haber venir / establecerse definitivamente / sin / pensar / volver / su / patria

   ____

   ____

2. algunos / querer / buscar / mejor / oportunidades / político y económico / y otros / esperar / encontrar / más libertad / social y religioso

   ____

   ____

3. ya que / no pensar / volver / su / patria / querer / su / hijos / aprender / § / nuevo / idioma / para / asimilarse / más rápidamente

   ____

   ____

4. hoy en día / mucho / jóvenes / de / § / tercero y cuarto / generación / haber volver / § / salas de clase / a fin de / aprender / § / lenguas / su / padres / nunca / enseñarles / casa

____

____

REPASO: PARRAFO DE SINTESIS

Lea la siguiente selección, llenando los espacios en blanco con la forma correcta de la palabra o las palabras que aparecen entre paréntesis. Cuando se dan palabras en inglés, exprésela en español.

Una amistad especial

Hay muchas personas en los Estados Unidos (*who*) ______________[1] nunca tienen la oportunidad de viajar a algún país hispano. (*For*) ______________[2] ellos, es difícil (imaginar) ______________[3] la vida (*seen*) ______________[4] (*through*) ______________[5] los ojos de otra cultura. Yo tampoco (*have travelled*) ______________[6] mucho. Sin embargo, (*since*) ______________[7] vivo en la ciudad de Nueva York, (*I have had*) ______________[8] la oportunidad de (*know*) ______________[9] a muchas personas (*who*) ______________[10] (*were born*) ______________[11] en otra parte del mundo. Estos encuentros (*have changed*) ______________[12] mi perspectiva enormemente.

(*In order to*) ______________[13] dar sólo un ejemplo, hablando con mi amigo de El Salvador, (*I have learned*) ______________[14] muchas cosas nuevas. (*For*) ______________[15] ejemplo, en El Salvador las familias (ser / estar) ______________[16] muy grandes; es más común que la gente (vivir) ______________[17] en el campo que en la ciudad. ¡(*For*) ______________[18] un neoyorquino, esto fue un verdadero choque cultural!

Antes de que yo (conocer) ______________[19] a mi amigo de El Salvador, mi visión del mundo era muy diferente. Ahora cuando (*I think of*) ______________[20] las diferencias que me separan de mi amigo, me parece más importante la necesidad de viajar y conocer otras culturas.

Análisis y aplicación: Composición

CAUSA Y EFECTO

In addition to the technique of analysis and classification (Chapter 7), you can develop essays by examining cause and effect. When you observe a particular phenomenon and ask "Why?" you are looking for causes. When you ask "What are the consequences?" you are searching for effects.

A composition using cause and effect can be organized in several ways. The cause may be presented first, followed by a discussion of the effect; the effect may be described first and then traced back to the cause. A circular organization is also possible: first, the result; second, the causes; then an analysis of the results in more detail. Whatever the organization, certain precautions should be observed in establishing a cause-effect relationship.

1. *Avoid oversimplifying your topic.* Often the causes (or effects) of an event are complex; if you try to reduce them to a simple statement of "X because Y," you are likely to end up suggesting to your reader that you know very little about the topic. Keeping in mind the space limits of your essay, try to provide as many coherent and well-reasoned arguments as possible regarding the cause-effect relationship in question.
2. *Avoid overcomplicating the topic.* The causes for an event may be *immediate* (you broke your arm because you fell out of a tree) or *remote* (you broke your arm because your brother wouldn't let you go to the movies with him and you were bored and decided to climb the tree). Exclusive use of immediate causes gives the impression of oversimplification. On the other hand, causes that are very remote are difficult to defend in a convincing way. Go back to remote causes only when immediate causes cannot be shown to be the fundamental or basic factors in explaining the event.
3. *Avoid the logical fallacy* of concluding that one event is the cause of another simply because one precedes the other chronologically, or because the two events often accompany each other. You can avoid such reasoning by searching for and examining your evidence carefully.

The following vocabulary is useful for talking about causes and effects in Spanish.

VOCABULARIO PARA PRESENTAR CAUSA Y EFECTO		
a causa de (que), debido a (que)	*due to*	Se declararon en huelga **a causa de** los bajos salarios.
así (que)	*thus*	Ella se había disfrazado; **así que** ni siquiera sus padres la reconocieron.
causar, producir, provocar	*to cause*	El fumar **causa** cáncer de pulmón.
como consecuencia	*consequently*	Había mentido toda la vida; **como consecuencia** nadie creía lo que había dicho.
por consiguiente, por eso, por lo tanto	*therefore*	Pasó mucho tiempo en Italia; **por consiguiente** sus cuadros demuestran la influencia de los maestros italianos.
porque	*because*	No pudo dormir **porque** había bebido demasiado café.
puesto que	*since*	**Puesto que** había bebido tanto café, no pudo dormir.
resultar en	*to result in, produce*	El uso de ciertas medicinas puede **resultar en** dependencias físicas.
resultar de, proceder de	*to stem from, result from*	La dependencia física **resulta del** uso de ciertas medicinas.
el resultado	*the result*	Uno de **los resultados** de sus experimentos fue el descubrimiento de la penicilina.
se debe(n) a (que)	*is due to*	Muchos descubrimientos científicos **se deben a** accidentes.

1. Con un compañero (una compañera) de clase, analice las siguientes relaciones de causa-efecto, identificando la causa y el efecto propuestos en cada caso. ¿Les parece una relación válida y lógica la presentada en cada caso? ¿Por qué sí o por qué no?
   a. A través de la historia las mujeres han contribuido mucho menos que los hombres en los campos científicos, literarios y artísticos. Por lo tanto, se puede concluir que son menos inteligentes y menos creativas que los hombres.
   b. El propósito de la educación bilingüe es enseñar a los estudiantes hispanos y otros de origen no americano a hacer la transición al inglés. Como consecuencia, el movimiento *«English only»* quiere prohibir el uso de toda lengua que no sea el inglés.
   c. Los jóvenes de hoy miran la televisión mucho más que sus padres y por lo tanto leen mucho menos. Por eso se ha visto un aumento de bajas calificaciones en los exámenes de admisión a la universidad.

2. La selección de la página 131 del Capítulo 5 es un ensayo a base de la relación causa-efecto. En otro papel, analice esta selección para:
   a. identificar las relaciones de causa-efecto que se establecen
   b. evaluar la validez de estas relaciones: ¿le parecen lógicas?
   c. averiguar la manera en que la información está organizada

Tarea. You are a reporter for the local campus newspaper and intend to spend time investigating X (one of the topics from the list below) in order to write a piece for your daily column.

1. Cheating/Plagiarism
2. (Not) Voting
3. Discrimination
4. Bilingual Educacion

Antes de escribir:

1. Focus your topic in terms of "Why?" and/or "What are the consequences?" Then, working with a classmate, brainstorm as many related ideas as you can. Jot down your ideas in Spanish, English, or a combination of the two.
2. Based on the ideas you have, decide what should be the main thesis of the essay, and the best way to organize your data (see, for example, the various suggestions on page 238).
3. Make a list of at least ten Spanish words that you will need to develop your essay.
4. If you like, prepare a formal outline of your ideas following the diagrams suggested in Chapters 5 and 6.

Use your formal (or informal) outline to guide your writing of the essay. Don't forget to add a brief introduction and a conclusion.

Después de escribir:

1. Set your composition aside for at least several hours, or, if possible, for several days. If you cannot do so, then have a friend read it to see how clearly the ideas come across.

2. Read your composition again, and answer the following questions.
   a. Are the cause-effect relationships logical and valid? Are they well explained and defended? Is there enough detail to make the information clear to someone not already familiar with it? Is there any unnecessary or irrelevant information that should be eliminated?
   b. Is there a clearly identifiable main idea for your essay?
   c. Would the intended audience (the students at your school) find it comprehensible? Interesting?
   d. How helpful are the introduction and conclusion? Do they help to make your essay easier and more interesting to read?

   Make whatever content or organizational changes may be necessary.

3. Look for and correct grammatical errors with respect to:
   a. agreement (noun / adjective; subject / verb)
   b. **ser/estar**
   c. preterite / imperfect
   d. subjunctive / indicative
4. Look for ways to improve the vocabulary used in the essay.
   a. Include at least three expressions from the list on page 238.
   b. Double-check any new words in both the Spanish and the English sections of a bilingual dictionary.
5. Make any necessary changes and rewrite your essay on another sheet of paper.

Viaje cultural*

Pasaje: «Néstor Torres, músico puertorriqueño»

En esta entrevista, el intérprete de música afro-cubana, Néstor Torres, relata sus recuerdos de la casa de sus abuelos en las montañas en Puerto Rico y sus experiencias cuando, de adolescente, se trasladó a Nueva York. Allí experimentó una nueva libertad de pensamiento y expresión, pero también descubrió que la lucha (*struggle*) por la supervivencia era severa.

¡A ver! Las siguientes oraciones son citas directas de ciertos pasajes del vídeo. Léalas antes de ver el segmento. Luego, mientras ve el segmento, escriba las palabras que faltan en los espacios en blanco. (Mire varias veces el segmento si es necesario.)

1. «Hay más de un millón de puertorriqueños en la ciudad de Nueva York, más de siete millones de ________________ en Los Angeles, y más de seiscientos mil cubanos en ________________, la capital del sol.»
2. Néstor Torres: «Y nos mudamos a una casa así, en medio de las montañas, y me acuerdo mucho de eso, de... y del campo, jugando en la casa de mi ________________, donde tienen muchas montañas, y comiendo ________________ y toronjas... »

---

*The viewing segments corresponding to the **Viaje cultural** section can be found on the Video to accompany *Pasajes*.

3. Néstor Torres: «La vida en Estados Unidos para los latinoamericanos es mucho más dura, mucho más fría. La lucha por la ______________________ es mucho más severa. No que sea malo, porque la lucha y el esfuerzo y la ______________________ son muy buenos para el carácter de las personas, ¿no? En Puerto Rico ______________________ más relajados, más… como que se disfruta un poquito más de las cosas, ¿no?»

Enigma. ¿Puede Ud. recordar cómo se llamó, en inglés y en español, el primer disco (*record*) de Néstor Torres? ____

Para más práctica. Escriba en uno o dos párrafos sus opiniones sobre las afirmaciones de Néstor Torres en el número tres de la sección ¡A ver! que Ud. acaba de completar. Según su experiencia, ¿cree Ud. que en general los hispanos son más relajados y que disfrutan un poco más de las cosas? ¿En qué sentido o aspectos?

____

____

____

____

____

____

____

____

Nombre ______________________ Fecha ______________ Instructor(a) ______________

Hábitos y dependencias

EXPRESION ORAL Y COMPRENSION

Describir y comentar

A. Escuche las siguientes palabras y repítalas en la pausa. Entonces escuche la palabra otra vez, compare su pronunciación con la que oye en la cinta y repita una vez más.

aprobar (ue)
el cigarrillo
el coctel
el comilón / la comilona
comportarse
consumir drogas
  la toxicomanía
  el toxicómano /
    la toxicómana
el contrabando
la dependencia
desaprobar (ue)
drogarse
emborracharse
  la borrachera
  borracho/a
fumar
  el fumador / la fumadora
goloso/a
el hábito
las pastillas
prohibir
la receta
la sobredosis
la televisión
el televisor
tener resaca
tomar una copa
el vicio

B. Mire el vocabulario de la lista en el ejercicio A mientras escucha unas preguntas y oraciones. Busque en la lista un sinónimo para la palabra y repita la oración, sustituyendo la palabra original por su sinónimo. Repita la respuesta correcta después de oírla en la cinta.

MODELO: le gustan los dulces: Roberto come muchos chocolates porque le gustan los dulces. → *Roberto come muchos chocolates porque es goloso.*

1. … 2. … 3. … 4. … 5. …

C. Escuche las siguientes palabras y repítalas en la pausa. Entonces escuche la palabra otra vez, compare su pronunciación con la que oye en la cinta y repita una vez más.

ALGUNOS ESTIMULANTES Y CALMANTES

al alcohol
los alucinógenos
el azúcar
los barbitúricos
el café
  la cafeína

la cocaína
la heroína
la marihuana
los narcóticos
el opio
el tabaco
la nicotina
los tranquilizantes

D. Mire la lista de vocabulario del ejercicio C mientras escucha las siguientes definiciones. Después diga la palabra que mejor corresponda a cada definición. Repita la respuesta correcta después de oírla en la cinta.

1. … 2. … 3. … 4. … 5. …

E. Mire el cuadro a continuación y escuche el breve texto que lo describe.

1. Escuche el texto por primera vez para sacar la idea principal o básica. Luego escuchará varias declaraciones. Identifique cuál es la idea central del texto.

   ¿Cuál es la idea básica de esta selección?

   a b c d

2. Escuche el texto una segunda vez para identificar y clasificar las dependencias mencionadas. Llene el siguiente cuadro con la información necesaria.

CLASE	EJEMPLOS
dependencia de niños	
dependencia de adolescentes	
dependencia de adultos	

3. En su opinión, ¿cuáles de las dependencias del cuadro que acaba de llenar son desaprobadas por la sociedad?

   ____

   ____

F. Oirá un breve texto que habla de la droga más popular en la sociedad contemporánea.

1. Escuche el texto por primera vez para completar la siguiente oración: La droga más popular en la sociedad contemporánea es ________________.

2. Mire las preguntas a continuación y escuche el texto una vez más, buscando la información necesaria para contestarlas. Hay varias respuestas correctas para cada declaración. Para cada una de las siguientes oraciones, marque todas las respuestas posibles.

   a. Mucha gente cree que la droga más popular es…

   1 2 3 4

   b. La cafeína se encuentra en…

   1 2 3 4 5

   c. La cafeína afecta…

   1 2 3 4 5 6

Exploraciones

38. EL FUTURO Y EL CONDICIONAL (Future and Conditional)

A. Teresa nunca hace hoy lo que puede hacer mañana. Además, ella piensa que todos son como ella. Ud. oirá una serie de preguntas. ¿Cómo las contestaría ella? Repita la respuesta correcta después de oírla en la cinta.

MODELOS: ¿No lavas la ropa hoy? → *No, la lavaré mañana.*

¿No piensa Juan preparar el flan hoy? → *No, lo preparará mañana.*

1. … 2. … 3. … 4. … 5. … 6. … 7. … 8. … 9. …

B. Ud. oirá una serie de oraciones. Cambie la perspectiva del tiempo en que ocurren, perspectiva presente / futuro, por una perspectiva pasado / condicional. Repita la respuesta correcta después de oírla en la cinta.

MODELO: Dice que vendrá mañana. → *Dijo que vendría mañana.*

1. … 2. … 3. … 4. … 5. …

C. Ud. oirá una serie de cosas. ¿Qué haría Ud. con cada cosa? Repita la respuesta posible después de oírla en la cinta.

MODELO: una hamburguesa → *La comería.*

1. … 2. … 3. … 4. … 5. … 6. … 7. … 8. … 9. … 10. …

D. Lilián está muy segura de sí misma; su amigo Angel es diferente. Lo que Lilián afirma rotundamente, Angel lo suaviza, expresándolo como una simple probabilidad. Ud. oirá una serie de afirmaciones de Lilián. ¿Cómo las expresaría Angel? Repita la respuesta posible después de oírla en la cinta.

MODELOS: Son las tres y media. → *Serán las tres y media.*

La película era estupenda. → *La película sería estupenda.*

1. … 2. … 3. … 4. … 5. … 6. …

E. ¿Por qué hacen —o hicieron— las siguientes personas varias acciones? Ud. oirá una serie de preguntas. Contéstelas con una razón probable. Repita la respuesta posible después de oírla en la cinta.

MODELOS: ¿Por qué come el hombre? → *Tendrá hambre.*

¿Por qué se quitó el suéter? → *Tendría calor.*

1. … 2. … 3. … 4. … 5. … 6. …

39. LAS CLAUSULAS CON *SI* (*If* Clauses with Simple Tenses)

A. Ud. oirá una serie de oraciones que indican acciones posibles o probables. Escúchelas y luego haga oraciones apropiadas con **si.** Repita la respuesta correcta después de oírla en la cinta.

MODELO: Juan quiere ir a España, pero no sabe si tiene el dinero. → *Si tiene el dinero, irá a España.*

1. Juan quiere visitar a su amigo, pero no sabe si está en casa.
2. Juan quiere fumar su pipa, pero no sabe si está permitido.

3. Juan quiere mirar la televisión, pero no sabe si hay un programa bueno ahora.

4. …

5. …

6. …

B. Ud. oirá una serie de oraciones que indican acciones imposibles o improbables. Escúchelas y luego haga oraciones apropiadas con **si.** Repita la respuesta correcta después de oírla en la cinta.

MODELO: Juan quiere ir a España, pero no tiene el dinero. → *Si tuviera el dinero, iría a España.*

1. Juan quiere ir al cine, pero no tiene tiempo.
2. Juan quiere contestar la pregunta, pero no sabe la respuesta.
3. A Juan le gusta dormir, pero en este momento no está cansado.
4. …
5. …
6. …

40. LAS CONSTRUCCIONES COMPARATIVAS (Comparisons)

A. Ud. oirá una serie de adjetivos. Uselos para construir oraciones comparativas según el dibujo a continuación. Repita la respuesta correcta después de oírla en la cinta.

MODELO: (alto) Paloma / Laura → *Paloma es tan alta como Laura.*

1. Paloma / Ana
2. Paloma / Ana
3. Paloma / Ana
4. David / Paloma
5. David / Paloma
6. Laura / Ana
7. Carlos / Luis
8. Carlos / Luis
9. Luis / David

B. Gilda Jactanciosa siempre insiste en que sus amigos, parientes o experiencias son mejores o peores que los de todos los demás. Ud. oirá una serie de afirmaciones. ¿Cómo respondería a ellas? Repita la respuesta correcta después de oírla en la cinta.

MODELO: PEDRO: Mi calle es muy segura. →
GILDA: *Puede ser, pero mi calle es la más segura del mundo.*

1. … 2. … 3. … 4. … 5. … 6. …

C. Ud. oirá una serie de adjetivos. Refiriéndose al dibujo de la actividad A, úselos para hacer oraciones superlativas sobre las personas. Repita la respuesta correcta después de oírla en la cinta.

1. … 2. … 3. … 4. … 5. …

Enlace

VOCES

Escuche con atención a Rosa V. y Lorena C., dos hispanas que nos hablan del papel del alcohol en su vida y la de su familia.

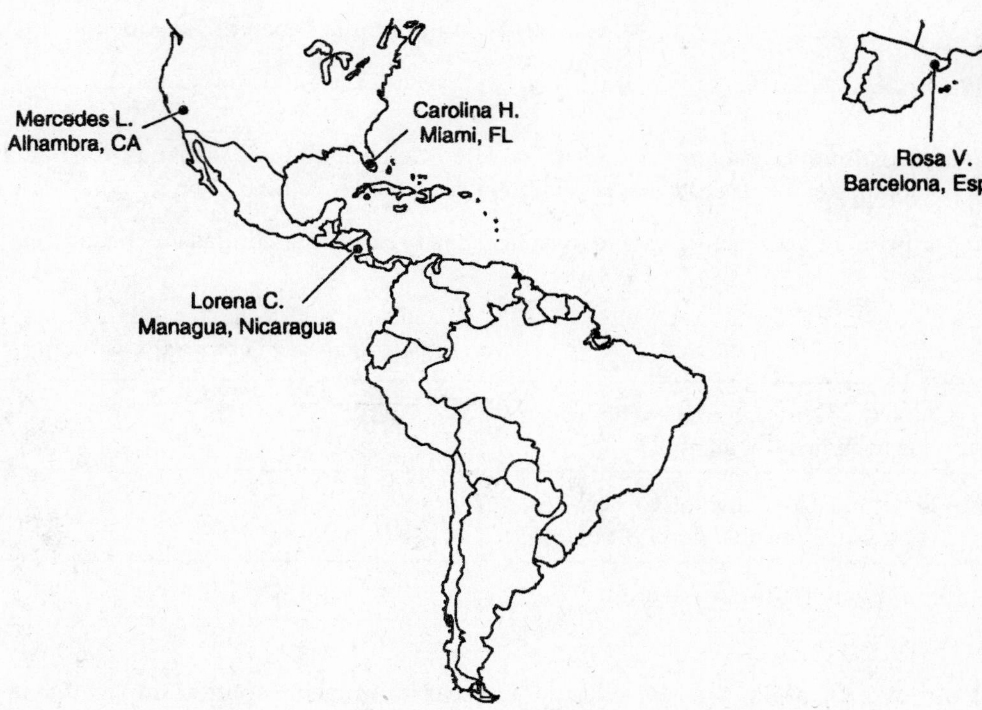

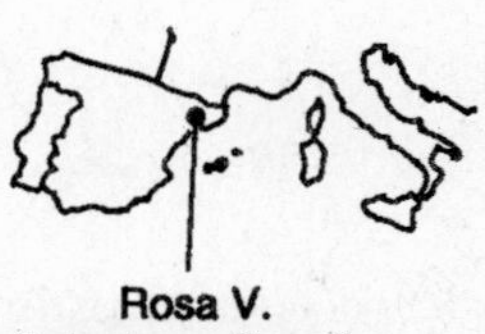

A. Escuche sus testimonios una primera vez para decidir cómo caracterizaría el consumo del alcohol de cada una de las hablantes. ¿Dónde colocaría Ud. a cada una en las líneas a continuación?

1. asociaciones con el consumo de alcohol

   ←————————————→
   positivas negativas

2. cuándo se bebe

   ←————————————→
   ocasiones especiales todos los días

3. cuánto se bebe

   ←————————————→
   cantidades pequeñas cantidades grandes

4. Ahora escuche los textos una segunda vez para poder completar el siguiente cuadro. ¿A quién se describe en cada caso?

ROSA	LORENA	
_____	_____	1. En mi familia sólo se bebe en fiestas o cuando hay un invitado.
_____	_____	2. No me gusta el sabor del alcohol.
_____	_____	3. Mi padre era alcohólico.
_____	_____	4. Mi padre suele tomar con las comidas.
_____	_____	5. Mi padre era violento e irresponsable cuando tomaba.
_____	_____	6. En mi familia solemos tomar bebidas alcohólicas típicas de nuestra región.
_____	_____	7. Las mujeres en mi familia beben menos que los hombres.

B. Ahora escuche el testimonio de Lorena C., Carolina H. y Mercedes L., tres hispanas que hablan de sus experiencias personales con la toxicomanía y el abuso del alcohol.

1. Escuche por primera vez para buscar respuestas a las preguntas incluidas en el cuadro a continuación.

	LORENA	CAROLINA	MERCEDES
a. ¿Conoce a alguien que haya abusado de las drogas o del alcohol?			
b. Si la respuesta es afirmativa, ¿cuál es la droga que ha causado el problema?			
c. ¿Para quién fue un problema?			

**2. Escuche otra vez a Carolina y a Mercedes para buscar información sobre el impacto de la experiencia en ellas o en la familia de la persona que describen. Luego escriba un breve resumen de ese impacto en sus propias palabras.

Carolina: ____

____

____

Mercedes: ____

____

____

EXPLORACION CULTURAL: **Multinacionales del tabaco preparan una guerra anunciada**

La siguiente selección trata de los esfuerzos de las multinacionales del tabaco para intentar frenar la avalancha de prohibiciones contra el tabaco. Escuche la selección tomando apuntes de las ideas que a Ud. le parecen más importantes. Al final Ud. oirá algunas preguntas sobre el contenido.

1.

2.

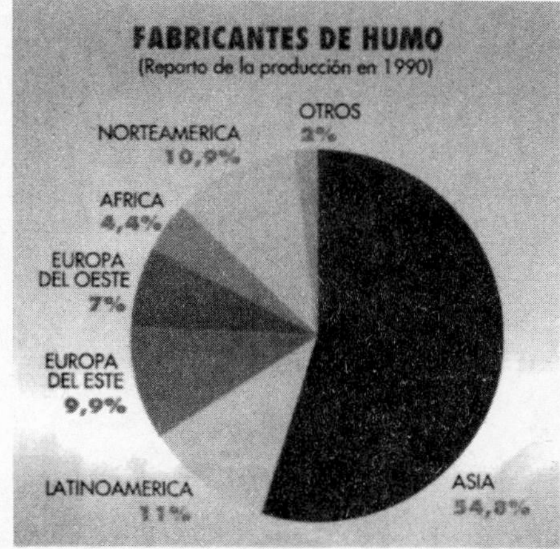

3.

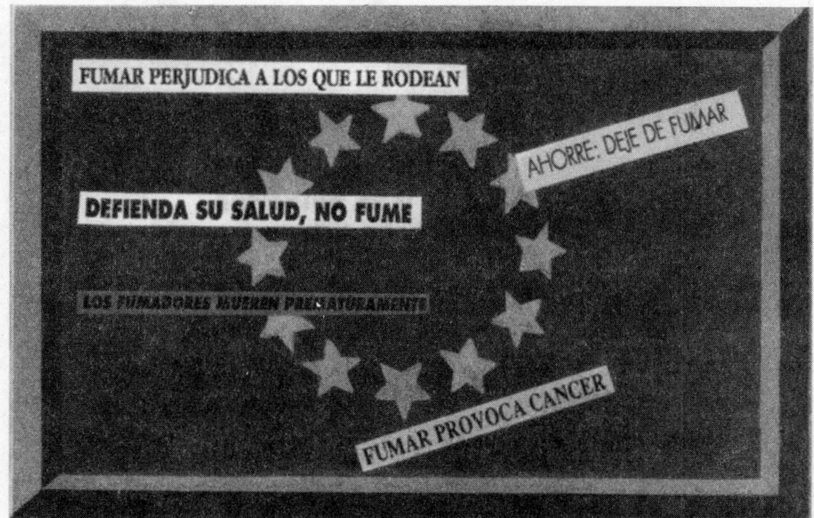

(Use este espacio para sus apuntes.)

Conteste brevemente en español.

1. ____________________

____

____

2. ____________________

____

____

3. a. ____________________

b. ____________________

c. ____________________

4. a. ____________________

b. ____________________

Pronunciación y ortografía*

PRONUNCIACION: LA PALATAL LATERAL Y LA PALATAL FRICATIVA: [l̰/y]

The sound [l̰] is represented in Spanish by the double **l.**

calle	ella	me llamo

The sound [y] is represented by the letter **y.**

haya	mayo	ayer

In some dialects of South American Spanish, the palatal sound [ž] replaces both the [l̰] and the [y] sounds.

calle	ella	me llamo
haya	mayo	ayer

In most parts of Spain and in much of Latin America, the sound [l̰] is being replaced by the sound [y]. For this reason, the listener cannot always tell just by listening if a word is spelled with a **y** or a double **l.**

1. yo amarillo	2. ya no llano	3. haya halla

A. Escuche cada una de las siguientes palabras y repítala en la pausa. Compare su pronunciación con la que oye en la cinta y repita una vez más.

1. yerba	4. yace	7. orgullo
2. silla	5. cigarrillo	8. empollón
3. haya	6. llueve	9. yerno

B. Lea cada una de las siguientes palabras en voz alta, grabando su pronunciación en la cinta. Después de grabar cada palabra, escuche la pronunciación que oye en la cinta y repita una vez más.

1. ella	4. pollo	7. chiquillo
2. allá	5. hoyo	8. desarrollo
3. vaya	6. llevar	9. ayer

A fairly widespread variant of the sound [y] is the affricate [ŷ], which in most dialects of Spanish occurs in initial position (especially to emphasize the word **yo**) and after the letters **n** and **l.**

yo	cónyuges	el yugo	un yerno

C. Escuche cada una de las siguientes palabras y repítala en la pausa. Compare su pronunciación con la que oye en la cinta y repita una vez más.

1. el yanqui	3. el yermo	5. yegua
2. yerto	4. llavín	6. llavero

D. Lea cada una de las siguientes palabras en voz alta, grabando su pronunciación en la cinta. Después de grabar cada palabra, escuche la pronunciación que oye en la cinta y repita una vez más.

*Remember to use the separate Pronunciation Tape for the **Pronunciación y ortografía** sections.

1. sello
2. llevar
3. calle
4. allí
5. rayo
6. yunque
7. arroyo
8. callar
9. yeso
10. gallo
11. un llorón
12. yo

PRONUNCIACION: LA PALATAL NASAL: [ñ]

The Spanish letter **ñ** is pronounced like the *ny* sound in the English word *canyon.*

A. Escuche cada una de las siguientes palabras y repítala en la pausa. Compare su pronunciación con la que oye en la cinta y repita una vez más.

1. cuñado
2. diseñar
3. compañía
4. español
5. cariño
6. año
7. muñeca
8. riña

B. Lea cada una de las siguientes palabras en voz alta, grabando su pronunciación en la cinta. Después de grabar cada palabra, escuche la pronunciación que oye en la cinta y repita una vez más.

1. niño
2. niñera
3. engañar
4. reñir
5. moño
6. señores
7. pequeño
8. paños

PRONUNCIACION: PRACTICA GENERAL

A. Escuche cada una de las siguientes oraciones y repítala en la pausa. Compare su pronunciación con la que oye en la cinta y repita una vez más.

1. El cañón es bello por la mañana, ¿verdad?
2. Las señoritas llevan mantillas cuando pasean por la calle.
3. Los ojos del pequeño animal brillaban a la luz de las estrellas.
4. El señor pegó el sello con un tremendo puñetazo.

B. Lea cada una de las siguientes oraciones en voz alta, grabando su pronunciación en la cinta. Después de grabar cada oración, escuche la pronunciación que oye en la cinta y repita una vez más.

1. El niño llevaba pequeños zapatos amarillos y unos guantes rojos.
2. Mientras llovía, pasábamos el tiempo leyendo y jugando a los naipes con los vecinos de al lado.
3. A esa hora todas las calles están llenas de gente que vuelve apresurada a su casa.
4. Entre las bellas y altas montañas hay valles fértiles y verdosos.

ORTOGRAFIA: LA ACENTUACION

Lea el siguiente pasaje mientras lo escucha en la cinta. Al mismo tiempo escriba los acentos donde hagan falta. Se leerá la selección lentamente, pero sólo una vez.

Segun algunos toxicologos, la nicotina es una droga que provoca dependencia fisica y psiquica. Por lo tanto, los cigarrillos modernos que llevan menos nicotina obligan a fumar un mayor numero de cigarrillos cada dia, aumentando asi la absorcion de alquitranes, sustancia que proviene del papel y del tabaco quemado. Es ahi, no en la nicotina, donde se encuentra el peligro de cancer.

PRACTICA ESCRITA Y COMPOSICION

Describir y comentar

A. ¿Qué palabra no pertenece al grupo? ¿Por qué?

1. la toxicomanía / comilón / drogarse / emborracharse

   Comilón no pertenece en el grupo porque no es un problema o situación con drogas es cuando come demasiado.

2. consumir / prohibir / desaprobar / repudiar

   la palabra que no ~~consume~~ pertenece en este grupo es consumir porque los otros son un acción negativa

3. el coctel / borracho / el contrabando / tomar una copa

   ~~En contra~~ el contrabando no pertenece porque los otros son ~~pab~~ palabras que ~~asoc~~ asociar con alcohol.

4. el televisor / la dependencia / el vicio / la borrachera

   La borrachera no pertenece porque ~~es~~ los otros no son sobre el alcohol.

** **B.** Dé cinco términos del vocabulario de la lista de la página 243 asociados con cada una de las siguientes palabras.

1. el alcohol: borracho, coctel, tomar una copa, emborracharse, la borrachera, y
2. el cigarrillo: fumar, ~~tox~~ dependencia, fumador, el vicio, el tobaco

C. Busque la palabra en la lista del vocabulario de la lista en la página 243 que corresponde a las siguientes definiciones.

1. aficionado a dulces, caramelos, pasteles: goloso
2. actuar de ésta o de la otra manera, bien o mal: comportarse
3. estar mal después de consumir mucho alcohol el día anterior: tener resaca

Exploraciones

38. EL FUTURO Y EL CONDICIONAL (Future and Conditional)

A. ¿Cuánto recuerda Ud.? Escriba la forma correcta del futuro y del condicional de los siguientes verbos en las personas indicadas.

	FUTURO	CONDICIONAL
1. saber: Uds.	________	________
2. fumar: yo	________	________
3. salir: nosotros	________	________
4. trabajar: tú	________	________
5. venir: Marta	________	________
6. ir: ellos	________	________
7. emborracharse: tú y yo	________	________
8. ponerse: ellos	________	________
9. decir: Ud.	________	________
10. dar: tú	________	________

** **B.** Es el 31 de diciembre y todos están pensando en las resoluciones que deben tomar para el Año Nuevo. ¿Qué hará (o no hará) cada persona durante el próximo año?

1. Mario sabe que fuma demasiado. ________
2. Paulina sabe que necesita hacer más ejercicio. ________
3. Carlos cree que su vida es aburridísima. ________
4. Roberto y Susana creen que son adictos al trabajo. ________
5. Mi amigo Pedrito no aprueba sus clases. ________

** **C.** ¿Cuáles son algunas de las resoluciones que tomaron las siguientes personas el año pasado? ¿Qué prometieron que harían o que no harían en el Año Nuevo?

1. un hombre que pensaba que «el romance» desaparecía de su matrimonio: Prometió que ________
2. una mujer que quería mejorar su «nivel cultural»: ________
3. unos padres que querían tener mejores relaciones con sus hijos adolescentes: ________
4. un profesor que quería ayudar mucho a sus estudiantes con actividades extraescolares: ________
5. ¿Ud.?: ________

D. ¿Cómo será la vida en diez años? Conteste las siguientes preguntas usando el tiempo futuro.

En diez años…

1. ¿Qué año será? Tendré una familia queré
2. ¿Dónde vivirá Ud.? Viviré en cualquier lugar yo ~~quiero~~
3. ¿Estará casado/a? ______
4. ¿Tendrá hijos? ______
5. ¿Cómo se ganará la vida? ______
6. ¿En qué manera será diferente su apariencia física en comparación con la que tiene ahora? ______
7. ¿Qué hábito *no* tendrá que tiene ahora? ¿Qué hábito *sí* tendrá que no tiene ahora? ______
8. ¿Cuál será el problema más grave de la humanidad? ______
9. ¿Todavía habrá problemas de discriminación? ______
10. ¿Qué noticias buenas traerán los titulares (*headlines*) de los periódicos? ______

E. Mario es egoísta y antipático; hace todo lo contrario de lo que debería hacer según las normas sociales. ¿Qué hará él en las siguientes situaciones? ¿Y qué haría Ud. en su lugar? ¿Por qué?

1. Un anciano y Mario suben a un autobús al mismo tiempo. Sólo queda un asiento.

   Mario ______

   En su lugar, yo ______

2. A Mario y al novio (a la novia) de Ud. les gustan mucho las galletas. Un día Uds. van a almorzar a casa de Mario y sólo queda una galleta.

   Mario ______

   En su lugar, yo ______

3. Un amigo de Mario se compró un traje nuevo que en realidad le queda muy mal. Le pide a Mario su opinión.

   Mario ______

   En su lugar, yo ______

4. Un amigo que gana un sueldo moderado invita a Mario a cenar en un restaurante.

   Mario ______

   En su lugar, yo ______

5. La comida en el restaurante resulta mediocre, pero el servicio es excelente.

   Mario ______________________________

   En su lugar, yo ______________________________

6. Mario entra en un cuarto lleno de gente; hay varios letreros que dicen «NO FUMAR». A Mario le gusta fumar.

   Mario ______________________________

   En su lugar, yo ______________________________

** **F.** ¿Cómo piensa Ud. que será la vida de sus hijos o nietos? Escriba una oración sobre cada uno de los siguientes temas, usando el futuro para indicar probabilidad.

1. sus actividades cotidianas ______________________________
2. sus pasatiempos ______________________________
3. su ropa ______________________________

G. Ud. no conoce a las personas que aparecen en los siguientes dibujos pero, fijándose en los detalles de cada dibujo, puede especular sobre su personalidad, su estilo de vida, su pasado, sus intereses y/o preocupaciones, etcétera. Describa a los individuos y las escenas que se ven a continuación. Use el futuro o el condicional según el caso.

MODELO: Los niños tendrán 10 años. Esta será la primera vez que fuman. Una de las mujeres será la madre de los niños y la otra será la esposa de un clérigo. …

¿Qué más puede Ud. decir acerca del dibujo?

____

____

____

____

____

____

1. ______________________________

____

____

____

____

____

____

____

____

____

2. 

3. 

4. 

H. Exprese en español.

1. You *will* eat all your meat. ______
2. He said he wouldn't smoke anymore. ______
3. Will you please give me some bread? ______
4. She wouldn't stop drinking. ______
5. Would you repeat that? ______
6. They said they would be home early. ______

39. LAS CLAUSULAS CON *SI* (*If* Clauses with Simple Tenses)

A. Indique si las frases en letra cursiva describen una situación posible (P) o una situación falsa o improbable (I).

1. ____ *If I receive a D on the exam,* I will go to summer school.
2. ____ I would be furious *if he spoke to me that way.*
3. ____ *If he could speak Spanish,* they would pay him more.
4. ____ *If you get drunk,* don't drive!
5. ____ *If they were taking drugs,* I would know it.
6. ____ You would not have this problem *if you stopped smoking.*

** **B.** Exprese las oraciones del ejercicio A en español, usando el subjuntivo o el indicativo en la cláusula con **si,** según sea apropiado.

1. ______
2. ______
3. ______
4. ______
5. ______
6. ______

C. Mire el anuncio de la página 259 y después complete las siguientes oraciones condicionales con la forma correcta del presente del indicativo o del imperfecto del subjuntivo según el contexto.

1. Algunas personas piensan que si (esconder: ellos) ______ la cabeza, el problema del abuso de drogas desaparecería.
2. Si más personas (ser) ______ conscientes del problema, podríamos encontrar una solución.
3. Es posible resolver el problema de las drogas si nosotros (conocerlo) ______ tal y como es.
4. Si todos (colaborar: nosotros) ______ en la lucha, podemos tener éxito en la prevención de sus consecuencias.
5. Si más personas (preguntarse: ellos) ______ «drogas —¿para qué?» creo que menos personas serían toxicómanas.

Nombre ______________________ Fecha ______________ Instructor(a) ______________________

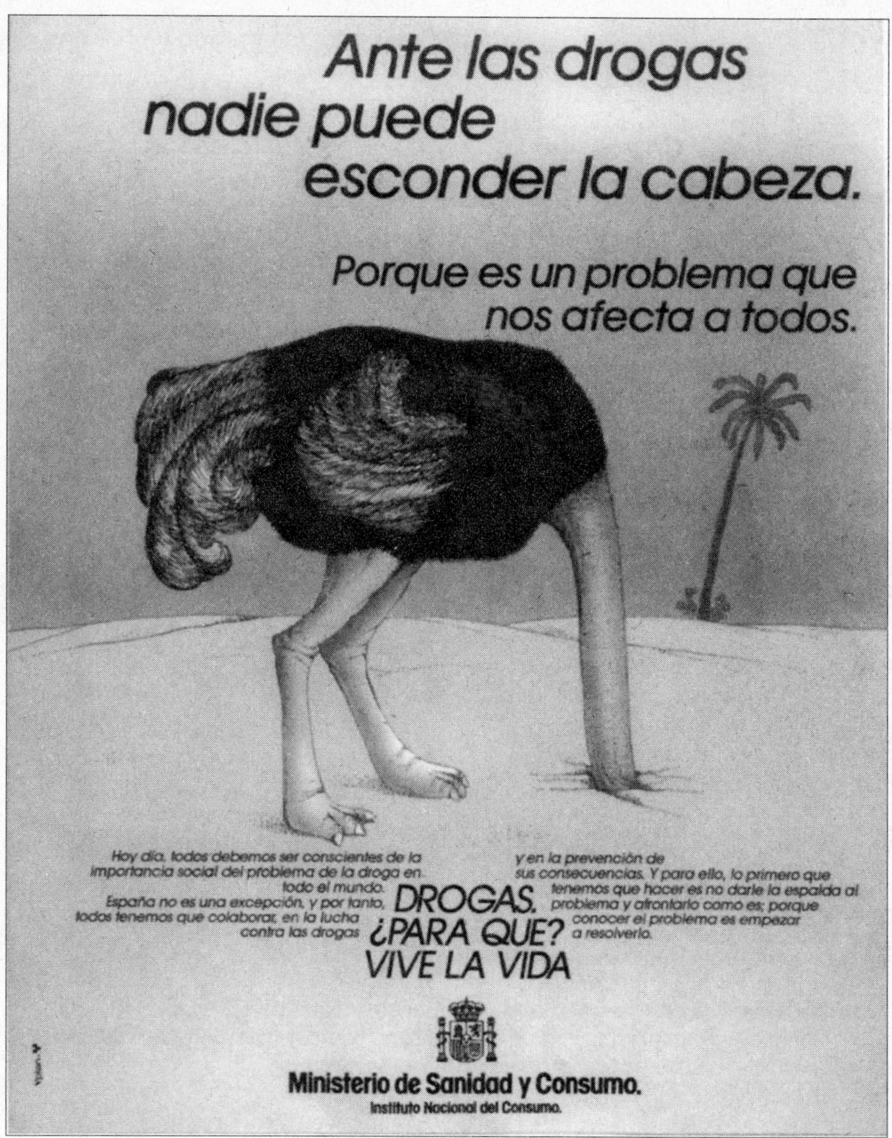

** **D.** Mire el dibujo de la página 260. Parece que las acciones que uno toma no siempre tienen el resultado deseado. En el dibujo uno de los señores imagina que su vida sería distinta si hubiera seguido fumando. En vez de esperar otros treinta años para examinar la calidad o falta de calidad de su vida y la del país en general, Ud. va a hacerlo ahora. Termine las siguientes oraciones con la información apropiada según su punto de vista personal. ¡Cuidado! No todas las oraciones requieren el subjuntivo.

1. Yo estaría en mejores condiciones físicas si ______________________________________

____

2. Si yo no comiera nunca azúcar ____

3. Si se prohibiera el alcohol de nuevo en este país ______________________________

____

4. No tendríamos los problemas que tenemos ahora con las drogas si ________________

____

JUAN BALLESTA

PUES SI YO NO HUBIERA DEJADO DE FUMAR HACE TREINTA AÑOS, AHORA NO ESTARÍA AQUÍ

5. Si yo no me gradúo en la universidad ______

6. La vida en este país sería mucho mejor si ______

7. Si mis amigos dejaran de ______

8. En el futuro estaré mucho más contento/a si ______

**ESTRATEGIAS PARA LA COMUNICACION

Su amigo Oliverio apenas ha viajado. Sin embargo tiene opiniones muy negativas sobre las costumbres de los extranjeros. Responda a los comentarios que él hace, usando una de las expresiones de la página 300 de *Pasajes: Lengua.*

1. Los japoneses son ridículos. Pasan todo su tiempo inclinando la cabeza y haciendo reverencias (*bowing and bobbing*) y sacando fotografías.

2. Los italianos no tienen buenos modales. Se ponen muy cerca de uno cuando le hablan y le tocan la mano o el hombro con mucha frecuencia.

3. Los alemanes no quieren a sus hijos. Los echan de casa para que entren en la escuela de párvulos (*nursery school*) a los dos años.

4. Los hindúes aman demasiado a los animales; no matan a las vacas y dejan que los monos entren donde quieran.

____

____

40. LAS CONSTRUCCIONES COMPARATIVAS (Comparisons)

A. Comente sobre la información dada en las oraciones a continuación mediante oraciones comparativas.

1. Juan fuma diez cigarrillos. Mario fuma dos. ______________________________

____

2. Julia tiene siete años. Su hermanito tiene tres. ______________________________

____

3. Juan Luis pesa 80 kilos. Emilio también pesa 80 kilos. ______________________________

____

4. Yo tengo tres hermanos. Tú también tienes tres. ______________________________

____

5. Antes la gente fumaba mucho. Ahora mucha gente ha dejado de fumar. ______________

____

****B.** Lea la siguiente selección y luego escriba cinco oraciones comparativas basadas en la información de la selección.

A todos nos llegan momentos en la vida en que cedemos el control a las circunstancias, cuando no es la razón la que nos gobierna, sino la pasión. Una pasión incontrolable. Hay personas, por ejemplo, que se vuelven locas si descubren que no tienen cigarrillos en la casa. Saldrán a la calle a las dos de la madrugada para comprarlos. A mí no me importan los cigarrillos, ni el alcohol, ni la Coca-Cola, ni otras de estas sustancias plebeyas. Mi pasión es fina, distinguida. Mi pasión es el chocolate. Pero no vaya Ud. a pensar que yo no sé hacer distinciones importantes. Hay muchas clases de chocolate y no todas son iguales. El chocolate blanco, por ejemplo, es un desastre que ni merece el nombre de chocolate. El chocolate hecho con leche y el chocolate negro son fantásticos, en mi opinión. Y comer chocolate con nueces o almendras (prefiero Hershey's) es puro éxtasis.

Una noche descubrí que no tenía chocolates en la casa. Manejé mi auto a una tiendecita que frecuento mucho en estas situaciones, por estar cerca de mi casa y ofrecer una variedad admirable de chocolates. Esta noche, desgraciadamente, se le habían acabado las barras de 4 y de 8 onzas. Sólo quedaban las barras de 32 onzas. No traía suficiente dinero para comprar dos barras (una para comer inmediatamente y la otra para tener de reserva), pero no me desesperé. Era un inconveniente, pero había otras tiendas. Fui a otras tres. En una, sólo vendían Tobler's —una marca muy inferior a Hershey's. En otra, me compré tres barritas de 4 onzas (era todo lo que tenían) y en la tercera me compré tres barras de 8 onzas (porque en el camino ya me había comido dos de las tres pequeñas). Llegué a casa sin perder otra vez el control. Con todo, no lo había pasado muy mal. ¡A veces tengo que visitar cinco tiendas!

1. ______________________________

2. ______________________________

3. ______________________________

4. ______________________________

5. ______________________________

**C. En otro papel, escriba una oración superlativa para cada una de las siguientes cosas o personas: (1) un miembro de su familia, (2) esta universidad, (3) su compañero/a de cuarto, (4) el presidente del país, (5) el estudiante que se sienta al lado suyo en la clase de español.

**D. Exprese en español. Se incluyen comparativos y superlativos.

1. Answer these questions as quickly as you can. ______________________________

2. She's the most interesting person I know. ______________________________

3. John's the oldest and Martin's the youngest. ______________________________

4. There's no one who has as many problems as you. ______________________________

5. I think the book would be better if the plot (*el argumento*) were simpler. ______________________________

¡Ojo!

A. Elija la palabra que mejor complete la oración.

1. Victoria es una (gran / grande / largo) defensora de los gatos.
2. María nunca (dejaría / detendría / impediría) de estudiar español para ir a una discoteca.
3. Debemos comprar un pastel mucho más (grande / largo) para las 1.000 personas que vendrán a la fiesta.
4. El perro (dejó / detuvo / impidió) de ladrar cuando vio que el intruso era su dueño.
5. Ayer estuvimos en una plaza de toros muy (grande / larga).
6. Después de comer 4 libras de chocolate me (duele / hace daño / lastima / ofende) el estómago.
7. Hemos caminado treinta kilómetros y me (duelen / lastiman / ofenden) los pies.

B. Dé la palabra española que mejor corresponda a las palabras en letra cursiva. Dé el infinitivo de los verbos y la forma masculina singular de los sustantivos y adjetivos. ¡Cuidado! Hay también palabras de los capítulos anteriores.

1. You can *save* ______________ some *time* ______________ if you *take* ______________ the train instead of driving, and *take along* ______________ some work to do on the trip.
2. They *moved* ______________ to Florida *because of* ______________ the climate. However, I don't think their strategy *worked* ______________ very well and they will probably *return* ______________ north next year.

3. I'm sure you *will succeed* ______; it's only a *question* ______ of patience and persistence. I have no doubt that you *will become* ______ famous.
4. He *hurt himself* ______ in that accident, and no longer *works* ______.
5. Louise was my *close* ______ friend, but I *stopped* ______ seeing her after she refused *to return* ______ my books. However, I *do miss* ______ her a lot.

Enlace

**EJERCICIO DE SINTESIS

En otro papel, conteste las siguientes preguntas o complete las oraciones.

1. De niño/a, ¿qué cosas hacía mucho que ahora echa de menos?
2. De todas sus experiencias en la universidad, ¿qué es lo que recordará más en el futuro? ¿Por qué?
3. Si yo pudiera leer los pensamientos de alguien, …porque…
4. Escriba dos oraciones comparándose Ud. con una persona famosa.
5. Si Ud. tuviera un amigo/a adicto/a a cierta sustancia o costumbre, ¿qué haría?

REPASO: PARRAFO DE SINTESIS

Lea la siguiente selección, llenando los espacios en blanco con la forma correcta de la palabra o palabras indicadas entre paréntesis.

No sería aventurado afirmar que las bebidas que contienen alcohol se empezaron a fabricar antes que la tinta[a] con que se empezó a escribir la historia de la humanidad. En forma de vinos y cerveza estas bebidas (*made*) ______[1] su aparición en el escenario mundial y (*they turned:* convertirse) ______[2] en la gran variedad de bebidas que hoy (*are offered*) ______[3] al paladar de los sedientos, es decir, los que tienen mucha sed.

Las primeras referencias al vino, su significado, su consumo y consecuencias (*are found:* hallar) ______[4] en la mitología griega en la figura del dios Dionisio. En la mitología romana el dios del vino (*was called*) ______[5] Baco. En la Biblia también (*are found:* encontrar) ______[6] importantes referencias al vino. De estos pasajes mitológicos y religiosos, las bebidas alcohólicas (*have advanced:* avanzar) ______[7] en peligrosa invasión. Hoy (representar) ______[8] un objeto de preocupación (por / para) ______[9] los científicos, legisladores y gobernantes. Si (*were examined*) ______[10] las estadísticas, (*would be discovered*) ______[11] cifras impresionantes de alcohólicos y de consecuencias catastróficas en diferentes aspectos de la sociedad.

[a]*ink*

Según un estudio (*which*) ________________[12] (*was made*) ________________[13] por la comisión sobre alcoholismo y drogas del Congreso de los Estados Unidos, en 1976 en ese país un 79% de todos los habitantes (*were drinking*) ________________[14] bebidas embriagantes, es decir, que emborrachan y (*there were*) ________________[15] (*more than*) ________________[16] diez millones de alcohólicos. (*What*) ________________[17] es (*worse*) ________________[18], según el mismo informe, en 1975 21.700 personas (*died*) ________________[19] en accidentes de tránsito que (*were caused:* provocar) ________________[20] por conductores borrachos. Se reportó que ese año el alcohol (intervenir) ________________[21] en el 64% de los asesinatos, en el 41% de los asaltos y en el 29% de los crímenes sexuales que (*were committed*) ________________[22] en los Estados Unidos. Ahora, más de veinte años más tarde, las cifras (*are probably*) ________________[23] aún mas impresionantes.

Análisis y aplicación: Composición

COMPARACION Y CONTRASTE

Comparisons bring out similarities between two objects or ideas; contrasts signal how they are different. Although comparison and contrast are separate techniques, they are often used together in essays. The information in the essay can be organized in two ways. (1) All similarities can be discussed, then all differences, or (2) each paragraph can include both like and unlike aspects. If you are comparing one object to another that is very well known, you may not need to describe the familiar object in as much detail as the unfamiliar one.

Here is some useful vocabulary for comparing and contrasting in Spanish.

VOCABULARIO PARA HACER COMPARACIONES		
parecerse a	*to resemble*	Mi hermanito **se parece a** mi padre.
de la misma manera, del mismo modo	*in the same way*	Masticar la hoja de la coca afecta al indio **de la misma manera** que beber una taza de café afecta al hombre moderno.
al igual que	*just like*	La televisión, **al igual que** el alcohol, tiene un efecto narcotizante.
tan (*adjetivo*) como	*as (adjective) as*	La televisión es **tan narcotizante como** cualquier droga.
tanto X como Y	*X as well as Y; both X and Y*	**Tanto** la heroína **como** la cocaína son adictivas.
ser similar, ser semejante	*to be similar*	Los efectos del vino **son semejantes** a los de la cerveza.

VOCABULARIO PARA HACER CONTRASTES		
diferenciarse de	*to differ from*	El bebedor habitual **se diferencia** mucho **del** bebedor social.
en cambio, por otro lado	*on the other hand*	La heroína se consume mucho entre las clases bajas; **en cambio** la cocaína se consume más entre las clases altas.
en contraste con, a diferencia de	*in contrast to*	La marihuana, **en contraste con** la heroína, no se inyecta.
más / menos (*adjetivo*/ *sustantivo*) que	*more/less (adjective/ noun) than*	La marihuana causa **menos** daño **que** el LSD.
sin embargo	*nevertheless*	La marihuana y el LSD son drogas; **sin embargo,** hay enormes diferencias entre ellas.

1. Las siguientes oraciones expresan comparaciones. Complételas con un término de la lista según el sentido de la oración. En muchos casos hay más de una respuesta.
   a. ________________ la bicicleta, la motocicleta tiene dos ruedas.
   b. Los movimientos del patinador (*skater*) ________________ los del bailarín.
   c. Muchas personas dicen que mi hermano ________________ a Tom Sawyer porque es muy travieso.
   d. ________________ el correr ________________ la natación son deportes aeróbicos.
   e. La risa es una manera de aliviar la tensión mental; ________________, el deporte alivia la tensión física.
2. Las siguientes oraciones expresan contrastes. Complete su sentido usando el término apropiado de la lista. En muchos casos hay más de una respuesta.
   a. ________________ la manzana, el plátano es blando y amarillo.
   b. ________________ los mamíferos, los reptiles tienen sangre fría.
   c. Las fábricas de hoy son ________________ seguras que las de 1900; son ________________ peligrosas.
   d. Los perros ________________ los gatos.
   e. ________________ los abogados, las secretarias ganan poquísimo dinero.
   f. Alaska es el estado más grande; ________________, tiene una población relativamente pequeña.

Tarea. You have been asked to write an essay exploring either (1) ways in which life will be different in the 21st century or, (2) ways in which life has changed in the last one hundred years. You have decided to organize your information using comparison and contrast. As you have done for previous essays, begin your writing task by conversing with a friend or classmate about one of the following topics (or another, if you prefer) in order to generate some general ideas. You may decide to explore a single topic or combine several.

1. the impact of technology
2. male (female) roles and role models
3. parents and children
4. fads
5. race relations
6. political and economic systems

What is your point of comparison? What similarities or differences can you identify? What is the general idea or thesis that your specific points develop? Using an outline similar to that in Chapter 6, decide what order appears the most logical for presenting your information. Be sure to write an introduction and a conclusion (see Chapter 8), and try to include at least two of the words or expressions from the vocabulary lists on pages 264–265.

After writing your composition, put it aside for a day or two. Then, read it again and edit it carefully to make sure you have one main idea and that all your specific points are relevant and well chosen. Check to be sure that your organization is clear and logical. Then proofread the grammar, correcting errors in agreement or in verb tenses. Rewrite your essay on another sheet of paper.

Viaje cultural*

Pasaje: «El peligro de las drogas»

Como parte de una campaña educativa en contra de las drogas y el alcohol entre los hispanos de los EEUU, este programa expone algunas de las razones por las cuales los jóvenes de hoy consumen alucinógenos, y presenta una entrevista con personas que están en la cárcel a causa de las drogas.

¡A ver! ¿Quién lo dice? Las siguientes oraciones son citas directas del vídeo. Léalas antes de ver el segmento. Luego, mientras lo mira, empareje cada oración de la izquierda con el hablante apropiado de la lista de la derecha. ¡Cuidado! Uno de los hablantes dice dos de las siguientes frases. (Mire varias veces el segmento si es necesario.)

1. ____ «El primer problema para cualquier persona dentro de las drogas es la falta de amor propio.»
2. ____ «Cada año aumenta el número de jóvenes que usan drogas.»
3. ____ «Yo le recomiendo a la juventud, pues, que trate la manera de cambiar, de trabajar, de seguir con sus estudios.»
4. ____ «Trata de salir, trata de buscar amigos positivos, trata de tener fe en algo.»
5. ____ «Estamos en este momento con personas latinas que pertenecen a un grupo de rehabilitación.»

a. el narrador
b. el entrevistador
c. primer preso (joven, de bigote y pelo corto)
d. segundo preso (de mediana edad, de bigote y pelo un poco largo)

*The viewing segments corresponding to the **Viaje cultural** section can be found on the Video to accompany *Pasajes*.

Enigma. Nombre por lo menos cuatro sustancias alucinógenas que se mencionan en este segmento.

______________ ______________ ______________ ______________

Para más práctica. Escriba un breve ensayo de dos o tres párrafos sobre una de las cuatro primeras afirmaciones de la sección ¡A ver! que Ud. acaba de hacer. ¿Está Ud. de acuerdo con esta afirmación? ¿Por qué sí o por qué no? ¿Qué comentarios y/o experiencias tiene Ud. al respecto?

La ley y la libertad individual

EXPRESION ORAL Y COMPRENSION

Describir y comentar

A. Escuche las siguientes palabras y repítalas en la pausa. Entonces escuche la palabra otra vez, compare su pronunciación con la que oye en la cinta y repita una vez más.

el abogado / la abogada
  el abogado defensor / la abogada defensora
  el/la fiscal
el acusado / la acusada
atrapar
las autoridades
la cadena perpetua
castigar
  el castigo
cometer un crimen (una infracción)
el crimen
  el/la criminal
la delincuencia
  el/la delincuente
el delito
encarcelar
  la cárcel
hacer cumplir
el/la juez
el jurado
juzgar
la multa
  poner una multa
obedecer
la pena de muerte
la policía
  el policía / la mujer policía
proscribir
  proscrito/a
seguro/a
el/la testigo
violar (infringir) la ley
la violencia

B. Mire el vocabulario de la lista en el ejercicio A mientras escucha unas preguntas. Busque en la lista la palabra que mejor responda a cada pregunta. Repita la respuesta correcta después de oírla en la cinta.

MODELO: ¿Cómo se llama la persona que defiende o representa al criminal cuando presenta su caso ante el juez? →
el abogado defensor

1. … 2. … 3. … 4. … 5. …

C. Escuche las siguientes palabras y repítalas en la pausa. Entonces escuche la palabra otra vez, compare su pronunciación con la que oye en la cinta y repita una vez más.

LOS DELITOS Y LOS DELINCUENTES		
asaltar el asalto asesinar el asesinato el asesino / la asesina atracar el atraco chantajear el chantaje espiar el espionaje el/la espía la estafa el estafador / la estafadora	falsificar la falsificación hacer trampa la trampa el tramposo / la tramposa plagiar el plagio raptar el rapto la ratería de tiendas el ratero / la ratera de tiendas robar el robo el ladrón / la ladrona	secuestrar el secuestro sobornar el soborno el terrorismo el/la terrorista violar la violación volar (ue)

D. Mire el vocabulario de la lista en el ejercicio C mientras escucha unas preguntas. Busque en la lista la palabra que mejor responda a cada pregunta. Repita la respuesta correcta después de oírla en la cinta.

1. … 2. … 3. … 4. … 5. …

E. Escuche el siguiente texto con atención y luego llene el cuadro con la información apropiada, determinando quién es el criminal en cada caso y qué crimen cometió. ¡Cuidado! El texto no menciona el criminal en todos los casos.

EPOCA	CRIMINAL(ES)	CRIMEN(ES)
1. la colonización del Oeste		
2. la prohibición		
3. hoy en día		

F. Escuche este texto breve sobre un acontecimiento cómico que ocurrió en Barcelona. Después oirá una serie de oraciones. Decida si las oraciones son ciertas (C) o falsas (F). Si el texto no tiene la información indicada, marque no dice (ND).

	C	F	ND
1.	☐	☐	☐
2.	☐	☐	☐
3.	☐	☐	☐
4.	☐	☐	☐
5.	☐	☐	☐

Exploraciones

41. OTRAS FORMAS DEL PERFECTO DEL INDICATIVO (Other Forms of the Perfect Indicative)

A. Andrés quiere ser distinto de los demás. Cuando los otros hacen algo, él dice claramente que él no habría hecho eso nunca. Ud. oirá una serie de preguntas. ¿Cómo las contestaría Andrés? Repita la respuesta correcta después de oírla en la cinta.

MODELO: Fulano pidió un préstamo al banco y cuando no le dieron el dinero, robó el banco. ¿Lo harías tú? →
¡Dios mío! Yo nunca lo habría robado.

1. … 2. … 3. … 4. … 5. …

B. Parece que Luis siempre ha tenido «la manía de adelantarse» en todo. Cuando sus amigos le preguntan sobre cualquier actividad que debía haber ocurrido en un momento determinado en el pasado, descubren que Luis —claro— ya la había hecho antes. Oirá una serie de preguntas. ¿Cómo las contestaría Luis? Trate de usar pronombres de complemento directo e indirecto cuando sea posible. Repita la respuesta correcta después de oírla en la cinta.

MODELO: Luis, ¿aprendiste las letras en la escuela primaria? → *No, ya las había aprendido antes.*

1. … 2. … 3. … 4. …

42. EL PERFECTO DEL SUBJUNTIVO (The Perfect Subjunctive)

A. Los siguientes dibujos indican lo que las personas opinan acerca de acciones que ya han ocurrido. Oirá una serie de preguntas. Contéstelas incorporando las palabras indicadas. Repita la respuesta correcta después de oírla en la cinta.

MODELO:

dormirse en clase

¿Qué enoja al profesor? →
Le enoja que los estudiantes se hayan dormido en clase.

1. cerrar los grifos

2. traerle un cachorro

3. robarle un bistec

4. amigo / caerse

B. Vuelva a los dibujos y palabras indicadas en el ejercicio anterior. Esta vez oirá una serie de preguntas en el pasado. Contéstelas, usando los tiempos pasados. Repita la respuesta correcta después de oírla en la cinta.

MODELO: ¿Qué enojaba al profesor? → *Le enojaba que los estudiantes se hubieran dormido en clase.*

1. … 2. … 3. … 4. …

C. Para cada uno de los siguientes dibujos, oirá una pregunta. Escúchela con cuidado para decidir si se debe usar el presente perfecto o el pluscuamperfecto del subjuntivo en la respuesta. Repita la respuesta correcta después de oírla en la cinta.

1. despertarlo

2. su novio / olvidar la cita

3. no traer dinero

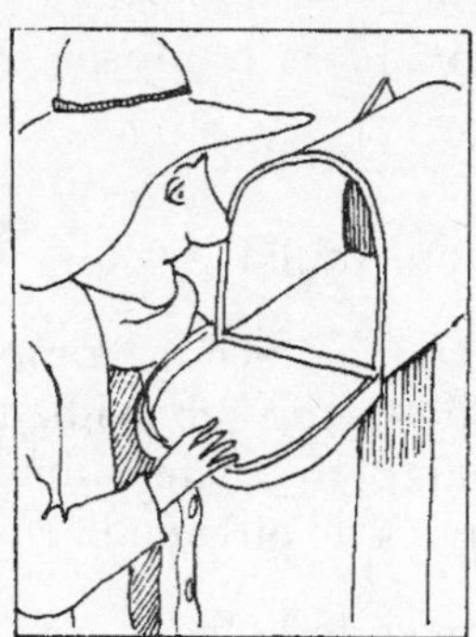

4. nadie / escribirle

D. Siga practicando con el presente perfecto y el pluscuamperfecto del subjuntivo. Para cada uno de los siguientes dibujos, oirá una pregunta. Escúchela con cuidado y luego contéstela, usando la forma correcta del subjuntivo en la respuesta. Repita la respuesta correcta después de oírla en la cinta.

1. nevar

2. mandarle un suéter nuevo

3. comer tantos dulces

4. olvidársele el dinero

43. MAS SOBRE LOS TIEMPOS VERBALES (More on the Sequence of Tenses)

A. Oirá el comienzo de una oración. Complete la oración con la información que se da a continuación. Cuidado con la forma del verbo subordinado: puede estar en el presente, en el imperfecto, en el presente perfecto o en el pluscuamperfecto del subjuntivo, según el punto de referencia temporal. Repita la respuesta correcta después de oírla en la cinta.

MODELO: (ellos / hacer trampas) No me gusta… → *No me gusta que ellos hagan trampas.*

1. ellos / ponerte una multa
2. tú / ya recibir una multa
3. ella / venir mañana
4. ella / ya llegar
5. yo / ir a la policía
6. yo / ya hablar con la policía

B. Oirá el comienzo de una oración. Complete la oración con la información que se da a continuación. Cuidado con la forma del verbo subordinado: puede estar en el presente, en el imperfecto, en el presente perfecto o en el pluscuamperfecto del subjuntivo, según el punto de referencia temporal. Repita la respuesta correcta después de oírla en la cinta. Siga el modelo del ejercicio anterior.

1. el abogado / defenderlo bien
2. el juez / condenar a su cliente a cadena perpetua
3. el acusado / cometer otros delitos en el pasado
4. el acusado / no cometer otros delitos en el futuro
5. las autoridades / ya encarcelarlo varias veces
6. el acusado / ya atracar a varios viejecitos

C. Escuche la oración modelo y repítala. Luego oirá una palabra o frase. Incorpórela a la oración, reemplazando la parte en letra cursiva y haciendo los cambios necesarios en el verbo subordinado. Oirá la respuesta correcta antes de oír la nueva palabra o frase.

MODELO: No creo que el abogado llegue *en este momento.* (esta mañana) →
No creo que el abogado haya llegado esta mañana.

1. No creo que el abogado llegue *en este momento.*
2. *Me alegré* de que detuvieran al criminal.
3. *Lo conocí* antes de que fuera presidente.

ESTRATEGIAS PARA LA COMUNICACION

Oirá parte de una conversación en la que el hablante trata de confrontar con cortesía una situación difícil. Escuche lo que dice y luego identifique el contexto que corresponde a cada situación, escribiendo la letra apropiada en el espacio. ¡Cuidado! No se usan todas las letras. Se dirá cada oración dos veces.

1. ____
2. ____
3. ____
4. ____
5. ____

a. hablando con un desconocido en la calle
b. en un café
c. en un hotel
d. en un banco
e. en una tienda
f. hablando con un conocido

Enlace

VOCES

Escuche con atención a Rosi D.V., José Manuel L. y Carlos O., tres hispanos que nos hablan de sus experiencias con respecto al crimen, contestando la siguiente pregunta: ¿ha sido alguna vez víctima de un acto delincuente?

A. Escuche sus testimonios mientras trate de completar la siguiente tabla con la información apropiada.

ROSI el delito ______________________ el lugar del delito ______________________ la resolución del caso ______________________ posible manera de impedir el crimen ______________________
JOSE MANUEL el delito ______________________ el lugar del delito ______________________ la resolución del caso ______________________ posible manera de impedir el crimen ______________________
CARLOS el delito ______________________ el lugar del delito ______________________ la resolución del caso ______________________ posible manera de impedir el crimen ______________________

** **B.** Ahora escuche los testimonios una segunda vez y conteste la siguiente pregunta. ¿Cuál de los crímenes le parece más grave? ¿Por qué?

____

____

____

____

____

C. Ahora oirá los testimonios de Rosi, José Manuel y Carlos sobre unas infracciones de sus garantías constitucionales. Estudie el cuadro a continuación y luego escuche los testimonios, tratando de captar la idea principal de cada comentario. Marque cada una de las categorías en el cuadro que se aplica al testimonio de cada persona. Puede marcar más de un número para cada persona.

	ROSI	JOSE MANUEL	CARLOS
1. Discriminación racial			
2. Violación por un individuo			
3. Violación por el estado			
4. Suspensión de los derechos de propiedad privada			
5. Mejora de los derechos con respecto al pasado			
6. Pérdida de los derechos con respecto al pasado			

EXPLORACION CULTURAL: **El castigo**

La siguiente selección se divide en dos partes. La primera describe las diversas razones que se han dado para justificar el castigo a través de la historia; la segunda presenta las diferentes maneras en que ese castigo ha sido administrado. Escuche la selección con cuidado, tomando apuntes de las ideas que a Ud. le parecen más importantes. Al final, en otro papel haga un breve resumen en español de la información básica de esta selección. Trate de incluir tantos ejemplos específicos como pueda. Las siguientes palabras y frases le pueden ser útiles para comprender la selección.

a largo plazo *in installments*
la amenaza *threat*
encerrar *to lock up*
expiar *to atone for*
el presidiario *criminal, convict*
el proceso *trial*
la venganza *revenge*

(Use este espacio para sus apuntes.)

En otro papel, haga Ud. un breve resumen en español de la información básica de esta selección. Trate de incluir tantos ejemplos específicos como pueda.

Pronunciación y ortografía*

PRONUNCIACION: EL ENLACE

In normal conversational speech, the sounds of one word join across word boundaries with those of the next word. Vowels link smoothly, with no pause between them, and identical unstressed vowels are usually pronounced as a single vowel sound in informal speech. Listen to these examples.

La admiro.	[lađ mí ro]	¿Qué hora es?	[ke ó ra és]
¿Qué estudia?	[kes tú đya]	Odio a mi amo.	[ó đyo a myá mo]

Consonants link with the following vowels, whether within a word or across word boundaries.

Los indios son artistas excelentes.	[lo sín dyo só nar tís ta sek se lén tes]
Los Andes están en esa región.	[lo sán de ses tá ne ne sa re xyón]

A. Escuche cada una de las siguientes oraciones y repítala en la pausa. Compare su pronunciación con la que oye en la cinta y repita una vez más.

1. Los ciudadanos deben acatar las leyes aunque no estén de acuerdo con ellas. [lo syu đa đá nos đé be na ka tár las lé ye sáwn ke no es tén de a kwér đo ko né yas]
2. ¿Piensan Uds. que existen crímenes sin víctima? [pyén sa nus té đes kek sís ten krí me ne sim bík ti ma]

---

*Remember to use the separate Pronunciation Tape for the **Pronunciación y ortografía** sections.

3. Si encarcelan a los asesinos, ¿quién va a proteger a los otros encarcelados? [syen kar sé la na lo sa se sí nos kyém ba pro te xé ra lo só tro sen dár se lá đos]

4. En mi opinión es imposible cambiar un criminal empedernido. [en myo pi nyó ne sím po sí ƀle kam byá run kri mi ná lem pe đer ní đo]

B. Lea cada una de las siguientes oraciones en voz alta, grabando su pronunciación en la cinta. Después de grabar cada oración, escuche la pronunciación que oye en la cinta y repita una vez más.

1. Y Uds., ¿van a poder explicar la diferencia entre un robo y un atraco?
2. Recibimos buenas noticias de nuestros padres y todos nos alegramos mucho.
3. Ni el juez ni el abogado creían que el joven hubiera dicho la verdad.
4. ¿Qué factores determinan la clase de castigo que recibe un criminal?

C. Escuche la siguiente selección por completo. Luego se repetirá el texto más lentamente con pausas. En las pausas, escriba lo que oyó. Al final, toda la selección se repetirá una vez más.

PRACTICA ESCRITA Y COMPOSICION

Describir y comentar

A. Dé la palabra de las listas de las páginas 269–270 que corresponde a cada definición.

1. ______________ fuera de peligro
2. ______________ declarar fuera de lo legalmente permisible
3. ______________ un acto criminal
4. ______________ un ataque físico a una persona
5. ______________ una cantidad de dinero que se debe pagar como castigo

B. Busque sinónimos en las listas del vocabulario de las páginas 269–270.

1. secuestrar ______________
2. cometer un crimen ______________
3. el criminal ______________
4. el juez, la policía ______________

C. Escriba una definición con sus propias palabras en español de las siguientes palabras.

1. el asesinato ______________
2. el abogado ______________
3. el crimen ______________
4. la cárcel ______________
5. robar ______________
6. poner una multa ______________

** **D.** Explique la diferencia entre cada par de palabras.

1. asaltar / violar ______________

2. el policía / la policía ______________________________

____

3. el chantaje / la estafa ______________________________

____

4. el estafador / el asesino ______________________________

____

5. la pena de muerte / la cadena perpetua ______________________________

____

Exploraciones

41. OTRAS FORMAS PERFECTAS DEL INDICATIVO (Other Forms of the Perfect Indicative)

A. Exprese en español las palabras indicadas entre paréntesis.

1. Ellos no (*have attended*) ______________ porque no (*have had*) ______________ tiempo.
2. ¿Qué (*has said*) ______________ el presidente con respecto a esto?
3. Antes de venir a Michigan ellos nunca (*had seen*) ______________ la nieve.
4. Este año mis amigos y yo (*have read*) ______________ artículos en español para otras clases.
5. Ellos querían ir, pero (*they had awakened*) ______________ demasiado tarde.
6. Mi abuelo (*died*) ______________ el año pasado y desde entonces mi abuela no (*has worn*) ______________ otro color que el negro.

B. Termine las siguientes oraciones con la forma correcta del verbo **haber** según el contexto.

1. Nosotros no pensamos comer ahora porque ya ______________ comido.
2. El me dijo que, antes de venir a la universidad, no ______________ vivido lejos de su familia.
3. Cuando llegué a casa anoche, vi que mis compañeros ya se ______________ acostado.
4. Ellos lo iban a despertar pero ya se ______________ levantado.

42. LOS TIEMPOS PERFECTOS DEL SUBJUNTIVO (The Perfect Subjunctive)

A. ¿Cuánto recuerda Ud.? Complete el siguiente cuadro con las formas apropiadas del verbo **haber.** Cuidado con los acentos.

	PRESENTE	PLUSCUAM-PERFECTO	PRESENTE DEL SUBJ.	PASADO DEL SUBJ.
1. yo	he			hubiera
2. tú		habías	hayas	

	PRESENTE	PLUSCUAM-PERFECTO	PRESENTE DEL SUBJ.	PASADO DEL SUBJ.
3. él				
4. nosotros				
5. vosotros		habíais	hayáis	
6. ellas	han			hubieran

B. Exprese en español las palabras indicadas entre paréntesis.

1. Es posible que Juan (*has left*) ______________ ya, pero no estoy seguro.
2. Fue una lástima que los emigrantes no (*had received*) ______________ un trato más comprensivo.
3. Sus padres se alegraron mucho de que sus hijos (*had not forgotten*) ______________ de sus antiguas costumbres.
4. ¡Ojalá que (*we had won*) ______________ la lotería!
5. Es dudoso que Uds. (*have understood*) ______________ algo de lo que (*you have seen*) ______________.
6. Nosotros ya habíamos llamado al policía antes de que el asesino (*had entered*) ______________ por la ventana.

** **C.** Junte una frase de la primera columna con otra de la segunda para hacer oraciones completas con el sujeto indicado.

1. Es una lástima / Era increíble / Es muy posible — que el juez — no verlo ayer. / no darle una multa. / condenarlo a cadena perpetua.

____

____

____

2. Me alegro mucho / Sería inconcebible / Temía — que el policía — llegar a tiempo. / no verlo. / matarlo.

____

____

____

43. MAS SOBRE LOS TIEMPOS VERBALES (More on the Sequence of Tenses)

A. Complete el siguiente párrafo usando el indicativo o el subjuntivo de los verbos entre paréntesis en los tiempos que mejor correspondan al contexto.

Quizás uno de los casos criminales más famosos del Siglo XX (haber) ________________[1] sido el asesinato del Presidente Kennedy en 1963. En noviembre de ese año Kennedy (haber) ________________[2] aceptado una invitación para visitar la ciudad de Dallas. Antes que él (llegar) ________________[3] a Dallas, un joven con vínculos comunistas misteriosos ya (haber) ________________[4] planeado su asesinato. Mientras los coches del desfile presidencial (pasar) ________________[5] por el centro de la ciudad, Lee Harvey Oswald, quien se (haber) ________________[6] escondido en el piso superior de un edificio cercano, esperaba su oportunidad. Desgraciadamente, nunca se (poder) ________________[7] interrogar a Oswald. Mientras la policía (trasladarlo) ________________[8] a la cárcel, y ante los ojos horrorizados de millones de televidentes, un tal Jack Ruby (asesinarlo) ________________[9]. Según ciertos indicios, Ruby (haber) ________________[10] tenido contactos con la comunidad cubana en los Estados Unidos. Muchos creían que los cubanos primero mandaron a Oswald a que (asesinar) ________________[11] a Kennedy, y que luego estos mismos cubanos (pagar) ________________[12] a Ruby para que a su vez (asesinar) ________________[13] a Oswald antes de que éste (poder) ________________[14] ser interrogado.

Hay «expertos» en el caso que (haber) ________________[15] teorizado que los cubanos que se (haber) ________________[16] puesto en contacto con Ruby eran verdaderamente agentes comunistas que no querían que el público norteamericano (saber) ________________[17] la conexión entre Oswald y la Unión Soviética. Desde 1963 (haber) ________________[18] aparecido muchos libros, artículos, incluso una película reciente sobre el asunto, sin que ninguno (probar) ________________[19] definitivamente ni una ni otra teoría.

Lo que sí se sabe es que, desde entonces, el número de atentados contra figuras públicas (haber) ________________[20] aumentado considerablemente. En consecuencia, no hay ningún candidato político que no (haber) ________________[21] pensado en la posibilidad de ser víctima de un atentado. Seguramente muchos de los que (tener) ________________[22] la intención de dedicarse a la política (haber) ________________[23] decidido que no vale la pena presentarse como candidato.

B. Historia de un crimen. Mire el anuncio de la RENFE (la compañía española de trenes) a continuación. Imagínese que el dibujo es el escenario de un crimen. Uno de los personajes es el criminal y el otro es la víctima. Narre la historia, considerando los siguientes factores:

- ¿A qué lugar van y de dónde vienen los dos personajes?
- ¿Cómo ha sido la vida de los dos?
- ¿Se conocían antes de subir al tren? ¿Sabía uno del otro?
- ¿Qué clase de crimen se va a cometer?
- ¿Cuál es el motivo del crimen?
- ¿Qué ocurre después? ¿Se escapa el criminal o no?

Nombre ______________________ Fecha ____________ Instructor(a) ________________

SOLO PARA TUS OJOS

Oye, mira...
Date el gusto.
Viaja en tren con los cinco sentidos.
Descubrirás detalles, paisajes, gestos, que sólo entenderán tus ojos.
No dejes que se te escapen. Son tus recuerdos de viaje.
Descubrirás también que el tren está cambiando. Que ha cambiado ya.
Mira, fíjate bien.
El tren es el mirador perfecto para echarle un vistazo al mundo.

RENFE
MEJORA TU TREN DE VIDA.

____

____

____

____

C. Complete las oraciones que se dan a continuación para narrar la historia de la tira cómica de la página 284. Escoja la forma verbal correcta de las opciones que se dan entre paréntesis. Cuidado con la secuencia de los tiempos.

1. El fiscal presenta su caso. El acusado robó un banco. No hay duda de que lo (ha hecho / hace / haga / haya hecho) porque la policía lo (detenía / detiene / detuviera / detuvo) en el acto.
2. El abogado defensor confiesa que su cliente (es / fuera / sea) culpable. Pero defiende sus acciones, explicando al juez que el presunto ladrón (fue / fuera / haya sido) defraudado por el banco durante el escándolo de los *Savings and Loans.* Su esposa está gravemente enferma y para comprarle los medicamentos necesarios para que (se cura / se cure / se haya curado), decidió asaltar el banco.
3. El juez está muy confundido y entra en su cámara para (tomar / tomara / tome) una decisión.
4. Medita mucho sin que (se le hubiera ocurrido / se le ocurra / se le ocurre) ninguna solución.

5. Por fin, recuerda el consejo que alguien le (diera / dio / haya dado) cuando fue recién nombrado juez. Le habían dicho que en los casos difíciles (llama / llamara / llame) a la Justicia.
6. Marca el número y espera algunos segundos hasta que la Justicia (le contesta / le conteste).
7. Le explica todo lo que (ha pasado / haya pasado / hubiera pasado) y le pide que lo (ayuda / ayudara / ayude).
8. La Justicia encuentra que (es / fuera / sea) un caso difícil. Recuerda otros que (fueron / hayan sido / hubieran sido) difíciles pero éste le (ha parecido / haya parecido / parece) todavía más imposible.
9. ¿Cómo va a decidir? A base de la moneda que echa —cara si (es / haya sido / sea) culpable y cruz si (es / haya sido / sea) inocente. ¿Qué cree Ud. que (decide / haya decidido)?

¡Ojo!

A. Elija la palabra que mejor complete la oración.

1. Pedrita es muy simpática (no sólo / pero / sino / sino que) tiene pocos amigos.
2. No pude comprar el coche que yo quería (no sólo / pero / sino / sino que) el que costaba $850.
3. Juan no quería que su hijo ganara el primer premio (no sólo / pero / sino / sino que) participara.
4. Roberta tiene 100 años (no sólo / pero / sino / sino que) se siente muy joven.
5. (No sólo / Pero / Sino / Sino que) fueron a la fiesta sin ser invitados, (no sólo / pero / sino / sino que) también llevaron a toda la familia.

B. Exprese en español las palabras o expresiones entre paréntesis. ¡Cuidado! Hay también palabras de los capítulos anteriores.

1. ¿Cómo (*did you feel*) ______________ cuando su hija (*became*) ______________ médica?
2. Yo (*would miss*) ______________ mucho a mis amigos si (*I moved*) ______________ a otro estado.
3. Anoche, antes de ir a la conferencia, nosotros (*had become*) ______________ muy nerviosos (*since*) ______________ (*we had realized*) ______________ que el presidente (*was attending*) ______________ esa noche.
4. Le pedí a ella que (*pay attention*) ______________ (*but*) ______________ (*it's a fact*) ______________ que no lo hizo.
5. Nosotros vamos a (*to succeed*) ______________ sin que Uds. (*support us*) ______________.
6. Si los pies te (*were hurting you*) ______________, ¿(*would you ask for*) ______________ alguna medicina al médico?

Enlace

REPASO: PARRAFO DE SINTESIS

Lea la siguiente selección —un cuento del escritor argentino Enrique Anderson Imbert— llenando los espacios en blanco con la forma correcta de las palabras entre paréntesis. Donde se dan dos palabras, escoja la más apropiada según el contexto.

El crimen perfecto

Creí haber cometido el crimen perfecto. Perfecto el plan, perfecta su ejecución. Y para que nunca se encontrara el cadáver, lo escondí donde a nadie se le ocurriera buscarlo: en un cementerio. Yo (conocía / sabía)[1] que el convento de Santa Eulalia (era / estaba)[2] desierto[a] desde hacía años y que ya no (haber) ______________________________[3] monjitas que enterraran a monjitas en su cementerio. Cementerio blanco, bonito, hasta alegre con sus cipreses y paraísos a orillas[b] del río. Las lápidas,[c] todas iguales y ordenadas como canteros[d] de jardín alrededor de una hermosa imagen de Jesucristo, (lucir[e]) _______________[4] como si las mismas muertas (encargarse) _______________[5] de mantenerlas limpias. Mi error: (olvidar: yo) _______________[6] que mi víctima (*had been*) _______________ _______________[7] un furibundo[f] ateo. Horrorizadas (*because of*) _________________________[8] el compañero de sepulcro (*that*) _______________[9] les acosté al lado, (*that*) _______________[10] noche las muertas (*decided*) _______________[11] (moverse / mudarse)[12]: cruzaron a nado[g] el río llevando consigo las lápidas y (*arranged*) _______________[13] el cementerio en la otra orilla, con Jesucristo y todo. Al día siguiente, los viajeros (*who*) _______________[14] iban (por / para)[15] lancha[h] al pueblo de Fray Bizco (ver) _______________[16] a su derecha el cementerio que siempre (*they had seen*) _______________[17] a su izquierda. (Por / Para)[18] un instante se les confundieron las manos y creyeron que (*they were sailing:* navegar) _______________[19] en dirección contraria, como si

[a]sin vida [b]a… *on the banks* [c]*tombstones* [d]*flowerbeds* [e]parecer [f]*raging* [g]a… nadando [h]*small boat*

(volver: ellos) ________________[20] de Fray Bizco, (pero / sino)[21] en seguida (*they understood:* advertir [ie, i]) ________________[22] que se trataba de una mudanza y (*they notified:* dar parte) ________________[23] a las autoridades. (Unas / Unos)[24] policías (ir) ________________[25] a inspeccionar el sitio que antes ocupaba el cementerio, (*they began to dig:* cavar) ________________[26] donde la tierra (buscaba / miraba / parecía)[27] recién movida,[i] (sacar) ________________[28] el cadáver (por eso, a la noche, las almas en pena[j] de las monjitas [volver] ________________[29] muy aliviadas,[k] con el cementerio a cuestas[l]) y de investigación en investigación... : ¡bueno! el resto ya lo (conoce / sabe)[30] usted, señor juez.

[i]*disturbed* [j]almas... *suffering souls* [k]*relieved* [l]a... *on their backs*

Análisis y aplicación: Composición

MAS PRACTICA CON EDITAR Y CORREGIR

A continuación hay una composición estudiantil que contiene algunos errores. Antes de corregirla, hágase las siguientes preguntas.

1. Estructura y contenido

   ¿Se puede identificar la tesis sin dificultad?
   ¿En qué forma se ha organizado la información? ¿Comparación y contraste? ¿Causa y efecto? ¿Análisis? ¿Cree Ud. que podría haber otra forma mejor de organizarla? ¿En qué forma? ¿Por qué?
   ¿Toda la composición presenta datos para explicar o desarrollar la tesis?
   ¿Se debe quitar alguna información por no venir al caso? ¿Se debe añadir otros datos o más información para hacer que la presentación tenga más impacto?
   ¿Tiene una introducción y una conclusión? ¿Le ayudan al lector a seguir el argumento? ¿Añaden interés?

2. Aspectos gramaticales

   ¿Hay errores de concordancia entre el sujeto y el verbo? ¿Entre los sustantivos y los adjetivos?
   ¿Hay errores en el uso de los tiempos pasados (pretérito e imperfecto)?
   ¿Hay errores en el uso del subjuntivo?
   ¿Hay errores en el uso de los artículos definidos e indefinidos? ¿Se han omitido algunos?

3. Aspectos tipográficos

   ¿Hay errores de deletreo?
   ¿Hay errores de acentuación?

Lea la composición varias veces y luego, trabajando solo/a o con un compañero de clase, sugiera cambios y correcciones.

Un mito es un cuento tradicional que está pasado de una generacion a una otra. Los mitos son universales; uno puede verlos en cada cultura y en cada civilizacion. Ellos reflejan los aspectos distintos de las culturas: por ejemplo, los mitos justifican algo, o discuten algo de la historia de un grupo, y a veces explican cosas naturales.

Muchos grupos ha usado los mitos para justificar su superioridad sobre otros grupos. Por ejemplo, la ciudad de Babilonia justificaba su posicion politica (su poder sobre las otras ciudades) con un mito que demostraba la superioridad de su dios patron. Y los aztecas justificaban los sacrificios de la gente con un mito que describió el origen del sol y la necesidad de los sacrificios para el movimiento del sol.

Muchos tiempos los mitos incluyen algo de la historia de una cultura y también explican los fenomenos de la naturaleza. Los griegos clásicos tenían muchos mitos que ya son muy famosos. Estos mitos que están preservados frecuentemente discuten un tema historica como la Guerra de Troya. El mito nos da una descripción historica (más o menos) de la guerra, de los héroes y tambien de la tierra alrededor de Troya. Pero, mas importante, el mito identifica quién tiene el poder —el dominio— sobre todos: los dioses.

Los griegos, los aztecas, todas las civilizaciones tienen o tenían los mitos. Algunos mitos, como en Babilonia, justifican cosas religiosas o políticas. Otros explican los aspectos del ambiente y muchos mitos son historicos con descripciones de las guerras o la politica actual de una epoca.

Viaje cultural*

Pasaje: «De la calle al trabajo: El caso de Bogotá, Colombia»

La vida de muchos niños latinoamericanos es poco ideal. Viven en la calle, no tienen para comer a menos de que roben y una gran mayoría ha usado drogas.

¡A ver! Antes de ver el vídeo, lea la siguiente lista de información relacionada con el proyecto de ayuda a los niños en Bogotá. Después de ver el vídeo, complete la lista de información. (Mire varias veces el segmento si es necesario.)

1. Organización patrocinadora del proyecto: ______________________________
2. Fecha de inicio del proyecto en Colombia: ______________________________

*The viewing segments corresponding to the **Viaje cultural** section can be found on the Video to accompany *Pasajes.*

3. Número de niños empleados originalmente: ______________________

4. Salario promedio mensual: ______________________

Ficha de: *Jaime, William y Carlos*

Salario: ______________ Tipo de vivienda actual: ______________

¿Qué cuenta uno de éstos de su vida antes de participar en el proyecto?

Lugar de vivienda anterior: ______________

Situación familiar anterior: ______________________

Situación con la policía: ______________________

____

Enigma. Se dice que hay miles de niños viviendo en las calles. ¿Qué cantidad específica de niños que viven en las calles se menciona en el vídeo? ________

El trabajo y el ocio

EXPRESION ORAL Y COMPRENSION

Describir y comentar

A. Escuche las siguientes palabras y repítalas en la pausa. Entonces escuche la palabra otra vez, compare su pronunciación con la que oye en la cinta y repita una vez más.

el adiestramiento
el aprendizaje
convenir (ie, i)
el descanso
las diversiones
ejercer una profesión
el entrenamiento
el entretenimiento
entrevistar
  entrevistarse con
  la entrevista
escoger
especializarse en
  la especialización
jubilarse
el ocio
el oficio
el pasatiempo
el prestigio
relajarse
el tiempo libre
tomar vacaciones
valorar

B. Mire el vocabulario de la lista en el ejercicio A mientras escucha las siguientes definiciones y preguntas. Diga la palabra de la lista que mejor corresponda a cada contexto. Repita la respuesta correcta después de oírla en la cinta.

1. … 2. … 3. … 4. …

C. Escuche las siguientes palabras y repítalas en la pausa. Entonces escuche la palabra otra vez, compare su pronunciación con la que oye en la cinta y repita una vez más.

PROFESIONES Y OFICIOS		
el/la artista	el enfermero / la enfermera	el/la periodista
el bailarín / la bailarina	el maestro / la maestra	el reportero / la reportera
el basurero / la basurera	el/la militar	el torero / la torera
el/la beisbolista	el músico / la música	el vaquero / la vaquera
el bombero / la mujer bombero	el/la oficinista	el vendedor / la vendedora

D. Mire el vocabulario de la lista en el ejercicio C mientras escucha una serie de palabras o expresiones. Diga la palabra que más se asocia con cada serie. Oirá cada serie dos veces. Repita la respuesta correcta después de oírla en la cinta.

MODELO: la ley, la justicia, las cortes → *el abogado*

1. … 2. … 3. … 4. … 5. …

E. Según Ud., ¿qué es más importante para ser feliz? ¿el amor? ¿el dinero? ¿otra cosa? Escuche el siguiente texto para saber lo que dijeron unas personas encuestadas (*individuals who were polled*) al respecto. Busque información para completar la siguiente tabla.

1. Resumen de los datos básicos de la encuesta:

	GRUPO:	GRUPO:
más importante		
menos importante		

2. Resuma brevemente lo que la encuesta reveló acerca del trabajo: ¿cuál resultó ser la actitud más frecuente respecto al trabajo?

☐ una forma de realización personal

☐ una manera de ganarse la vida

☐ una tortura

F. Escuche este texto breve sobre una actividad que se da en muchas partes del mundo. ¿Puede adivinar cuál es?

1. Escuche el texto por primera vez para identificar los siguientes datos:

   a. ¿Quién (o qué) es «la reina»? (¡Sea específico!) Y ¿para qué sirve? ______________________

   ____

   b. ¿Cuáles son *dos* de las razones que motivan su uso? ______________________

   ____

   c. ¿Cuáles son los dos lugares del mundo donde se utiliza más? ______________________

   ____

2. Ahora escuche una segunda vez para encontrar información acerca de la importancia *social* de «la reina».

   a. ¿Qué revela acerca de las relaciones entre enamorados en China?

   ____

   ____

b. ¿Qué aspecto de «la reina» les gusta más a los franceses?

______

______

Exploraciones

44. REPASO DE LAS FORMAS VERBALES (Review of Verb Forms)

A. Ud. oirá una serie de oraciones. Complételas con la forma correcta del *pretérito.* Trate de usar pronombres de complemento directo e indirecto cuando sea posible. Repita la respuesta correcta después de oírla en la cinta.

MODELO: Hoy estudias los verbos y ayer también… → *los estudiaste.*

1. … 2. … 3. … 4. … 5. … 6. …

B. Ud. oirá una serie de oraciones. Complételas con la forma correcta del *futuro.* Trate de usar pronombres de complemento directo e indirecto cuando sea posible. Repita la respuesta correcta después de oírla en la cinta.

MODELO: Ayer estudiaste los verbos y mañana también… → *los estudiarás.*

1. … 2. … 3. … 4. … 5. … 6. …

C. Ud. oirá una serie de oraciones. Complételas con la forma correcta del *presente perfecto.* Trate de usar pronombres de complemento directo e indirecto cuando sea posible. Repita la respuesta correcta después de oírla en la cinta.

MODELO: No vas a estudiar los verbos porque ya… → *los has estudiado.*

1. … 2. … 3. … 4. … 5. … 6. …

D. Ud. oirá una serie de oraciones. Complételas con la forma correcta del *presente del subjuntivo.* Trate de usar pronombres de complemento directo e indirecto cuando sea posible. Repita la respuesta correcta después de oírla en la cinta.

MODELO: Estudias los verbos porque tus padres quieren… → *que los estudies.*

1. … 2. … 3. … 4. … 5. … 6. … 7. …

E. Escuche la oración modelo y repítala. Luego oirá una frase que indica tiempo. Repita la oración, cambiando la oración al tiempo sugerido por cada frase.

MODELO: María estudia mucho. (De niña…) → *De niña estudiaba mucho.*

1. … 2. … 3. …

F. Ud. oirá una serie de preguntas en español. Contéstelas en forma negativa; use en su respuesta el mismo tiempo verbal usado en la pregunta. Trate de usar pronombres de complemento directo e indirecto cuando sea posible. Repita la respuesta correcta después de oírla en la cinta.

MODELO: ¿Estudió Ud. los verbos ayer? → *No, no los estudié.*

1. … 2. … 3. … 4. … 5. … 6. … 7. …

G. Para cada dibujo, Ud. oirá una serie de preguntas. Escúchelas con cuidado y luego contéstelas con una oración completa, usando los verbos indicados para cada pregunta. Repita la respuesta correcta después de oírla en la cinta.

a.

1. leer el periódico / fumar su pipa
2. levantarse / ir con ella
3. haber subir al árbol / no poder bajar
4. bajar al gato

b.

1. haber oír un ruido / haber despertarse
2. haber entrar un ladrón
3. despertarse
4. ir a investigar lo que pasar

45. FORMAS DEL PROGRESIVO (Progressive Forms)

A. Ud. oirá una serie de verbos. Dé el gerundio de cada uno. Repita la respuesta correcta después de oírla en la cinta.

MODELO: escuchar → *escuchando*

1. … 2. … 3. … 4. … 5. … 6. … 7. … 8. … 9. … 10. … 11. … 12. …

B. Las siguientes personas decidieron cambiar su vida según ciertas resoluciones que hicieron en enero. Ud. oirá lo que cada uno solía hacer en el pasado. Usando el presente progresivo, explique lo que están haciendo este año. Repita la respuesta correcta después de oírla en la cinta.

MODELO: Paco generalmente comía mucho. Este año… → *está comiendo menos.*

1. … 2. … 3. … 4. … 5. … 6. …

C. ¿Qué estaban haciendo las siguientes personas cuando... ? Para los siguientes dibujos, Ud. oirá una serie de preguntas. Contéstelas para describir las acciones que se ven en los dibujos. Use el vocabulario indicado bajo cada dibujo. Repita la respuesta correcta después de oírla en la cinta.

MODELO:

fumar

¿Qué estaban haciendo los niños cuando las mujeres los vieron? →
Estaban fumando.

1.

dormir

2.

pelearse

3.

jugar al béisbol

4.

tocar la porcelana

D. Ud. oirá una serie de oraciones incompletas. Complételas con la forma apropiada del *presente progresivo del subjuntivo.* Trate de usar pronombres de complemento directo e indirecto cuando sea posible. Repita la respuesta correcta después de oírla en la cinta.

MODELO: Juan estudió los verbos anoche, pero dudo que ahora… → *los esté estudiando.*

1. … 2. … 3. … 4. … 5. …

E. Ud. oirá una serie de preguntas y expresiones. Contéstelas usando la expresión indicada y la forma apropiada del *pasado progresivo del subjuntivo.* Trate de usar pronombres de complemento directo e indirecto cuando sea posible. Repita la respuesta correcta después de oírla en la cinta.

MODELO: ¿Lo estaba haciendo? (era imposible) → *Era imposible que lo estuviera haciendo.*

1. … 2. … 3. … 4. … 5. …

ESTRATEGIAS PARA LA COMUNICACION

A. Ud. oirá descripciones de algunas situaciones típicas en las que se pueden encontrar los turistas. Escúchelas con cuidado y luego indique la pregunta más apropiada en cada situación.

1. a. ____ ¿Cuánto valen?
   b. ____ ¿No los tendría de color verde?
   c. ____ ¿Qué número son?
2. a. ____ ¿A cuánto están los melones?
   b. ____ ¿Cuántos melones hay?
   c. ____ ¿Cómo son los melones?
3. a. ____ ¿A cuánto está este vestido?
   b. ____ ¿Qué talla es este vestido?
   c. ____ ¿Tiene Ud. trajes?

B. Lea brevemente el siguiente texto. Luego, Ud. oirá una serie de preguntas. Contéstelas con la información apropiada. Repita la respuesta correcta después de oírla en la cinta.

> María Rodríguez Garreta
> Fernando el Católico, 23, 3°, 3ª
> 28015 Madrid, España
> (91) 247 65 89

1. … 2. … 3. … 4. … 5. …

Enlace

VOCES

Escuche con atención a William G., Daniel B., Vikki M. y Francisco F., cuatro hispanos que nos hablan de sus profesiones.

A. Examine el siguiente cuadro (de la página 297) con atención. Escuche los testimonios por primera vez para tratar de contestar la pregunta: ¿Qué profesión tienen y por qué han elegido esa profesión? Identifique las características que mejor describan el trabajo que hace cada uno. Complete el cuadro con la información apropiada.

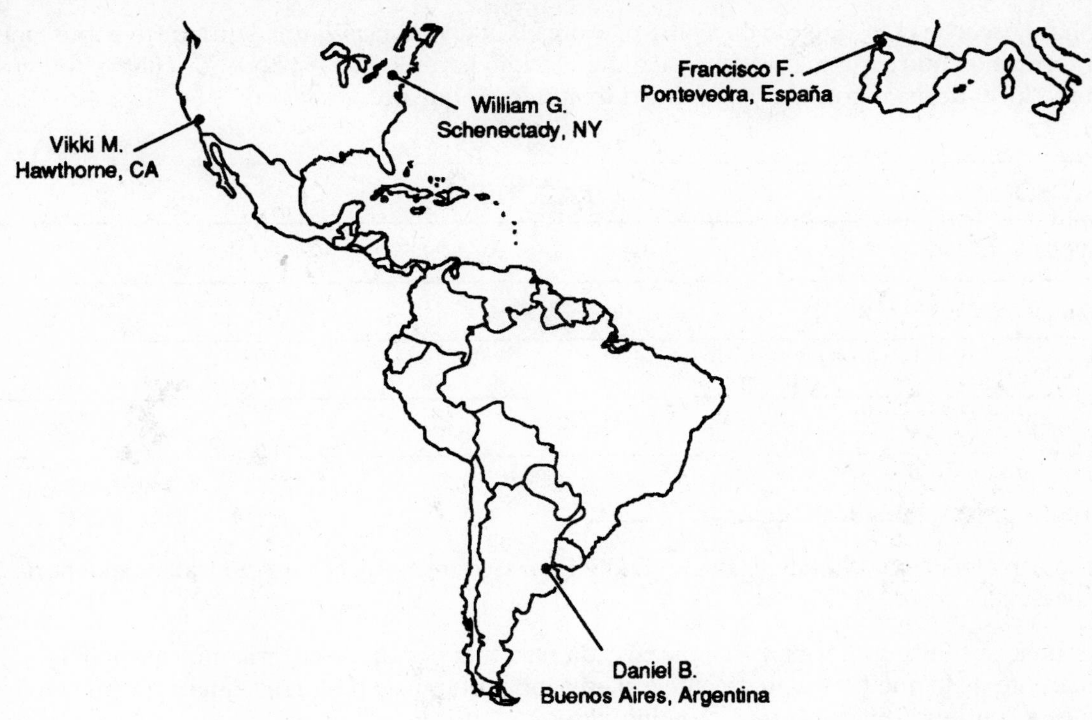

1. ¿Que profesión tiene y por qué ha elegido esa profesión?

RASGOS	WILLIAM	DANIEL	VIKKI	FRANCISCO
artístico				
intelectual				
social				
espiritual				
PROFESIONES				
manual				
en una oficina				
científico				
del mundo de la naturaleza				
del mundo de los negocios				
del mundo de la medicina				
del mundo de la educación				

2. Ahora escuche el testimonio de William, Daniel, Vikki y Francisco una segunda vez, buscando información que explique por qué cada uno decidió hacer lo que hace. De los cuatro, ¿quién ha tomado su decisión más por comodidad (*convenience*) que por vocación?

PERSONA	RAZON(ES)
William	
Daniel	
Vikki	
Francisco	

Decisión más por comodidad: ________________

B. Escuche con atención a William, Daniel, Vikki y Francisco mientras hablan del trabajo que harían si pudieran hacer otra cosa.

1. Escuche sus testimonios para decidir en cada caso si la persona escogería un trabajo muy diferente de lo que hace actualmente o si escogería un trabajo bastante similar. ¿Dónde en la línea a continuación colocaría a cada individuo?

◄————————————————►

muy diferente   algo diferente   muy similar

**2. Ahora explique brevemente por qué Ud. los ha colocado en la línea de esta manera. ¿En qué son diferentes y en qué son similares los trabajos que describen? Si quiere, escuche los testimonios una vez más.

____

____

____

____

____

____

____

____

____

** **C.** Conteste las siguientes preguntas brevemente por escrito. ¿Trabaja Ud. actualmente? ¿Qué hace y cómo lo consiguió?

____

____

____

____

____

¿Es similar o muy diferente este trabajo a su trabajo ideal? Describa brevemente su trabajo ideal.

EXPLORACION CULTURAL: **Los vaqueros y los gauchos**

La siguiente selección compara el vaquero de los EEUU y el gaucho de la Argentina. Escuche la selección, tomando apuntes de las ideas que a Ud. le parecen más importantes. Al final haga el ejercicio indicado.

Las siguientes palabras le pueden ser útiles para comprender la selección.

el facón *gaucho's knife*	el llano *plain, prairie*
la ganadería *livestock raising*	la pampa *prairie*
el ganado *livestock*	la res *beef cattle*
el jinete *horseman*	

(Use este espacio para sus apuntes.)

** En otro papel, haga Ud. un breve resumen en español de la información básica de esta selección. En su resumen, señale por lo menos dos semejanzas y dos diferencias entre el *cowboy* y el gaucho.

Pronunciación y ortografía*

PRONUNCIACION: REPASO GENERAL

A. Lea cada una de las siguientes oraciones en voz alta, cambiando al plural las palabras subrayadas. Compare su pronunciación con la que oye en la cinta y repita una vez más.

1. El vaquero del suroeste de los EEUU es semejante al gaucho de la pampa argentina.
2. El viajero europeo encontró muy poco que elogiar en el gaucho. Lo encontró falto de (*lacking in*) moral, borracho y camorrista (*rowdy*).
3. Al jinete español de la Edad Media le habría sido muy fácil reconocer al vaquero estadounidense por su equipo y vocabulario. Habría reconocido sus *chaps* (las chaparreras), su *lariat* (la reata) y otros términos prestados directamente del español o modificados.

*Remember to use the separate Pronunciation Tape for the **Pronunciación y ortografía** sections.

B. Escuche la siguiente selección. Luego léala en voz alta, grabando su pronunciación en la cinta. Cuidado con el ritmo de su lectura, al igual que con la pronunciación de las vocales y consonantes. Después de leer cada oración, compare su pronunciación con la que oye en la cinta y continúe con la próxima oración.

No hay grupos cuyos miembros se parezcan más entre sí que los jinetes del Nuevo Mundo. Los huasos de Chile, los gauchos de la Argentina y del Brasil, los vaqueros de México, los llaneros de Venezuela y Colombia y los *cowboys* de los EEUU parecen hermanos.

C. Escuche la siguiente selección por completo. Luego se repetirá el texto más lentamente con pausas. En las pausas, escriba lo que oyó. Al final, toda la selección se repetirá una vez más.

PRACTICA ESCRITA Y COMPOSICION

Describir y comentar

A. ¿Qué palabra no pertenece al grupo? ¿Por qué?

1. el vaquero / el bombero / el oficinista / el torero

 ______

2. el artista / el músico / el bailarín / el militar

 ______

3. el prestigio / relajarse / tomar vacaciones / el tiempo libre

 ______

4. la entrevista / el beisbolista / el maestro / el vendedor

 ______

B. ¿Con qué palabra de la lista B se asocia cada profesión o verbo de la lista A? Explique el porqué de su asociación.

A

1. ____ valorar
2. ____ un maestro
3. ____ relajarse
4. ____ un bombero
5. ____ un militar

B

a. un diploma
b. la disciplina
c. la inspiración
d. apreciar
e. una aspirina
f. tomar vacaciones
g. un cigarrillo

C. ¿Qué palabras del vocabulario de la lista de la página 291 asocia Ud. con los siguientes términos?

1. el descanso ______
2. las diversiones ______
3. el vendedor ______
4. el prestigio ______
5. el aprendizaje ______

** **D.** Defina cada palabra brevemente en español.

1. el tiempo libre ______
2. el entrenamiento ______
3. el periodista ______
4. el enfermero ______
5. el oficio ______

** **E.** Escriba una oración en español con cada una de las siguientes palabras y frases.

1. jubilarse ______
2. ejercer una profesión ______
3. especializarse ______
4. el pasatiempo ______

Exploraciones

44. REPASO DE LAS FORMAS VERBALES (Review of Verb Forms)

A. ¿Cuánto recuerda Ud.? Complete el cuadro a continuación con las formas verbales apropiadas. Cuidado con los acentos.

	PRESENTE	PRETERITO	PRESENTE PERFECTO	FUTURO	PRESENTE DEL SUBJ.	IMPERFECTO DEL SUBJ.
1. pagar: yo						
2. salir: yo						
3. escribir: tú						
4. señalar: tú						
5. poder: Ud.						
6. sacar: ella						
7. traer: nosotros						
8. dar: nosotros						
9. dormir: Uds.						
10. empezar: ellas						

B. Cambie los verbos en letra cursiva por un tiempo *pasado,* haciendo a la vez todos los cambios que sean necesarios en el resto de la oración. A veces hay más de una manera de cambiar la oración. ¡Cuidado! Es necesario leer la oración con cuidado antes de hacer los cambios.

1. *Dicen* que no sabe nada. ______

2. *Van* a venir si es posible. ______________________________
3. *Salen* tan pronto como pueden. ______________________________
4. No lo *piensan* leer porque ya lo han leído. ______________________________
5. Nos *alegra* mucho que se haga músico. ______________________________
6. Lo *escogerán* con tal de que esté en buenas condiciones. ______________________________

____

C. Cambie los verbos en letra cursiva al tiempo *futuro,* haciendo a la vez todos los cambios que sean necesarios. A veces hay más de una manera de cambiar la oración. ¡Cuidado! Es necesario leer la oración con cuidado antes de hacer los cambios.

1. Nos *especializamos* en física nuclear en cuanto llegamos. ______________________________

   ____
2. Se lo *compraron* para que lo tuviera más rápido. ______________________________

   ____
3. ¿Lo *ha* señalado ya? ______________________________
4. Me *caso* con un hombre que me quiere. ______________________________

   ____
5. *Tuvo* el poder hasta que volvió el capitán. ______________________________

   ____
6. *Esperabas* que fuera banquero. ______________________________

** **D.** Complete las siguientes oraciones de una manera lógica.

1. Para mí, lo más importante de la experiencia universitaria es ______________________________

   ______________________________ porque

   ____
2. Si me fuera posible hacerme famoso/a por algo, me gustaría ser conocido/a como «la persona

   que ______________________________».
3. Yo una vez ______________________________ y

   todavía lo considero el episodio más (adjetivo) ______________ de mi vida.
4. De las profesiones y oficios, el que no me parece nada interesante es ______________,

   ya que ______________________________
5. En mi opinión el hombre inventó el trabajo (para que / porque) ______________________________

   ____
6. Decidí especializarme en ______________ porque ______________________________

   ____

**E. Imagínese que Ud. es consejero/a en la universidad y que los siguientes estudiantes lo/la visitan para que los aconseje sobre las clases que deben tomar. Dados los planes que tienen ellos para el futuro, ¿qué clases les recomienda Ud.?

MODELO: Carmen quiere hacerse periodista. →
Sería conveniente que estudiara inglés y ciencias políticas. También convendría que tomara algunas clases de oratoria (public speaking).

1. Laura quiere hacerse médica. ______________________________

2. Roberto quiere hacerse diplomático. ______________________________

3. Julio quiere hacerse hombre de negocios. ______________________________

4. Mercedes quiere hacerse abogada. ______________________________

5. Francisco quiere hacerse psicólogo. ______________________________

6. Pedro quiere ser torero. ______________________________

F. Complete el párrafo con la forma correcta del verbo indicado entre paréntesis.

Hace unos años, cuando yo (tener) ______[1] 17 años, mis padres (insistir) ______[2] en que yo (solicitar) ______[3] entrada en la universidad. Al principio, yo no (querer) ______[4] hacerlo. No me (interesar) ______[5] los estudios universitarios en esa época. Cuando ellos me (preguntar) ______[6] qué (hacer) ______[7] después de graduarme en la escuela secundaria, no (tener) ______[8] la menor idea. Por fin, (escribir) ______[9] a varias universidades y me (aceptar) ______[10] en ésta donde (haber) ______[11] pasado los últimos años. Ahora (estar) ______[12] listo/a[a] para sacar mi licenciatura.

Si mis padres me (haber) ______[13] dicho hace unos años que este año me (estar) ______[14] graduando en la universidad, no lo (haber) ______[15] creído. Durante los años pasados, mi vida (haber) ______[16] cambiado bastante y (haber: yo) ______[17] aprendido mucho. De mi experiencia en esta universidad siempre (recordar) ______[18] … (Complete el párrafo en una forma personal.) ______________________________

[a]*ready*

____

____

____

Pero todavía me (preguntar) ________________[19]: ¿Qué (ir) ________________[20] a (hacer) ________________[21] después de graduarme? Por eso, (haber) ________________[22] decidido hacer estudios de posgrado. De esta forma, (poder) ________________[23] seguir imaginándome cómo (ser: yo) ________________[24] dentro de unos años más. Creo que… (Complete el párrafo en una forma personal.) ________________

____

____

____

____

A veces pienso cómo habría sido mi vida si nunca (haber) ________________[25] asistido a la universidad. Creo que… (Complete el párrafo en una forma personal.) ________________

____

____

____

____

45. FORMAS DEL PROGRESIVO (Progressive Forms)

A. Dé la forma correcta del gerundio de los siguientes verbos.

1. servir ________________
2. ayudar ________________
3. comenzar ________________
4. hacer ________________
5. decir ________________
6. oír ________________
7. romper ________________
8. leer ________________
9. escribir ________________
10. ser ________________
11. pedir ________________
12. robar ________________

B. Cambie las siguientes formas simples por la forma progresiva correspondiente, usando como auxiliar el verbo **estar.**

1. salían ________________
2. beberás ________________
3. trabajo ________________
4. pusiste ________________
5. caigo ________________
6. hablaría ________________
7. creían ________________
8. volverán ________________

C. Decida si se debe usar un tiempo simple o una forma progresiva para expresar los verbos en letra cursiva. Luego dé la forma apropiada.

1. When *are they coming*? ______________________
2. Are you crazy? Do you know what *you are saying*? ______________________
3. *We were eating* when the phone rang. ______________________
4. Do you remember what the thief *was wearing*? ______________________
5. Why *are you studying* Spanish this term? ______________________
6. *They are going* home right now. ______________________
7. *We* generally *ask questions* at the end. ______________________
8. The old man knew *he was dying*. ______________________

** **D.** ¿En qué se diferencia su generación de la anterior (o de la de sus padres)? En otro papel escriba cinco oraciones usando el presente progresivo para indicar lo que Uds. están haciendo igual que sus padres y lo que están haciendo diferente de lo que hacían sus padres, y por qué.

E. Decida si se debe usar el indicativo o el subjuntivo del verbo auxiliar en los siguientes casos y escriba la forma apropiada en el espacio.

1. Me parece que los estudiantes (estar) ______________ bailando más hoy en día.
2. A mis abuelos les sorprendió que mi padre (estar) ______________ ganando $60.000 al año.
3. Le pedí que no (seguir) ______________ molestándonos.
4. El presidente no sabía que nosotros (estar) ______________ criticándolo tanto.
5. No hay duda que (seguir: ellos) ______________ pensando ir a la luna.
6. Quiero que tú (ir) ______________ preparándote para el examen de japonés. No esperes hasta última hora.
7. No había nadie que (estar) ______________ ayudando a los estudiantes más que el señor León.
8. ¡Qué raro que ya no (estar: ellos) ______________ sirviendo pescado los viernes!
9. Ya que el sol (estar) ______________ saliendo, debemos levantarnos para ir a clase.
10. El gato maullaba (*howled*) de hambre como si (estar) ______________ muriéndose.

** **F.** Complete las siguientes oraciones con la forma correcta del progresivo del subjuntivo.

1. Las telenovelas (*soap operas*) son muy populares hoy en día entre los estudiantes. Si tú visitas mi residencia, por ejemplo, a las __________ de la tarde, es probable que todo el mundo

   ____
2. Dos amigos de la escuela secundaria me visitaron en la universidad recientemente; no pudieron creer que yo ____
3. Soy optimista / pesimista con respecto al futuro porque me parece que últimamente __________

   ____

4. La última vez que hablé con mis padres, a ellos les alegró / enojó mucho que yo ______________
____

5. Le grité a mi mejor amigo/a recientemente porque me molestó mucho que ______________
____

46. ALGUNAS RESTRICCIONES EN EL USO DEL GERUNDIO (Restrictions on the Use of the **-ndo** Form)

A. Elija la palabra o frase que mejor complete cada oración.

1. La carta (explicando / que explicaba) el asunto llegó ayer.
2. Después de (trabajando / trabajar), nos gusta ir al gimnasio.
3. (Escribiendo / Escribir) composiciones de español es buena práctica para aprender la lengua.
4. ¿Oíste a papá (cantando / que canta) en la ducha?
5. Mi pasatiempo favorito es (leyendo / leer) novelas policíacas.
6. El pájaro (volando / que volaba) dejó caer el gusano (*worm*).

B. Exprese en español las palabras entre paréntesis.

1. Dé la respuesta correcta, (*explaining*) ______________ sus razones brevemente.
2. El hombre (*entering*) ______________ por la puerta de atrás es un abogado famoso.
3. Es posible efectuar cambios en el sistema sin (*stirring up:* fomentar) ______________ una revolución.
4. La única solución al problema es (*outlawing*) ______________ la posesión de drogas.
5. Resolvieron el problema (*by outlawing*) ______________ la posesión de drogas.
6. (*Giving:* Poner) ______________ una multa al criminal no es un castigo suficientemente fuerte.
7. Las personas (*having*) ______________ preguntas deben esperar hasta el final.
8. Antes de (*giving*) ______________ sus razones, el abogado miró al cielo.
9. El abogado pudo convencerlos a todos (*by giving*) ______________ razones lógicas y convincentes.

C. Complete el siguiente párrafo con las formas correctas en español de las palabras inglesas o españolas que se dan entre paréntesis. Base sus respuestas en la información comunicada en el anuncio de la página 310.

Según el anuncio, si Ud. (*need*) ______________[1] hacer un viaje, es mejor que (*you do it*) ______________[2] en tren que en coche. (*By travelling*) ______________[3] en tren, Ud. puede aprovecharse de las muchas ventajas (*offered:* ofrecer) ______________[4] (por / para)[5] este medio de comunicación moderno. Primero, Ud. (*will have*) ______________[6] las manos libres y por eso (*will be able*) ________________[7] leer o escribir si lo desea. Segundo, y quizás más importante, Ud. (*will arrive*) ________________[8] a su destino sin (*worrying*) ________________[9] de ser víctima de un accidente automovilístico. Así que, (por / para)[10] su próximo viaje, ¡(*go*) ________________[11] en tren!

¡Ojo!

A. Elija la palabra que mejor complete cada oración.

1. Tenemos que subir (a / en) pie; el ascensor no (funciona / trabaja).
2. (Como / Porque) sus padres (devuelven / regresan) mañana, los niños (se hicieron / se pusieron) muy contentos.
3. Es triste, (pero / sino / sino que) el niño nunca (logra / sucede / tiene éxito) agradar a su madre.
4. (Porque / Ya que) nació mi hijo, no he podido (dejar / salir) con mi mujer al cine.
5. No le (cuida / importa) nada nuestra opinión; sólo piensa (de / en / —) el dinero. ¡Qué egoísta!
6. No sé si ellos realmente (realizan / se dan cuenta de) la gravedad de esta (cuestión / pregunta) —(miran / parecen) totalmente indiferentes.
7. Te he dicho mil (ratos / tiempos / veces): No (te mudes / te muevas) hasta que saque la foto.
8. (Lleva / Toma) esa taza de té a tu abuelito; no (se siente / siente) bien después de la derrota de su equipo de fútbol.
9. Yo le pedí que me (guardara / salvara) un trozo de pastel, pero se le olvidó y se lo comió todo él.

10. Después de graduarse, (ahorró / salvó) suficiente dinero y (se hizo / se puso) médico.

B. Complete la traducción con la expresión en español que convenga, según el contexto.

1. *When he tried to cross the bridge, he fell and hurt himself.*

   Cuando ______________ atravesar el puente, se cayó y ______________.

2. *They took a long time to read the story.*

   ______________ mucho tiempo en leer ______________.

3. *I've been thinking of my grandmother a lot. I really do miss her.*

   ______________ mi abuelita mucho. La ______________ muchísimo.

4. *Ruby had only two dates with Earl, fell in love with him, and married him after two months.*

   Ruby tuvo sólo dos ______________ con Earl, ______________________ y ______________________ después de dos meses.

5. *Because my car broke down, I missed the beginning.*

   ______________ se me descompuso el carro, ______________ el comienzo.

6. *You have to look at the facts carefully to see if they support your allegations.*

   Tienes que ______________________ con cuidado para ver si ______________ tus acusaciones.

7. *He looked unhappy because of the news.*

   ______________ triste ______________ las noticias.

8. *Don't leave those skates here! It's time to return them.*

   ¡______________ aquí esos patines! ______________ de ______________.

9. *He saved my life.*

   Me ______________ la vida.

10. *The woman paid the bill and then left her package on the counter.*

    La mujer pagó ______________ y luego ______________ su paquete en el mostrador.

Enlace

**LAS PARAFRASIS

Ud. tiene que transmitir la información de las siguientes conversaciones a otra persona. En otro papel, haga una paráfrasis de lo que dice cada persona. Tenga cuidado con los cambios necesarios en las formas verbales (tiempo y modo) y también con los pronombres.

1. REPORTERO: Señor Presidente, ¿por qué no sube Ud. los impuestos? La tasa (*rate*) de desempleo sube cada día y esto crearía más trabajos disponibles.

   PRESIDENTE: Aunque el desempleo está en aumento, no quiero subir los impuestos para que el gobierno gaste más dinero. Eso resultaría en inflación.

   REPORTERO: Pero, ¿hasta cuándo será necesario esperar una mejora en la economía?

   PRESIDENTE: Oiga, no soy adivino. Pero mis consejeros me dicen que el restablecimiento de la economía ya llega.

2. MARIA: ¿Qué hiciste ayer, Luisa?
LUISA: Fui de compras porque mi abuela me pidió que le buscara un nuevo chal. Ya empieza a hacer frío y ella lo va a necesitar pronto.
MARIA: ¿Encontraste algo?
LUISA: Sí, pero no lo compré porque costaba más de lo que quería gastar. Por eso voy al centro hoy para ver si puedo encontrar otro que sea más barato.

3. JAIME: Guille, tráeme la escoba. Se me rompió un plato y necesito recoger los pedacitos antes que alguien los pise.
GUILLE: Déjame ver. Mira, los pedazos son pocos. ¿Quieres que trate de arreglar el plato?
JAIME: Bueno, si crees que es posible. Necesitarás un pegamento (*glue*) que sea muy fuerte, ¿verdad?
GUILLE: No, alcánzame el «Elmer's». Con eso podré hacerlo.

**LAS FORMAS VERBALES

A. En otro papel describa con todos los detalles posibles lo que le pasó ayer a la familia Gambas.

¿Cuántas de las siguientes estructuras verbales puede incluir en su relato?

el pretérito
el imperfecto
el imperfecto del subjuntivo
el **se** «*no fault*»
el **se** reflexivo
el mandato
el pluscuamperfecto
el condicional
el imperfecto progresivo
el **se** recíproco
el gerundio

****B.** En otro papel, describa lo que le pasó al señor Rayado y su perrito Albóndigas el fin de semana pasado. Incorpore todos los detalles posibles, y utilice tantas de las estructuras enumeradas para el ejercicio anterior (A) como sea posible.

REPASO: PARRAFO DE SINTESIS

Lea la siguiente selección, llenando los espacios en blanco con la forma correcta de los verbos entre paréntesis. Donde se dan dos palabras, escoja la más apropiada según el contexto.

Planes para el verano

Era la semana de los exámenes finales y a Susanita (le / se)[1] preocupaba mucho su clase de informática. (Tenía / Tuvo)[2] un proyecto que terminar para el viernes. (*Going:* Pasar) ________________[3] por el centro de computadoras, ella descubrió que no era la única persona con ese problema: el centro (ser / estar) ________________[4] lleno de estudiantes. No había ninguna terminal que (estar) ________________[5] libre. Ya que todavía no (*had eaten*) ________________[6], ella (decidir) ________________[7] ir a Burger King. (Pedir) ________________[8] una hamburguesa y caminaba a una mesa cuando (ver) ________________[9] a su amigo Diego, sentado en otra mesa.

DIEGO: Susana, (venir: tú) ________________[10] aquí y (sentarse) ________________[11] conmigo.

SUSANA: Hola, Diego. ¿Qué tal? No (estuviste / fuiste)[12] a la clase de literatura ayer. ¿Qué te pasó? ¿(Estuviste / Fuiste)[13] enfermo?

DIEGO: No, es que no me gusta (*wasting:* perder) ________________[14] el tiempo. Esa clase (es / está)[15] un desastre. Es tan aburrida que casi todo el mundo (duerme / se duerme)[16] después de diez minutos.

SUSANA: Ya lo sé. Y además, parece que el profesor Pérez (se hace / se pone)[17] cada vez más distraído. ¡Ayer dio la misma conferencia que (*he gave two weeks ago*) ________________[18]!

DIEGO: Es por eso que no (me siento / siento)[19] mal cuando no (asistir / atender) ________________[20] a clase. Además, era necesario que (terminar) ________________[21] mi programa para la clase de informática. Como tú sabes, a menos que uno (llegar) ________________[22] tempranísimo al centro, es imposible (conseguir) ________________[23] una terminal. ¿Sabes qué? El viernes me (mudo / muevo)[24] de la residencia a un apartamento que está en la calle State.

SUSANA: ¿Sí? No creía que tú (quedarse) ________________[25] aquí este verano. Pensaba que (*living*) ________________[26] en un pequeño pueblo como éste no (*would be*) ________________[27] interesante para ti.

DIEGO: Era (cuestión / pregunta)[28] de prioridades. Yo le dije a mi consejero que (querer: yo) ________________[29] graduarme en diciembre y él me recomendó que (tomar) ________________[30] por lo menos tres cursos este verano para que no (tener) ________________[31] que tomar dieciocho créditos en el otoño. ([*By*] *Studying*) ________________[32] como loco este verano, (*I will graduate*) ________________[33] a tiempo.

SUSANA: ¡Anda! ¿Y vas a vivir solo en tu apartamento?

DIEGO: No. Aun en verano, los apartamentos aquí siguen siendo caros. Si (*I lived*) ______________[34] solo, (*I would have*) ______________[35] que pagar un dineral.[a] Voy a compartirlo con mi primo Robi. Nos alegramos mucho de que sólo (pagar: nosotros) ______________[36] $350 al mes cada uno. ¿Y tú? ¿Qué planes tienes?

SUSANA: Mis padres (*have told me*) ______________[37] que vuelva a Nueva York para el verano. (*I will look for*) ______________[38] trabajo allí. Y ahora, a buscar una terminal. Espero que alguna gente ya (haber) ______________[39] (dejado / salido)[40]. ¿Me acompañas?

[a]fortuna

Análisis y aplicación: Composición

LA ARGUMENTACION

You have practiced three basic types of writing in *Pasajes:* description, narration, and exposition. Each of these is characterized by a specific purpose and a typical structure or organization. Can you briefly summarize what these are?

	PURPOSE	STRUCTURE
DESCRIPTION		
NARRATION		
EXPOSITION		

A fourth type of writing is the *argumentative essay.* This type of essay uses the same basic structure as the exposition, and it can be developed using the same methods of organization (comparison/contrast, analysis/classification, cause/effect). The difference between the two lies in their respective purposes. Exposition seeks to *inform* the reader about a certain topic. Argumentation is an attempt to *change* the reader's mind, to *persuade* him or her toward the author's point of view, to *convince* him or her to take a certain course of action. This difference in purpose is first evident in the *thesis,* or main idea, of each. The thesis is normally stated in the introductory paragraph. But the difference between exposition and argumentation is also evident in the *language* that is used in each.

1. Read each of the following thesis statements and identify those that are for expository essays (E) and those that are for argumentative essays (A).

   a. ____ El requisito de aprender otras lenguas es anacrónico, imbécil e inútil.

   b. ____ Además de ser los animales más grandes de la tierra, las ballenas (*whales*) son unos de los animales más interesantes.

   c. ____ El cuerpo humano se puede comparar con una máquina maravillosa.

   d. ____ A pesar de lo que digan los feministas y los liberales, la mayoría de las diferencias entre los sexos tiene una base biológica.

e. —— El consumo de drogas produce muchos efectos negativos en el cuerpo.

f. —— El código criminal norteamericano necesita revisiones radicales e inmediatas.

2. On another sheet of paper, change the following expository thesis statements to argumentative statements. Each statement may be changed in a variety of different ways.

   a. El sistema educativo de los EEUU está en constante evolución.

   b. El capitalismo es un sistema económico que pone énfasis en el libre comercio (*free enterprise*) y en la ley de oferta y demanda.

   c. La situación de la mujer en la sociedad norteamericana actual es muy diferente de lo que era durante el siglo pasado.

   d. La contaminación del ambiente es resultado de muchos aspectos de la vida moderna.

Besides the thesis statement, the argumentative essay also differs from an expository essay in terms of language. Although a prerequisite for successful writing of any type is to know your audience, this is particularly important for argumentation. Before you can decide what kinds of reasons and information to use, you must know for whom you are writing. How much information do your readers already have about the topic? Are they likely to have formed an opinion already? What prejudices or expectations might they have? What is their "stake" in the topic? For example, if you wished to argue for more pollution controls on automobiles, the types of reasons you would include for an audience of consumer advocates would be very different from those you would use to try to convince a group of Ford executives.

Once you have decided who your reader is, you must consistently address him or her on the same level throughout the essay. If the reader is a specialist, the introduction should not include information needed by the non-specialist, and vice versa.

The writer must establish a relationship of trust with the reader, who must feel that the writer is qualified to speak on a given topic and is rational and well informed. For this reason, it is a good idea to mention what "the other side" thinks about the same topic and to explain why you are not convinced and why your reader should not be.

3. Study the following sentences that might be included in an essay on "The Quality of Education at the University of Mystate." For what type of reader would each be appropriate (expert, non-expert, friend, antagonist, etc.)? Which sentences would help to build up the reader's trust? Are there sentences that might alienate the reader?

   a. As a graduating senior, I feel I now have the perspective to comment on the quality of education at the U. of Mystate.

   b. As a straight-A student, I feel I am in an excellent position to evaluate the quality of education at the U. of Mystate.

   c. The change in requirements in 1977 forced students to declare a major early and then concentrate almost entirely in that area, often to the detriment of exploring other, equally valid interests.

   d. Chemistry majors must pass Chem 124, 125, 126, 225, 226, and 227 prior to declaring a concentration; such demanding prerequisites seem unnecessary.

   e. Even those who feel a "liberal education" is not appropriate in today's specialized economy agree that there must be some exploration of diverse fields in the early period of university coursework.

   f. Many of my friends discovered that they were not happy with their first choices of major, but that if they had changed, they would have been forced to postpone graduation for one or two years.

4. Think about how your arguments would be different (or similar) if you were writing an argumentative essay directed at the indicated audiences.
   a. TEMA: **El control de las armas nucleares**
      Lector 1: un general del ejército
      Lector 2: el padre (la madre) de Ud.
   b. TEMA: **El requisito de aprender otras lenguas (u otra materia)**
      Lector 1: un estudiante nuevo
      Lector 2: un profesor de lenguas (o de otra materia)

Tarea. Your campus newspaper has a column entitled "My Turn" in which students may publish their opinions on a variety of issues. Identify a particular issue about which you feel strongly and plan an argumentative essay for the "My Turn" column. The issue could be one that is currently important on campus or one that has been in the local or national news. It should be at least slightly controversial, that is, have more than one side, and you expect that not everyone will share your particular opinion.

As you plan your essay, first clarify your position on the issue and why you hold it. What information did you have? What other points of view did you examine and reject? What evidence convinced you? Are you trying to convince mostly students or administrators or a combination of both? Will the same evidence convince them? What other information could you include? As before, you may find it helpful to brainstorm with a classmate to get some preliminary feedback to help you generate ideas.

Decide which of the patterns of expository development (cause/effect, comparison/contrast, analysis/classification) presented in *Pasajes* seems most appropriate for developing your essay. Organize your information appropriately. Develop your ideas into a two-page essay. Don't forget to include an introduction and a conclusion. As before, try to leave your essay for at least a day before you come back to edit and proofread.

Viaje cultural*

Pasaje: «La fiesta de la limpieza en el 'Barrio del Cojo' (Caracas, Venezuela)»

Una alegre «parranda» ambientalista y cultural se celebra muy cerca del mar Caribe, en Caracas. Música, pintura y educación comunitaria se reúnen para invitar a la comunidad a reciclar la basura.

¡A ver! Los siguientes párrafos corresponden a dos momentos específicos del vídeo. Antes de ver el segmento, lea los siguientes párrafos con atención. Luego, mientras ve el segmento, complete los espacios en blanco con las palabras que faltan, y describa brevemente al menos una imagen del vídeo que aparece durante el momento en que se oye cada uno de los párrafos. (Mire varias veces el segmento si es necesario.)

*The viewing segments corresponding to the **Viaje cultural** section can be found on the Video to accompany *Pasajes*.

SONIDO ¿Qué se oye?	IMAGEN ¿Qué se ve?
«En Venezuela, hasta (*even*) la basura es motivo de parranda. Al igual que muchas ______________[1] latinoamericanas, Caracas está amenazada (*threatened*) por la ______________[2]. Pero el municipio ha decidido convertir su recolección en una auténtica ______________[3].»	
A ritmo de parranda, la campaña municipal pretende ante todo integrar la ______________[4] a la defensa de su propio medio ambiente. Se trata de motivar, sensibilizar y ______________[5] a los adultos —y especialmente a los niños— para que cambien su ______________[6] frente al problema de la basura.	

Enigma. ¿Cuál es la frase que está escrita en letras rojas en el mural ecológico del «Barrio del Cojo»?

____

Para más práctica. Describa en dos o tres párrafos todos los detalles que Ud. recuerda sobre la fiesta de la limpieza en Caracas, así como sus opiniones sobre esta campaña. ¿Qué clase de personas participan en el programa? ¿Qué ocupaciones tienen? ¿Qué actividades se realizan? ¿Qué objetivos tiene la campaña? ¿Qué otras actividades cree Ud. que este tipo de campaña incluye (que no aparecen en el vídeo) o debería incluir?

____

____

____

____

____

____

____

____

____

____

____

Answers to Exercises

CAPITULO 1

Expresión oral y comprensión

ENLACE
Voces

A. 1. España, Argentina, Japón, Francia, Inglaterra, Alemania, and Colombia are mentioned; Bolivia, los Estados Unidos, and México are not. 2. España: «marcha» nocturna, diversión, restos históricos, pueblos andaluces, gallegos, emigrantes, paella, sangría, flamenco, Hernán Cortés, Don Quijote, Goya; Argentina: gente educada y simpática, el cuero, la pampa, los gauchos, el tango, los desaparecidos, gente presuntuosa; Japón: tecnología; Francia: belleza arquitectónica, vida bohemia, arte, poesía, cafetines, artistas pobres, narcisismo, egocentrismo; Inglaterra: sistema político rígido, música contemporánea; Alemania: cerveza, guerras mundiales, eficiencia; Colombia: narcotráfico, guerrillas, café 3. Responses will vary. **C.** estereotipo, tenemos, cultura, toros, nuestro, trabajador, catalana, hablamos, españoles, contrario, suelen, gente, divertida, extrovertida

Exploración cultural

B. 1. No 2. lenguas, geografía, apariencia física de los habitantes

Práctica escrita y composición

DESCRIBIR Y COMENTAR

A. 1. estereotipos, imágenes 2. atletas 3. trabajador 4. típicos 5. empollón 6. perezoso 7. deportista 8. coqueto 9. las costumbres

EXPLORACIONES

1 1. la 2. el 3. las 4. la 5. los 6. el 7. el 8. las 9. la 10. el 11. el 12. los 13. la 14. las 15. la

2 **A.** 1. españoles 2. hispanoamericanos 3. la 4. norteamericana 5. la 6. los 7. la 8. la 9. los 10. Unidos 11. las 12. otros 13. todos 14. los 15. la 16. favorita 17. todos 18. los 19. las 20. los 21. Unidos 22. muchos 23. profesionales 24. pararles 25. todos 26. los 27. antiguos 28. cómodas 29. grandes 30. el 31. demasiado 32. caro 33. los 34. una 35. peligrosa 36. todos 37. los 38. rodeados 39. terribles 40. llenos 41. del 42. varias 43. la 44. norteamericana 45. algunas **B.** Margarita acaba de entrar en la universidad y necesita escribir un pequeño autorretrato para su clase de redacción. Ella escribe el siguiente párrafo: Yo soy Margarita Montero. Tengo dieciocho años y soy la última de cuatro hijos. Yo soy distinta de todos los otros miembros de mi familia. Todos ellos son rubios pero yo soy morena; yo soy más bien baja y ellos son altos. Ellos son artistas pero yo no tengo interés en el arte. Prefiero las ciencias y asisto a esta universidad porque quiero estudiar biología. Mi novio también asiste a esta universidad y él piensa estudiar ingeniería. Espero que algún día yo sea una médica famosa y él un ingeniero importante.

3 **A.** 1. son 2. es 3. está 4. hay 5. están, son 6. Hay 7. es, son 8. están, están 9. Hay 10. es, están 11. hay 12. soy, está 13. es, son 14. están 15. hay, Hay **B.** 1. ¡Hola! ¿Cómo estás? 2. Este regalo es para ti. 3. Estás muy guapo/a esta noche. 4. Estoy un poco nervioso. 5. Este restaurante no es caro. 6. ¡Este postre es delicioso! 7. ¿Estás aburrido/a? 8. El concierto es a las ocho y media. 9. Son las doce. ¿Estás cansado/a? **D.** 1. puesto 2. visto 3. vivido 4. traído 5. vuelto 6. empezado 7. tenido 8. dicho 9. roto 10. muerto **E.** 1. estaba rota 2. estaban abiertas 3. estaba encendida 4. estaba hecha 5. estaba cortado 6. estaban tirados 7. estaban pintadas 8. estaba muerto

4 A. 1. visita 2. debe 3. hablan 4. son 5. comprenden 6. saben 7. causan 8. aprenden 9. es 10. habla 11. generalizamos 12. hablamos 13. describimos 14. comprendo 15. tiene 16. juzgo 17. observo 18. expreso 19. acaba 20. está 21. necesito 22. son **B.** 1. Llevamos 2. consideran 3. dice 4. son 5. sabemos 6. hablan 7. tiene 8. es 9. dice 10. pone 11. apoya 12. duerme 13. sirven 14. encierran 15. cierran **C.** 1. es 2. prefiere 3. tiene 4. revela 5. buscan 6. es 7. Sigue 8. es 9. es 10. recuerda 11. tiene 12. trae 13. sabe 14. tiene **D.** True sentences: 2, 4, 5

5 A. 1. lo oigo 2. voy a aceptarlos (los voy a aceptar) 3. no los odio 4. acabo de visitarla (la acabo de visitar) 5. lo escuchan 6. puedo hacerlo (lo puedo hacer) 7. Los escribo antes.

¡OJO!

A. 1. trabajar 2. bajos 3. funciona 4. breve 5. bajo 6. mira 7. parece, funciona 8. buscamos
B. 1. no funciona, breve, buscar 2. parece, trabajar 3. bajos, baja 4. miras, breve 5. buscan, trabajan, más corta 6. miro 7. funciona, mira, parece

ENLACE
Ortografía: El silabeo

1. pre-o-cu-pa-do 2. pa-dre 3. ca-rro 4. em-pe-zar 5. tí-o 6. si-glo 7. com-bi-na-ción 8. es-te-re-o-ti-po 9. a-pro-pia-do 10. ca-rac-te-rís-ti-ca 11. em-po-llón 12. ni-ña 13. en-tien-de 14. e-le-fan-te 15. ver-da-de-ro 16. ma-cho 17. ne-ce-sa-rio 18. si-la-be-o 19. a-vión 20. ab-so-lu-to 21. ac-ción 22. vuel-ve 23. ac-ti-tud 24. piel

Repaso: Párrafo de síntesis

1. hay 2. brillan 3. habla 4. parece 5. es 6. es 7. es 8. mira 9. guiña 10. es 11. es 12. viven 13. pasan 14. comentan 15. cantan 16. beben 17. bailan 18. noto 19. está 20. comprendo 21. está 22. está 23. espero 24. abandona 25. hablamos 26. describe 27. son 28. vuelven 29. está 30. deseo 31. llego 32. espero

VIAJE CULTURAL
¡A ver!

1. e 2. a 3. f 4. d 5. c 6. b

Enigma

once

Para más práctica

industrial, científica, artística, universitaria

CAPITULO 2

Expresión oral y comprensión

EXPLORACIONES

10 B. 1. Generalmente Susana se levanta de la cama media hora después. 2. Casi todos los días se ducha y se lava el pelo. 3. Pero los fines de semana se baña. 4. Después se viste con ropa cómoda. 5. Cuando vuelve a casa por la noche se sienta a ver la televisión. 6. Más tarde se quita la ropa y se pone el pijama. 7. Usualmente se acuesta a las 10:00 de la noche. 8. Le gusta leer en la cama; por eso no se duerme hasta la media noche.

ENLACE
Voces

B. Procedencia: Marruecos (Morroco), Africa; Características: pobres, sin cualificación, costumbres y culturas diferentes, no hablan español, ilegales, refugiados políticos, es difícil encontrar trabajo y adaptarse **C.** 30%: población negra; 10% diferentes grupos de indígenas

PRONUNCIACION Y ORTOGRAFIA

Pronunciación: Los diptongos

F. En la sociedad latinoamericana moderna, las ropas occidentales representan el medio ideal para la asimilación de los indios. Una vez que el indígena adopta el vestido occidental, ya no puede ser identificado como indio. Es por este profundo cambio en el estilo de vestir que los indios de los Andes literalmente están desapareciendo de nuestra vista.

Práctica escrita y composición

DESCRIBIR Y COMENTAR

A. 1. discriminar 2. los indígenas 3. la mezcla 4. La población 5. Con respecto a 6. indios 7. raza 8. compartir **B.** 1. el descendiente 2. el desprecio **C.** 1. apreciar 2. llevarse bien

EXPLORACIONES

6 A. 1. Se dice que hay muchos indígenas norteamericanos en el Oeste. 2. Se insiste en comprar coches grandes. 3. En las reservas se intenta mantener las tradiciones. 4. En muchas partes del mundo se cree que todos los estadounidenses son ricos. 5. En este país se aprecian mucho los valores humanos.

7 A. 1. les escribo 2. le contestamos 3. Pienso comprarle (Le pienso comprar) 4. Debo decirle (Le debo decir) 5. no les deben gritar (no deben gritarles)

8 A. 1. Voy a dársela (Se la voy a dar) a mi hermana. 2. Te lo voy a devolver (Voy a devolvértelo) mañana. 3. Voy a dárselo (Se lo voy a dar) a mi mejor amigo. 4. La biblioteca me los presta. 5. Nuestros padres nos la pagan.

9 A. 1. la bebía 2. me la compraba 3. íbamos (allí) 4. los hacía 5. jugaba con ellas 6. los preferían 7. podía 8. dormían mucho 9. las pedía 10. eras, los decías **B.** 1. comprendía 2. se relacionaba 3. se desarrollaba 4. aparecía 5. era 6. estaban 7. se debía 8. era 9. representaba 10. se lograba 11. cultivaban 12. cazaban 13. pescaban 14. se organizaban 15. dividían 16. se encontraban 17. vivían 18. estaban 19. desaparecían

10 A. 1. Se, se 2. se 3. se, x 4. x 5. x 6. x 7. x 8. se 9. se 10. se **C.** 1. Aquí los estudiantes y profesores se respetan. 2. Mi perro y mi gato no se llevan bien. 3. Algunos grupos étnicos se odian. 4. Los dos grupos se desprecian. 5. El novio y la novia se dan anillos.

11 A. 1. A mis padres les gusta lo tradicional. 2. A nosotros nos cae bien Luisito. 3. A ti no te interesan las películas terroríficas. 4. A mí me caen mal la «generación X». 5. A Vicente le disgustan las personas agresivas. **C.** 1. Los escuchaban porque les gustaban. 2. Los rechazaba porque no le gustaban. 3. La pedían con queso porque les gustaba. 4. Lo leíamos porque nos gustaba. 5. Las compraba porque le gustaban.

¡OJO!

A. 1. piensas de 2. se casaron 3. dependen de 4. pienso que **B.** 1. baja 2. pienso en 3. trabajan 4. en

ENLACE

Ortografía: Repaso del silabeo

1. si-guien-tes 2. in-dí-ge-na 3. ro-de-o 4. fe-me-ni-no 5. a-bril 6. an-ti-guo 7. a-grio 8. chu-rro 9. fue 10. in-dio 11. es-truc-tu-ra 12. va-lle

Ortografía: El acento escrito

A. 1. clínica 2. kilómetro 3. capacidad 4. horrible 5. difícil 6. lápices 7. azúcar 8. último 9. interés 10. montón 11. ladrones 12. canción 13. representar 14. alemana 15. rápido 16. aquí 17. mantener 18. química 19. canciones 20. pájaro 21. dificultad 22. juventud 23. animal 24. análisis 25. joven 26. trabajan 27. eléctrico 28. hermosísimo **B.** 1. Qué, te, tu 2. sé, si, él 3. mí, el

Ortografía: Los diptongos y el acento escrito

A. 1. ie 2. ío 3. ua 4. oi 5. eí 6. ai 7. úe 8. aú 9. íe 10. ía 11. ei 12. oí **B.** 1. siéntese 2. democracia 3. melodía 4. dinastía 5. lecciones 6. gracias 7. actual 8. continuo 9. limpio 10. policía 11. oímos 12. jaula 13. cuéntanos 14. tierra 15. juegan 16. actúan 17. caigo 18. astronauta 19. periódico 20. lío

Repaso: Párrafo de síntesis

1. estudian 2. aprenden 3. Descubren 4. vivían 5. era 6. participan 7. bailan 8. bailaban 9. se transmiten 10. parecía 11. se ve 12. quieren (desean) 13. busca 14. construye 15. cultiva 16. quieren (desean) 17. desean (quieren) 18. empiezan (comienzan)

VIAJE CULTURAL

¡A ver!

1. F 2. F 3. C 4. F 5. F

Enigma

chocolate del náhuatl, **tabaco** de lenguas indígenas

CAPITULO 3

Expresión oral y comprensión

EXPLORACIONES

14 A. 1. ↝ 2. ↓ 3. ↝ 4. ↝ 5. ↝ 6. ↓

ENLACE

Voces

A. Heber: accidente, una sustancia gaseosa, en su casa, con una o dos personas más; Elvira: accidente, una sustancia líquida, niña; Bertha: en una clínica u hospital, con muchas otras personas, adulta

Exploración cultural

B. 1. a. la manera de morir b. su profesión 2. a. los guerreros b. las mujeres que morían de parto 3. la maravilla es una flor que los aztecas creían que existía en los jardines del paraíso oriental, donde iban los guerreros; la llorona es un fantasma de una mujer que murió de parto que anda por la tierra de noche llorando por sus niños perdidos y buscando a otros niños para llevárselos 4. era necesaria para conseguir prisioneros que luego sacrificaban al dios Sol

Práctica escrita y composición

DESCRIBIR Y COMENTAR

A. 1. Día de los Muertos/Difuntos, un disfraz, dulces 2. travesuras 3. monstruos 4. brujas 5. esqueletos, calaveras 6. El cementerio, entierra, la tumba 7. lo sobrenatural, asustan 8. La calavera
B. 1. rechazar 2. la muerte 3. disfrazar 4. morir

EXPLORACIONES

12 A. 1. vinieron, quisieron, compré 2. Durmió, pude 3. vine, llegué 4. vieron, denunciaron 5. pusiste, busqué, encontré 6. pidió, sirvió 7. fuimos, vimos, recibió 8. pagué, di 9. anduvo, tomó 10. pedí, murieron

13 C. 1. I have been living (I have lived) here for ten years. 2. Cecilia has been dancing (has danced) in public for a long time. 3. They arrived in the country eight years ago. 4. We have been engaged for several months. 5. We bought the dog two years ago. 6. What a pleasure! I haven't seen you in so long (such a long time)!

14 A. 1. puso 2. tenía 3. Quería 4. Logré 5. di 6. tenía 7. Empecé 8. sabía 9. hice 10. entró 11. agarró 12. metió 13. Estaba 14. castigó **B.** 1. parecía 2. estaban 3. Corrían 4. investigaban 5. volvían 6. contestaba 7. anunció 8. estaba 9. empezó 10. trataba 11. pusieron 12. querían 13. abrochó 14. pudieron 15. rompió 16. apretaron (apretaban) 17. tenían 18. empezaron 19. iba 20. estaban 21. sonrió 22. desapareció 23. Pasaron 24. oímos 25. nombró 26. preguntó 27. obedecían 28. recordó 29. podía 30. iba 31. hablaba 32. escuchaban 33. eran

15 1. que 2. que 3. quienes 4. que 5. quienes 6. que 7. que 8. quienes

¡OJO!

A. 1. hora 2. vez 3. caso 4. un cuento 5. tiempo 6. caso 7. una visita **B.** 1. un cuento, una vez 2. presta atención 3. hora, pagar, la cuenta 4. hacer una visita

ENLACE

Ortografía: Los sonidos [k] y [s]

A. preterite: almorcé, choqué, empecé, busqué; present subjunctive: almuerce, choque, empiece, busque **B.** 1. poquito 2. riquísimo 3. loquísimo 4. pedacito **C.** 1. las voces 2. las veces 3. los peces 4. los disfraces **D.** 1. estaba 2. se puso 3. se preguntó 4. sabía

Repaso: Párrafo de síntesis

1. se nota 2. se despide 3. permanece 4. se conservan 5. se prefería 6. se llamaba 7. duraba 8. se acercaban 9. Se oían 10. estaba 11. avisaban 12. había 13. acompañaba 14. se ven 15. se asocian 16. no se considera 17. se piensa 18. describen 19. se apoderaban 20. se quedaba

ANALISIS Y APLICACION: COMPOSICION

Tarea

Era un día bonito de otoño. No hacía ni calor ni frío. Hacía mucho sol. Para mí, lo más importante fue que ¡era un día de vacaciones! No había clases y mis amigos y yo íbamos al parque estatal para hacer un *picnic.* Era 1996. Cada persona traía de su casa comida que luego pensábamos compartir entre todos. Estábamos seguros que iba a ser un *picnic* perfecto.

VIAJE CULTURAL

¡A ver!

3, 6 *En el cementerio:* iluminar velas, poner flores, reunirse con familiares, escuchar música, rezar *En otros sitios públicos:* poner altares con velas, flores y comida

CAPITULO 4

Expresión oral y comprensión

DESCRIBIR Y COMENTAR

C. 3.

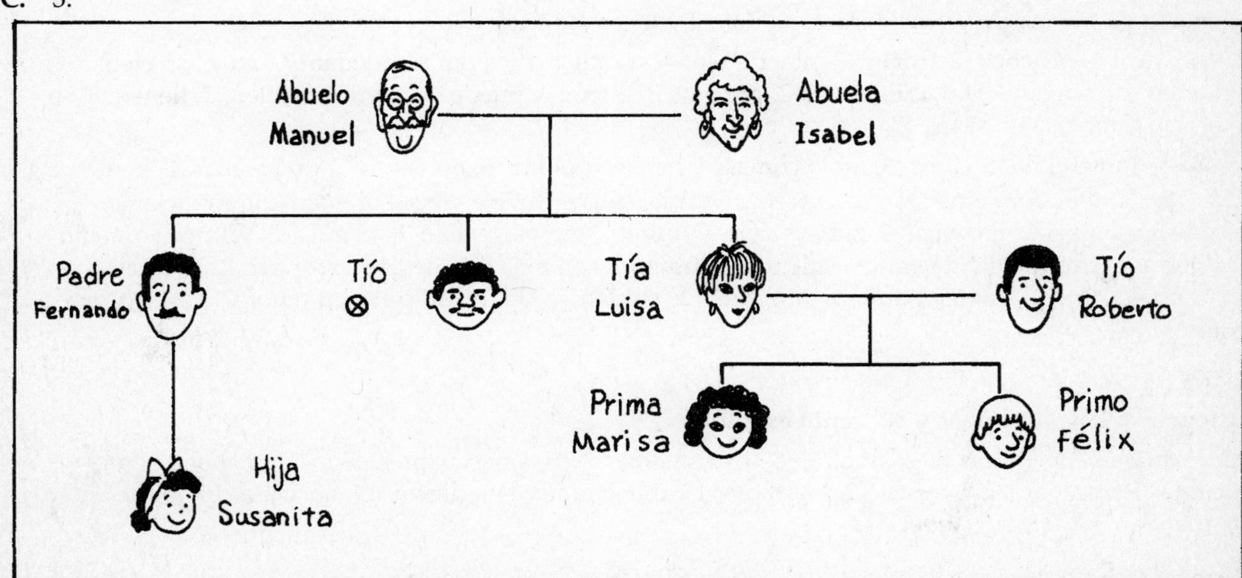

ENLACE

Voces

B. Alan: responder a los padres; razonar, explicando por qué la acción era mala; dar una bofetada o un cachete. Carlos: responder a los padres; razonar, explicando por qué la acción era mala; dar un azote. María José: pegar a los hermanos; ser traviesos; dar una bofetada o un cachete; dar un azote; suspender ciertos privilegios durante una temporada

Exploración cultural

Segunda parte. 2. Diferencias cualitativas que se mencionan incluyen: El padre suele jugar más con el niño mientras que la madre generalmente le habla y lo acaricia; El padre juega físicamente más con los niños que con las niñas.

PRONUNCIACION Y ORTOGRAFIA

Ortografía: Los sonidos [k/s/kw]

1. frecuente 2. disfraces 3. poquísimo 4. cuatro 5. paquete 6. líquido 7. encuesta 8. inquilino

Pronunciación: Dictado

Los hijos únicos de hoy son más normales que los hijos únicos de hace dos décadas. En la actualidad muchas parejas deciden libremente no tener hijos o tener sólo uno. Esto hace que las nuevas generaciones de niños únicos sean más normales. Carecer de hermanos tiene cosas buenas y también inconvenientes. En cualquier caso, los padres deben cuidar que ese niño no crezca pensando que él es el centro del universo.

Práctica escrita y composición

DESCRIBIR Y COMENTAR

A. 1. disciplina 2. miman 3. cuidar 4. está a cargo 5. bien educada, se porta 6. un castigo
C. 1. Samuel es el bisnieto de Jacinto. 2. Jacinto y Graciela son los abuelos de Ada y Eva. 3. Carolina es la nuera de Jorge. 4. Fausto es el primo de Estela. 5. Ada y Eva son las sobrinas de Estela.

EXPLORACIONES

16 1. Paco, practique más en el laboratorio. 2. Susana, hágame una lista de los puntos que Ud. no entiende. 3. Carolina, vaya a ver al decano. 4. Pedro, corríjame esta composición. 5. Carmen y Luis, vengan a mi oficina después de clase. 6. Rafael y Jorge, no hablen inglés en clase.

17–18 A. 1. prueben 2. fumen 3. practiquen 4. salgan 5. vuelvan 6. puedan 7. sea 8. afecten 9. tomen 10. tengan **D.** 1. intenten 2. pongan 3. oigan 4. puede 5. vaya 6. hablen 7. tienen 8. se altere 9. cambien 10. sean

19 A. 1. mándalo 2. dime 3. no lo comas 4. hazlo 5. ponlo 6. no vayas 7. no juegues 8. ven

¡OJO!

1. ¿Qué aspectos de la vida en la residencia estudiantil son más difíciles de soportar? 2. ¿Qué es lo que Ud. más admira en su mejor amigo? 3. ¿Quién le cuidaba a Ud. cuando era un niño/a? 4. ¿Le importa la política?

ENLACE

Ortografía: Los diptongos y el acento escrito

A. 1. mafia 2. piénsalo 3. geometría 4. toxicomanía 5. pasiones 6. precipicio 7. racional 8. premio 9. cuota 10. primacía 11. leíste 12. huérfano 13. muéstrame 14. crianza 15. noruego 16. línea 17. traiga 18. maullar 19. faraón 20. reí

Repaso: Párrafo de síntesis

1. dijo 2. limpiar 3. Hace mucho tiempo 4. saquen 5. los pongan 6. cargábamos 7. lavaba 8. cantaba 9. terminamos 10. queríamos 11. tenía 12. estar 13. Traigan 14. pásenla 15. olvides 16. sacudan 17. devuélvanlos 18. pasar 19. Somos 20. respondió 21. seas 22. ven 23. estaban 24. sabía 25. Escogí

26. puse 27. empecé 28. apagues 29. No le gustan 30. dile 31. sonreí 32. regresó 33. salió 34. busquemos 35. tenga 36. nos miramos 37. dije 38. te preocupes 39. necesite

VIAJE CULTURAL
¡A ver!

1. 6 2. 1 3. 3 4. 2 5. 4 6. 7 7. 5

Enigma

dos

CAPITULO 5

Expresión oral y comprensión

DESCRIBIR Y COMENTAR

F. 1. Millones de personas trabajan hoy en día desde su casa, conectadas con su oficina a través de la computadora. 2. El internauta explora el mundo desde la computadora con sólo pulsar unos botones del teclado. 3. a. cincuenta millones, la red informática b. internauta, viajero, un nombre en clave c. de 15 a 35 años, nivel cultural elevado, nocturnos, curiosidad

ENLACE
Voces

A. Daniel: el ómnibus: – comodidad, + eficiencia; el tren: – comodidad, – rapidez, + costo; el subterráneo: + seguridad; el automóvil: – costo. Ariel: el autobús: + eficiencia, + rapidez, + costo; el tren: + costo, – rapidez, – eficiencia; el avión: – costo; el correo: + costo; el teléfono: + rapidez, – costo. Dolores: caminar: + comodidad; el teléfono: + rapidez. **B.** 1. ómnibus, eficiente y barato 2. económicos 3. autobús, lento, eficaz, caro 4. rápido, costoso, el correo 5. andando, coche 6. cartas, el teléfono, felicitar **C.** Tomás: + ciudad, + campo, + emociones; Eduardo: + otras personas, + ciudad, + emociones; María José: + parientes, + ciudad, + campo, + actividades, + emociones **D.** 1. abuelos 2. maternos 3. pueblo 4. nacíamos 5. libertad 6. juego 7. campos 8. buenos 9. cariñosos 10. nietos 11. dejaban 12. cualquier

Exploración cultural

1. a. vivir en ciudades bajo el agua: hay escuelas, granjas y mercados bajo el agua, hay motores que funcionan bajo el mar, experimentan con artilugios que permiten al hombre respirar en las aguas profundas; b. vivir en ciudades bajo la tierra: los japoneses han trabajado hace años en esta idea, se llama la ciudad prototípica «*Alice City*», este proyecto considera la posibilidad de construir pueblos comunicados por una red de túneles, *or:* vivir en colonias espaciales: esta opción queda lejos en el futuro, en los Estados Unidos se diseñan programas experimentales para hacerlo posible, la Biosfera II es un gigantesco laboratorio que es una investigación sobre las posibilidades de colonizar planetas sin vida 2. Japón, Holanda, los Estados Unidos 3. Hay más de 5 mil millones de habitantes en el mundo. Para el año 2025 el planeta va a tener tres veces más habitantes de los que tiene ahora. Cada día nacen 250.000 habitantes. 4. a. Sólo ofrece un pequeño espacio para cada huésped en posición horizontal.

PRONUNCIACION Y ORTOGRAFIA
Ortografía: Los sonidos [g/g^{w}/x]

A. 1. sigue 2. caja 3. recoja 4. Guille 5. vago 6. cigüeña 7. enaguas 8. miguita **B.** 1. roja 2. güero 3. chaqueta 4. frecuente 5. peguen 6. general **C.** 1. El agujero del ozono es uno de los diez grandes problemas que agobian a la ecología. 2. Para controlar la erosión, hay que fomentar la regeneración de plantas y vegetales para que no sigan desapareciendo. 3. La Amazonia está en grave peligro de desaparición y junto con ella, muchas de sus tribus indígenas. 4. La Guerra del Golfo originó grandes perjuicios ecológicos.

Práctica escrita y composición

DESCRIBIR Y COMENTAR

A. 1. informática, c 2. urbanizar, d 3. desnutrido, a 4. computadora, e 5. vecino, b

EXPLORACIONES

20 A. 1. que 2. que 3. que 4. que 5. quienes 6. quienes 7. que 8. que **B.** 1. las cuales 2. que 3. quienes 4. la cual 5. la cual **C.** 1. quienes 2. la cual 3. el cual 4. que 5. quienes 6. los cuales **D.** 1. que 2. que 3. que 4. quienes 5. lo que 6. que 7. que 8. lo que

22 B. 1. estudien 2. puedas 3. es, encontrar 4. sepamos, viajen 5. toque, contribuye

¡OJO!

A. 1. devolvió 2. se mudó 3. siento 4. moverme 5. regresó 6. me siento **B.** 1. volviste 2. regresé 3. la hora 4. boleto 5. se movía 6. una vez 7. historia 8. vuelvas

ENLACE

Ortografía: Los sonidos [g] y [x]

A. 1. recojo, recoja 2. averigüé, averigües 3. choqué, choquen 4. socialicé, socialicemos 5. pagué, pague 6. escojo, escoja 7. sigo, sigas **B.** 1. amiguito 2. larguísimo 3. Dieguito 4. riquito 5. cabecita 6. truquito

Repaso: Párrafo de síntesis

a. 1. enciende 2. tira 3. lo ponga 4. que 5. pasar b. 1. Hay 2. estacione 3. nadie 4. sea 5. que c. 1. dobla 2. atropella 3. que 4. está 5. lleva 6. puede 7. ve 8. doble d. 1. acaba 2. baja 3. sofoca 4. cubren 5. Ninguno 6. nota 7. haya 8. alguien e. 1. empiezan 2. le echa 3. parece 4. pero 5. ni f. 1. contribuye 2. sino 3. busque 4. pero 5. ya que 6. reciba

VIAJE CULTURAL

¡A ver!

1. 3.000 millones 2. madera 3. 46% 4. 54% 5. 25 a 50 años

Enigma

2025

CAPITULO 6

Expresión oral y comprensión

ENLACE

Voces

A. Semejanzas: 1. ocurrió en el trabajo 2. empezó primero con la amistad Diferencias: 1. Para Soledad era un encuentro accidental, para Alan fue un proceso normal dentro del trabajo. 2. Para Soledad fue una cosa rápida y no era secreto, para Alan fue una cosa de un año o más y fue un secreto en el trabajo. **C.** Cecilia: positivo: la mujer tiene las mismas oportunidades que el hombre, juega un papel más participativo, todavía no ha cambiado: es difícil para un hombre que una mujer sea su jefe; Elvira: positivo: las mujeres ahora trabajan, no dependen económicamente de su marido, tienen más libertad; Lorena: positivo: los papeles han cambiado, la presidenta de su país es una mujer; todavía no ha cambiado: los hombres siguen haciendo las leyes en la mayor parte del mundo **D.** Cecilia: económico, social, político, personal, empleo; Elvira: económico, social, empleo, personal; Lorena: social, político, educativo, legal, administrativo, salud

PRONUNCIACION Y ORTOGRAFIA

Ortografía: Repaso de los sonidos [k/x/g]

A. 1. elocuente 2. quesadilla 3. Tajo 4. luego 5. lueguito 6. en cuanto a 7. juguete 8. averigüe 9. blanquísimo 10. identifique **C.** Los anuncios suelen presentar una imagen tradicional de la mujer.

Si esto parece exagerado, debemos tener en cuenta lo que dice el ejecutivo de una agencia de anuncios. Cuando alguien le preguntó por qué en los anuncios se seguía insultando a la mujer, implicando que ella tiene la culpa de que la camisa del esposo no esté del todo limpia, él dio una respuesta muy clara. Según este señor, no es cuestión de insultos. Si la camisa del hombre está sucia, es la mujer quien tiene la culpa.

Práctica escrita y composición

DESCRIBIR Y COMENTAR

A. 1. La igualdad 2. sensibles 3. El sueldo 4. meta 5. aspira a 6. desempeña el papel de 7. la carrera 8. en cuanto a **B.** 1. la muñeca 2. la carrera 3. la abnegación 4. el cambio

EXPLORACIONES

24 A. 1. hayan decidido 2. te hayan traído 3. haya venido 4. hayan limpiado 5. hayan dejado 6. hayan pasado 7. hayan sacudido 8. hayan hecho 9. haya respetado 10. haya usado 11. las haya roto 12. hayas comido 13. hayas dormido 14. te hayas aplicado 15. hayas gastado **B.** 1. hayan abandonado 2. han permitido, hayan aceptado 3. ha cambiado 4. han progresado, lo haya hecho 5. han comprendido, se han adaptado **C.** 1. hayan cambiado 2. tengan 3. hayan sido 4. se arregle 5. se ha beneficiado 6. ha sido 7. esté 8. llamen 9. deben 10. han reaccionado 11. puedan 12. se conviertan

25 A. 1. se corresponda 2. está 3. asistan 4. tema 5. incluye 6. sabe 7. pueda 8. logre (logró) 9. guste 10. tiene **D. Anuncio 1.** palabras descriptivas: suave, moderna, deportiva, fuerza, electrónica, potente. Identidad del comprador: joven, moderno, arriesgado. **Anuncio 2.** palabras descriptivas: amplio, espacioso, sólido, ágil, estabilidad, potente, confiable, tranquilo. Identidad del comprador: persona madura con familia, desea seguridad.

¡OJO!

A. 1. asista 2. logro 3. me puse 4. tuvo éxito 5. se volvió 6. atendió **B.** 1. pasó 2. ayudar 3. devolver 4. llegó a ser 5. vez 6. se muda

ENLACE

Repaso: Párrafo de síntesis

1. indican 2. que 3. reciben 4. son 5. que 6. se nota 7. se los han indicado 8. compara 9. se encuentran 10. hay 11. se ven 12. suelen 13. Los vemos 14. jueguen 15. son 16. vivía 17. era 18. tienen 19. son 20. va 21. juegan 22. van 23. aprenden 24. juegan 25. deben 26. son 27. se necesita 28. juega 29. quien 30. puede 31. ponen 32. quieren 33. las admiren 34. aprenden 35. son 36. tiene 37. descubren 38. practicaban 39. eran

VIAJE CULTURAL

¡A ver!

1. la iglesia cerrada, el pueblo solitario, un árbol seco; una casa, las ollas, los niños, una mujer 2. gira alrededor de la olla para formarla; forma la boca de la olla con una pedazo de cuero mojado 3. a las ciudades y a los Estados Unidos; labran el campo y se acompañan entre ellas

Enigma

doscientas

CAPITULO 7

Expresión oral y comprensión

DESCRIBIR Y COMENTAR

E. Teléfono: 92-51-17-45 **G.** 1. b 2. Representa algo positivo. 3. Es mucho más beneficioso si los empleados en todo nivel puedan tomar decisiones rápidas basadas en el conocimiento y el poder necesarios; es mejor para los empleados, que pueden conseguir sus metas personales y al mismo tiempo ayudar a la empresa.

ENLACE
Voces

A. 1. sí, carpinteros, herreros, ferreteros, fabricantes, comerciantes 2. sí, academia de inglés 3. sí, un negocio de reparación y venta de llantas **B.** Positivo: mayores ganancias, trabajar más cerca de casa, se puede dividir el trabajo muy bien; Negativo: inflación muy alta que afecta el balance entre costos y ganancias, se tiene que hacer muchas gestiones (tomar las medidas necesarias) para abrir un negocio, se tiene que pasar bastante tiempo haciendo cosas que nunca se hacía cuando trabajaba por cuenta ajena, hay que invertir mucho tiempo en el negocio

Exploración cultural

1. En una empresa tradicional, la estructura es como una pirámide: los pocos jefes están arriba, los gerentes están en el medio y los muchos trabajadores están por debajo. En una cooperativa, los trabajadores participan en todas las decisiones importantes porque también son socios de la compañía. 2. a. Ulgor es una cooperativa en el País Vasco en el norte de España. Es una de las cooperativas más famosas del mundo. b. Mondragón es una pequeña ciudad en el País Vasco; es el centro de una red de cooperativas. c. Don José María Arizmendiarrieta fue un joven cura vasco que pensó organizar cooperativas para fomentar el desarrollo económico en el País Vasco después de la Guerra Civil. Fundó una escuela industrial y, con unos graduados de la escuela, creó Talleres Ulgor, la primera cooperativa de Mondragón. 3. Hay cooperativas que fabrican desde pesadas máquinas hasta bicicletas y alimentos. También incluyen un banco, escuelas primarias y de enseñanza técnica, viviendas y un instituto de investigación industrial.

PRONUNCIACION Y ORTOGRAFIA
Pronunciación: Las oclusivas sordas: [p/t/k]

C. Desde hace años los países ricos han prestado grandes cantidades de dinero a las naciones pobres. Pero este dinero no siempre se puede invertir para desarrollar la economía nacional. Brasil, por ejemplo, es uno de los mayores exportadores de materias primas del mundo y solicitó muchos créditos para explotar más sus riquezas. Sin embargo, cuando los precios mundiales bajaron, tuvo que vender sus productos por menos dinero y seguir pagando los préstamos a los intereses altos establecidos anteriormente. Como resultado, Brasil se encontró frente a la deuda más gigantesca del planeta.

Práctica escrita y composición

DESCRIBIR Y COMENTAR

B. 1. d 2. c 3. a 4. f 5. e, el/la accionista 6. b, la Bolsa **C.** 1. la Bolsa 2. el almacén 3. el sindicato 4. la cafetera

EXPLORACIONES

26 **A.** 1. se levantó 2. se puso 3. se fue 4. decidió 5. llegó 6. subió 7. Buscó 8. conversaron 9. consideraron 10. comentaron 11. escogió 12. cargó 13. subió 14. envolvió 15. bajó 16. dio 17. se despidió 18. dijeron 19. cerró 20. se dirigió 21. Entró 22. se acercó 23. explicó 24. miró 25. preguntó 26. contestó 27. sacó 28. vieron 29. sintieron 30. pagó 31. subió

27 **A.** 1. se sorprenda 2. necesita 3. trabaje 4. ganar 5. pierden 6. se adapte 7. destaque 8. disponga 9. es 10. se decida

28 1. pago, pague, pagué, pagara 2. escriben, escriban, escribieron, escribieran 3. ves, veas, viste, vieras 4. da, dé, dio, diera 5. soy, sea, fui, fuera 6. volvemos, volvamos, volvimos, volviéramos 7. diriges, dirijas, dirigiste, dirigieras 8. atacan, ataquen, atacaron, atacaran 9. cuida, cuide, cuidó, cuidara 10. sabemos, sepamos, supimos, supiéramos **A.** 1. tuviera 2. diera 3. se dirigió 4. explicó 5. quería 6. quería *or* quiso 7. se acercara 8. estaba 9. pidió 10. diera 11. empezó 12. va 13. es 14. esté 15. dijo 16. se compre 17. se puso 18. Se sentó 19. le dio 20. quiero 21. me traiga **B.** 1. había ratones en su cuarto 2. era increíble que no hubiera suficientes lavadoras 3. un estudiante dijo que no le gustaba que la cocina común fuera muy pequeña 4. un estudiante dijo que era malo que la televisión no funcionara bien 5. un estudiante dijo que era importante que el correo se distribuyera correctamente **C.** 1. entraran 2. esperaban 3. fuera 4. dijo 5. le interesaba 6. beneficie 7. se pierda 8. favorece

29 **A.** 1. A 2. R 3. A 4. A 5. A 6. A 7. R, A 8. A 9. R 10. A, reciba 11. R, dijo 12. A, sepamos 13. R, estábamos 14. R, veo 15. A, aprendan 16. R, oyes 17. A, volviera **B.** 1. vuelva 2. trabaja 3. pudiera 4. aprobó, están 5. apruebe 6. empezó, efectuar

¡OJO!

A. 1. tanto como 2. la fecha 3. cuestión 4. ya que 5. ambos **B.** 1. cuestión, ambas 2. llevaron, vez 3. Como, fecha 4. vez, ambos, asistían 5. llegó a ser, vuelto, íntimos 6. ambos, porque, cuidarse

ENLACE
Repaso: Párrafo de síntesis

1. consiga 2. es 3. son 4. tener éxito 5. encuentre 6. sepan 7. tengan 8. pueda 9. busquen 10. hayan tenido 11. hayan trabajado 12. han pasado 13. venga 14. sepan 15. estén 16. prefieren 17. disfruten 18. sigan

VIAJE CULTURAL
¡A ver!

A. 1. el aumento de ventas de bienes y capitales alemanes en Argentina 2. nuevos caminos de exportación a Alemania y Europa de productos argentinos 3. *joint ventures* entre empresarios alemanes y argentinos **B.** 1. El continente está creciendo rápidamente (en cuanto a los negocios). 2. Tiene un deficit de inversión.

Enigma

seis

CAPITULO 8

Expresión oral y comprensión

DESCRIBIR Y COMENTAR

E. 1. a. los sefardíes b. vivían en España antes de 1492 c. En 1492 fueron expulsados del país por Fernando e Isabel. 2. a. «Sefarad» b. son judíos que vivían en España c. conservan muchas de sus antiguas tradiciones españolas y la lengua, el judeo-español. **F.** 1. a. los indígenas b. México, los Andes c. Es el año del encuentro entre el viejo mundo y el nuevo mundo, entre las creencias indígenas y el cristianismo. 2. a. Veneran los antiguos espíritus, celebran la fiesta católica de Corpus Christi, veneran la cruz. b. La fiesta de Corpus Christi es también la fiesta de Qoyllur Rit'i; la cruz también simboliza los dioses de las montañas.

ENLACE
Voces

A. 1. Xavier 2. Xavier 3. los dos 4. Xavier 5. Juan 6. ninguno **B.** 1. Manolo: 3, Xavier: 1, Juan: 1 2. a. Es mucho menos importante de lo que se piensa en el extranjero. b. Más o menos un 90% de la gente es católica, hay muchísimas iglesias católicas, existen varias festividades de origen estrictamente religioso que todo el país sigue. c. La religión juega un papel preponderante; cuando hay un desacuerdo entre gobierno e iglesia la gran mayoría está al lado de la iglesia.

Exploración cultural

A. d **B.** aislada, artística, comunista, dependiente, disciplina, productiva, religiosa, seguridad **C.** para defenderse de los bandeirantes, los comerciantes de esclavos **D.** Negativa porque creían que el sistema de las encomiendas les beneficiaba más. **E.** En el año 1767 porque el rey de España expulsó a los jesuítas de España y de todas sus posesiones coloniales.

PRONUNCIACION Y ORTOGRAFIA
Ortografía: Repaso de [g/gw/x]

1. relajo 2. amiguito 3. fatiga 4. nicaragüense 5. rioja 6. argüir 7. aguinaldo 8. aguafiestas 9. antojo 10. fatigué

Ortografía: Repaso de la acentuación

A. 1. político 2. demasiado 3. dificultades 4. especial 5. musulmanes 6. papeleo 7. relámpago 8. levanté 9. diciéndoles 10. preguntón **B.** Con la posible excepción de Italia o Irlanda, no hay ningún país de Europa que se asocie más fuertemente con el catolicismo que España. Sin embargo, durante siete siglos España fue un centro religioso tanto de los árabes y de los judíos como de los cristianos. Esta convivencia racial, cultural y religiosa, la cual no sucedió en ningún otro lugar de Europa, le dio a la cultura y civilización españolas gran parte de su carácter único.

Práctica escrita y composición

DESCRIBIR Y COMENTAR

A. 1. Los musulmanes 2. curas, monjas 3. fe 4. militar 5. fomentar 6. judíos 7. motivar 8. cooperar 9. animaba **B.** 1. c 2. h 3. g 4. b 5. f 6. a 7. d 8. e **C.** 1. b 2. c 3. d 4. a

EXPLORACIONES

30 A. 1. ...para (a fin de) establecer la Inquisición en España. 2. ...antes de que la pusieran (cuando la pusieron) en práctica los Reyes Católicos. 3. ...para (a fin de) combatir varios movimientos heréticos de aquella época. 4. ...para que (a fin de que) aceptaran ellos los dogmas de la Iglesia. 5. ...antes de llegar el Inquisidor a su pueblo. 6. ...para que (a fin de que) denunciaran ellos a posibles herejes. 7. ...cuando confesaron sus errores. 8. ...a menos de que se convirtieran ellos al cristianismo. 9. ...aunque no aceptaron realmente la nueva fe. **B.** 1. mueran 2. elijan, tengan 3. ofrezcan 4. se basan 5. conservan, se clone 6. sea, puede 7. cuente

31 A. 1. para, para 2. por 3. Para 4. por 5. para 6. por 7. por 8. Por 9. para 10. por **B.** 1. por 2. por 3. Por 4. por 5. por 6. Por 7. Para 8. Para 9. por 10. Por 11. por **C.** 1. por 2. Para 3. para 4. para 5. por 6. por 7. Para

32 B. 1. levantarse (levantarnos) 2. se aburren 3. asustan 4. les preocupan 5. nos enfermamos 6. duerme 7. se enfríe 8. me enojaban 9. se enamoren 10. se siente 11. calentar 12. te ofendes

33 1. vivía 2. era 3. causaba 4. cambiar 5. se sintieran 6. modificara 7. efectuar 8. fue 9. declare 10. sea 11. es

¡OJO!

1. se dan cuenta de 2. mudarse 3. se sentía 4. se mueven 5. realiza 6. sienten 7. trasladó

ENLACE
Repaso: Párrafo de síntesis

1. es 2. naciera 3. es 4. comenzó 5. conocieron 6. por 7. mostraban 8. fundaran 9. vivían 10. cuidara 11. iba 12. volviera 13. para 14. para 15. encontró 16. viajara 17. pudieran 18. Por 19. era 20. para

VIAJE CULTURAL
¡A ver!

1. pagano religiosa 2. indígenas 3. meses 4. se detiene 5. la gran devoción

Enigma

tres

CAPITULO 9

Expresión oral y comprensión

DESCRIBIR Y COMENTAR

C. 1. Dirección: Calle Guadalupe número 1300, San Antonio, Texas; Público / clientela: los hispanos de la ciudad; número aproximado de clientes: 676.000 (52% de la población de 1,3 millones de habitantes); cuántos años ha existido el centro: 10 2. Actividades patrocinadas: cine / teatro, fiestas, exposiciones de libros **D.** 2. Estado +: tener los mismos derechos que el resto de los norteamericanos, tener poder en Washington—dos senadores y siete representantes en el Congreso; Estado –: es probable que pierda la mayoría de las inversiones norteamericanas, tal vez no pueda preservar sus tradiciones culturales, ni tampoco el idioma español; Estado Libre Asociado +: puede preservar sus tradiciones culturales y su idioma, no pagan impuestos federales, envían su propio equipo a los Juegos Olímpicos; Estado Libre Asociado –: su representante no tienen voto en el congreso

ENLACE

Voces

A. 1. Nombre: Eduardo C.; país de origen: Uruguay; país de origen del padre: Uruguay; país de origen de la madre: España; país de origen de los abuelos paternos: Uruguay; país de origen de los abuelos maternos: España; profesión: agricultura 2. Nombre: Inés C.; país de origen: Cuba; país de origen del padre: Cuba; país de origen de la madre: Cuba; país de origen de los abuelos paternos: no dice; país de origen de los abuelos maternos: no dice; profesión: profesional 3. Nombre: Viola M.; país de origen: los Estados Unidos; país de origen del padre: los Estados Unidos; país de origen de la madre: los Estados Unidos; país de origen de los abuelos paternos: los Estados Unidos; país de origen de los abuelos maternos: los Estados Unidos; profesión: no dice **B.** 2. 1. estudiara 2. observara 3. estuviera 4. pensara 5. aprendiera 6. trajera 7. obtuviera 8. viniera

Exploración cultural

1. Los españoles fueron los primeros europeos en explorar y poblar la región del suroeste de los Estados Unidos, donde vivían los indígenas. 2. La mayoría de los chicanos vive en las ciudades. La mayoría de los indígenas vive en el campo. No tienen mucho en común—tienen trabajos diferentes y están en contacto más con los angloamericanos que entre sí. 3. a. Luchan para proteger sus propias lenguas indígenas. b. El trabajo actual de los indios y los chicanos no los segrega en grupos mixtos que forzarían al indígena a aprender el español. c. El inglés le resulta más útil que el español.

Pronunciación: Las vibrantes alveolares: [r/r̃]

F. La mayoría de la población chicana actual es urbana, mientras que los indios suelen vivir en reservaciones y otras áreas rurales. Este hecho garantiza el que los dos grupos tengan trabajos diferentes y que estén en contacto más con los angloamericanos que entre sí. Los que tienen trabajos agrícolas trabajan para patrones blancos; los que tienen trabajos urbanos, en su mayoría, se ocupan en prestar servicios y esto también relaciona ambos grupos con los angloamericanos.

Práctica escrita y composición

DESCRIBIR Y COMENTAR

A. 1. el inmigrante 2. bilingüe 3. asimilarse 4. emigrar 5. orgulloso/a 6. acoger **B.** 1. la patria 2. chicano 3. el aporte **C.** 1. un exiliado 2. Los puertorriqueños 3. se adaptan 4. el crisol 5. cubanos, se establecieron 6. Los anglosajones 7. identidad **D.** 1. **acostumbrarse** es el verbo que indica que se adquieren ciertas **costumbres.** 2. **el ciudadano** es el habitante de **la ciudad.** **E.** 1. costarricense 2. guatemalteco 3. haitiano 4. hondureño 5. mexicano 6. panameño 7. salvadoreño

EXPLORACIONES

34 **A.** 1. No, *Romeo y Julieta* fue escrito por Shakespeare. 2. No, América fue descubierta por los europeos. 3. No, el primer coche compacto fue hecho por los alemanes. 4. No, las palabras «Veni, vidi, vici» fueron dichas por Julio César. 5. No, la Serie Mundial el año pasado fue ganada por (los Yanquis de Nueva York). **C.** 1. Se hablan inglés y español. 2. Se transmite a Latinoamérica 24 horas al día. 3. Se comen arroz blanco, habichuelas coloradas, papas rellenas y pasteles de carne. 4. Se han infectado muchos mexicoamericanos que trabajan en el campo. 5. Se protestaron los sueldos bajos en California. **D.** 2, 3, 5 **E.** 1. C: fue enriquecido 2. F: se presenta, fue pintada 3. C: fue patrocinado 4. F: se ven 5. C: fueron influenciadas 6. F: se expresan

35 **A.** 1. estaba 2. fueron 3. fue 4. estaba 5. fueron, estaban 6. Fue **B.** 1. se casaban 2. era/estaba casada 3. estaba totalmente destruido 4. fue leído por miles de personas 5. fueron destruidos 6. fue perdido o robado

36 **A.** 1. No, papá, es que se me olvidó. 2. No, papá, es que se le perdieron. 3. Sí, papá, es que se les cayó. 4. Sí, papá, es que se nos escapó. 5. (Es que) Se nos acabó.

37 **A.** 1. a 2. a 3. Al, en 4. en, en 5. a 6. en, a 7. en 8. en 9. a, — 10. En, a, en, en **B.** 1. Los hondureños van a empezar a asimilarse a la cultura anglosajona cuando aprendan a hablar inglés. 2. Se dice que América es el (un) crisol porque consiste en gente de diversos grupos étnicos. 3. Ahora que el país se convirtió (se ha convertido) en una nación bilingüe comienza a aparecer gente que insiste en que sólo se hable inglés. 4. Los cubanos llegaron a Florida después de un viaje en barco. 5. Se prohíbe manejar en coche a más de 65 millas por hora pero en este estado no conozco a nadie que obedezca esa ley.

¡OJO!

A. 1. salvaron 2. echa de menos 3. guárdame 4. llevan 5. salvar 6. ahorrar **B.** 1. darse cuenta de, pensar en, casarse con 2. parecer, tener éxito 3. Pensar, tomar, parecer 4. depender de, pregunta 5. consistir en, importar, creer, soñar con 6. creer (pensar), parecer, mover 7. devolver, tardarse en 8. sentirse, sentir

ENLACE

Las «frases esqueletas»

1. Durante este siglo la mayoría de los inmigrantes ha(n) venido para establecerse definitivamente sin pensar en volver a su patria. 2. Algunos quieren buscar mejores oportunidades políticas y económicas y otros esperan encontrar más libertad social y religiosa. 3. Ya que no piensan volver a su patria, quieren que sus hijos aprendan el nuevo idioma para asimilarse más rápidamente. 4. Hoy en día muchos jóvenes de la tercera y cuarta generaciones han vuelto a las salas de clase a fin de aprender las lenguas que sus padres nunca les enseñaron en casa.

Repaso: Párrafo de síntesis

1. que 2. Para 3. imaginar 4. vista 5. por 6. he viajado 7. ya que 8. he tenido 9. conocer 10. que 11. nacieron 12. han cambiado 13. Para 14. he aprendido 15. Por 16. son 17. viva 18. Para 19. conociera 20. pienso en

VIAJE CULTURAL

¡A ver!

1. mexicanos, Miami 2. abuelo, mandarinas 3. supervivencia, dificultad, somos

Enigma

Paseo en la mañana / Morning Ride

CAPITULO 10

Expresión oral y comprensión

DESCRIBIR Y COMENTAR

E. 1. a 2. *niños:* la televisión; *adolescentes:* juegos electrónicos, deportes y ejercicio, música; *adultos:* alcohol, cigarrillos, pastillas 3. Responses will vary.

ENLACE

Voces

A. 1. ←————Rosa—Lorena→ 2. ←Lorena—Rosa————→ 3. ←Lorena—Rosa————→ 4. 1. Rosa 2. Rosa 3. Lorena 4. Rosa 5. Lorena 6. Rosa 7. Lorena **B.** 1. a. Lorena: sí; Carolina: sí; Mercedes: sí b. Lorena: alcohol; Carolina: cocaína; Mercedes: alcohol c. Lorena: no dice en esta parte de su testimonio pero sabemos de lo que nos dijo anteriormente que su padre se emborrachaba con frecuencia; Carolina: una muchacha de la familia; Mercedes: una amiga

Exploración cultural

1. El objetivo es suprimir totalmente la publicidad del tabaco. 2. Están preparando estrategias para intentar frenar la avalancha de prohibiciones contra el tabaco. 3. a. Es el principal causante del cáncer

de pulmón y uno de los principales agentes de las enfermedades cardiovasculares. b. el precio económico de la atención médica para tratar las enfermedades que resultan del tabaco c. las pérdidas económicas para las empresas como consecuencia del hábito al tabaco de sus trabajadores 4. a. Una reducción del consumo de tabaco en todo el mundo tendría enormes consecuencias económicas para muchos países. b. Los gobiernos de muchos países reciben importantes ingresos fiscales de los impuestos sobre la venta de tabaco.

PRONUNCIACION Y ORTOGRAFIA
Ortografía: La acentuación

Según algunos toxicólogos, la nicotina es una droga que provoca dependencia física y psíquica. Por lo tanto, los cigarrillos modernos que llevan menos nicotina obligan a fumar un mayor número de cigarrillos cada día, aumentando así la absorción de alquitranes, sustancia que proviene del papel y del tabaco quemado. Es ahí, no en la nicotina, donde se encuentra el peligro de cáncer.

Práctica escrita y composición

DESCRIBIR Y COMENTAR

A. 1. comilón; Las otras palabras se refieren a adicciones. 2. consumir; Las otras palabras se refieren al acto de negar algo. 3. el contrabando; Las otras palabras se refieren al alcohol. 4. el televisor; Las otras palabras se refieren a la dependencia al alcohol. **C.** 1. goloso 2. compartarse 3. tener resaca

EXPLORACIONES

38 A. 1. sabrán, sabrían 2. fumaré, fumaría 3. saldremos, saldríamos 4. trabajarás, trabajarías 5. vendrá, vendría 6. irán, irían 7. nos emborracharemos, nos emborracharíamos 8. se pondrán, se pondrían 9. dirá, diría 10. darás, darías **H.** 1. Comerás toda la carne. 2. El dijo que no fumaría nunca más. 3. ¿Me daría un pedazo de pan, por favor? 4. Ella no dejaría de beber. 5. ¿Podría repetir eso? 6. Dijeron que volverían a casa temprano.

39 A. 1. P 2. I 3. I 4. P 5. I 6. I **C.** 1. escondieran 2. fueran 3. lo conocemos 4. colaboramos 5. se preguntaran

40 A. 1. Juan fuma más cigarrillos que Mario, o: Mario fuma menos cigarrillos que Juan. 2. Julia es mayor que su hermanito, o: Su hermanito es menor que Julia. 3. Juan Luis pesa tanto como Emilio, o: Juan Luis pesa tantos kilos como Emilio. 4. Yo tengo tantos hermanos como tú. 5. Antes la gente fumaba más que ahora, o: Ahora la gente fuma menos que antes.

¡OJO!

A. 1. gran 2. dejaría 3. grande 4. dejó 5. grande 6. duele 7. duelen **B.** 1. ahorrar, tiempo, tomar, llevar 2. mudarse, por, funcionar, regresar 3. tener éxito, cuestión, llegar a ser 4. Hacerse daño, trabajar 5. íntimo, dejar de, devolver, extrañar

ENLACE
Repaso: Párrafo de síntesis

1. hicieron 2. se convirtieron 3. se ofrecen 4. se hallan 5. se llamaba 6. se encuentran 7. han avanzado 8. representan 9. para 10. se examinaran 11. se descubrirían 12. que 13. fue hecho 14. bebía (*o:* tomaba) 15. había 16. más de 17. Lo que 18. peor 19. murieron 20. fueron provocados 21. intervino 22. fueron cometidos 23. serán

ANALISIS Y APLICACION: COMPOSICION

1. a. Al igual que b. se parecen a/son similares (semejantes) a c. se parece a/es similar (semejante) a d. Tanto, como e. de la misma manera/del mismo modo 2. a. En contraste con/A diferencia de b. En contraste con/A diferencia de c. más, menos d. se diferencian de e. En contraste con f. sin embargo

VIAJE CULTURAL
¡A ver!

1. c 2. a 3. d 4. c 5. b

Enigma

marihuana, crack, alcohol, cocaína, heroína, píldoras

CAPITULO 11

Expresión oral y comprensión

DESCRIBIR Y COMENTAR

E. 1. ladrones; atracos y asaltos 2. gangsters, ciudadanos; hacer su propio alcohol 3. no menciona una clase de criminal específica; asesinato, robo, violación

ENLACE

Voces

A. Rosi: el delito: el robo de dos bicicletas; el lugar del delito: el patio de la casa; la resolución del caso: no las recuperó; posible manera de impedir el crimen: no dejarlas afuera. José Manual: el delito: un carterista le quitó dinero; el lugar del delito: el metro; la resolución del caso: el carterista le devolvió el dinero; posible manera de impedir el crimen: guardar bien la cartera. Carlos: el delito: le robaron el coche; el lugar del delito: en la vía pública; la resolución del caso: lo recuperó con la ayuda de la policía; posible manera de impedir el crimen: ponerlo en un garaje **C.** 1. José Manuel, Carlos 2. Carlos 3. Rosi, José Manuel 4. Rosi 5. José Manuel 6. Rosi

PRONUNCIACION Y ORTOGRAFIA

Pronunciación: El enlace

C. En la cultura occidental, las formas de castigo han cambiado varias veces a través de la historia. Dos de estas formas son antiquísimas. Primero, el castigo corporal. Hoy día la aplicación de la tortura física se considera una práctica bárbara y casi todas las sociedades modernas la han condenado. El segundo tipo, la pena capital, es tan antiguo como la historia humana. Aunque se acepta y se emplea en muchas partes del mundo, el uso de la pena capital es menos frecuente hoy que en años anteriores. En varios países ha sido abolida por completo y en casi todos ha provocado mucha controversia.

Práctica escrita y composición

DESCRIBIR Y COMENTAR

A. 1. seguro 2. proscribir 3. el delito 4. el asalto 5. la multa **B.** 1. raptar 2. violar (infringir) la ley 3. el delincuente 4. las autoridades **C.** 1. Crimen de matar a alguien con premeditación. 2. Profesional que se dedica a defender las leyes, los intereses de las personas y a aconsejar en cuestiones jurídicas. 3. Un delito grave. 4. Lugar donde se castiga legalmente a los criminales y delincuentes. 5. Acción de tomar lo que pertenece a otra persona. 6. Cobrar dinero por una infracción a la ley.

EXPLORACIONES

41 **A.** 1. han asistido, han tenido 2. ha dicho 3. habían visto 4. hemos leído 5. se habían despertado 6. murió, ha llevado **B.** 1. hemos 2. había 3. habían 4. había

42 **A.** 1. había, haya 2. he, hubiera 3. ha, había, haya, hubiera 4. hemos, habíamos, hayamos, hubiéramos 5. habéis, hubiérais 6. habían, hayan **B.** 1. haya salido 2. hubieran recibido 3. no se hubieran olvidado 4. nos hubiera tocado 5. hayan entendido, han visto 6. hubiera entrado

43 **A.** 1. haya 2. había 3. llegara 4. había 5. pasaban 6. había 7. pudo 8. lo trasladaba 9. lo asesinó 10. había 11. asesinara 12. pagaron 13. asesinara 14. pudiera 15. han 16. habían 17. supiera 18. han 19. pruebe 20. ha 21. haya 22. tenían 23. han **C.** 1. ha hecho, detuvo 2. es, fue, se cure 3. tomar 4. se le ocurra 5. dio, llamara 6. le contesta 7. ha pasado, ayude 8. es, fueron, parece 9. es, es, haya decidido

¡OJO!

A. 1. pero 2. sino 3. sino que 4. pero 5. No sólo, sino que **B.** 1. se sintió, se hizo 2. echaría de menos, me mudara 3. nos habíamos puesto, puesto que (ya que, porque), nos habíamos dado cuenta de, asistiría 4. prestara atención, pero, el hecho es 5. tener éxito, nos apoyen 6. dolieran, pedirías

ENLACE

Repaso: Párrafo de síntesis

1. sabía 2. estaba 3. había 4. lucían 5. se encargaran 6. olvidé 7. había sido 8. a causa del/por 9. que 10. esa 11. decidieron 12. mudarse 13. arreglaron 14. que 15. por 16. vieron 17. habían visto 18. Por 19. navegaban 20. volvieran 21. pero 22. advirtieron 23. dieron parte 24. Unos 25. fueron 26. empezaron a cavar 27. parecía 28. sacaron 29. volvieron 30. sabe

VIAJE CULTURAL

¡A ver!

1. Naciones Unidas 2. En el mes de septiembre del año pasado 3. diez 4. *salario:* $200 por mes; *vivienda:* apartamento; *vivienda anterior:* un andén, casa de tíos, la calle; *familia:* tíos que lo pegaban mucho; *policía:* lo maltrataron (le daban a uno duro)

Enigma

5.000

CAPITULO 12

Expresión oral y comprensión

DESCRIBIR Y COMENTAR

E. 1. **españoles** *más importante:* la buena salud; *sigue en importancia:* la armonía familiar; *alguna importancia:* el amor; *menos importante:* el trabajo. **franceses** *más importante:* el amor; *sigue en importancia:* la salud; *menos importante:* el trabajo. 2. Para más de la mitad de los españoles el trabajo es sólo un simple medio de ganarse la vida; para menos personas el trabajo es una forma de realización personal y gratificante. **F.** 1. a. Es la bicicleta, un medio de transporte. b. Es económico, no contamina, es bueno para la salud. c. Holanda y China. 2. a. La manera en que la mujer se sienta en la bicicleta de su novio indica el progreso de la relación amorosa. Si ella se sienta atrás, es todavía temprano; si abraza al chico por la cintura, la relación está más avanzada. Pero si se sienta en la barra, ¡van a casarse! b. A los franceses les gusta más la moda con respecto a la bici: la ropa (los zapatos especialmente) y los otros accesorios.

ENLACE

Voces

A. 1. William: intelectual, social, la educación; Daniel: artístico, manual; Vikki: en una oficina, del mundo de los negocios; Francisco: artístico, intelectual, del mundo de la naturaleza 2. William: fue un lector ávido, le gusta el estudio de los idiomas, viajar y tratar con diferentes personas; Daniel: le gusta la creatividad y el trabajo aislado; Vikki: su papá ya trabajaba en él, ya entendía bien el negocio; Francisco: le gusta el arte, está unido al paisaje y al medio natural, le interesan los monumentos históricos y los fenómenos naturales **B.** ←Vikki——Francisco——William——Daniel——→

PRONUNCIACION Y ORTOGRAFIA

Pronunciación: Repaso general

C. En los Estados Unidos el *cowboy* es una figura superfamiliar. Lo vemos en la televisión, el cine, las novelas, incluso en los paquetes de cigarrillos y en otros anuncios comerciales. Con su sombrero, sus botas, su pistola y su caballo, el *cowboy* es una figura que todos reconocemos, y algunos hasta han llegado a considerarlo un símbolo nacional. Pero el *cowboy* no fue invención norteamericana. En realidad, en muchas regiones del mundo existen o han existido jinetes similares. Son conocidos por varios nombres: gaucho, vaquero, *cowboy* o cosaco. Igual que en los Estados Unidos, estos hombres a caballo han provocado emociones diferentes: asombro, admiración, temor y crítica. Aventurando por las regiones abiertas, menos civilizadas, han inspirado leyendas populares y obras literarias.

Práctica escrita y composición

DESCRIBIR Y COMENTAR

A. 1. el oficinista: ejerce sus tareas adentro en su oficina; los otros trabajan afuera. 2. el militar: no tiene relación con los otros que se refieren al arte. 3. prestigio: no tiene relación con los otros que se refieren al descanso. 4. la entrevista: los otros son profesiones. **B.** 1. d 2. a 3. f 4. g 5. b **C.** 1. el ocio, el tiempo libre, relajarse, el pasatiempo, tomar vacaciones 2. el entretenimiento, el pasatiempo 3. el adiestramiento, solicitar 4. valorar 5. el adiestramiento, el oficio, la especialización

EXPLORACIONES

44 A. 1. pago, pagué, he pagado, pagaré, pague, pagara 2. salgo, salí, he salido, saldré, salga, saliera 3. escribes, escribiste, has escrito, escribirás, escribas, escribieras 4. señalas, señalaste, has señalado, señalarás, señales, señalaras 5. puede, pudo, ha podido, podrá, pueda, pudiera 6. saca, sacó, ha sacado, sacará, saque, sacara 7. traemos, trajimos, hemos traído, traeremos, traigamos, trajéramos 8. damos, dimos, hemos dado, daremos, demos, diéramos 9. duermen, durmieron, han dormido, dormirán, duerman, durmieran 10. empiezan, empezaron, han empezado, empezarán, empiecen, empezaran **B.** 1. Dijeron que no sabía nada. 2. Iban a venir si era posible. 3. Salieron tan pronto como pudieron. 4. No lo pensaban leer porque ya lo habían leído. 5. Nos alegró (alegraba/alegraría) mucho que se hiciera músico. 6. Lo escogerían con tal de que estuviera en buenas condiciones. **C.** 1. Nos especializaremos en física nuclear en cuanto lleguemos. 2. Se lo comprarán para que lo tenga más rápido. 3. ¿Lo habrá señalado ya? 4. Me casaré con un hombre que me quiera. 5. Tendrá el poder hasta que vuelva el capitán. 6. Esperarás que sea banquero. **F.** 1. tenía 2. insistieron 3. solicitara 4. quería 5. interesaban 6. preguntaron 7. haría 8. tenía 9. escribí 10. aceptaron 11. he 12. estoy 13. hubieran 14. estaría 15. habría (hubiera) 16. ha 17. he 18. recordaré 19. pregunto 20. voy 21. hacer 22. he 23. puedo (podré) 24. seré 25. hubiera

45 A. 1. sirviendo 2. ayudando 3. comenzando 4. haciendo 5. diciendo 6. oyendo 7. rompiendo 8. leyendo 9. escribiendo 10. siendo 11. pidiendo 12. robando **B.** 1. estaban saliendo 2. estarás bebiendo 3. estoy trabajando 4. estuviste poniendo 5. estoy cayendo 6. estaría hablando 7. estaban creyendo 8. estarán volviendo **C.** 1. vienen 2. estás (está) diciendo 3. estábamos comiendo 4. llevaba 5. está(s) estudiando 6. están regresando 7. hacemos preguntas 8. se estaba muriendo **E.** 1. están 2. estuviera 3. siguiera 4. estábamos 5. siguen 6. vayas 7. estuviera 8. estén 9. está 10. estuviera

46 A. 1. que explicaba 2. trabajar 3. Escribir 4. cantando 5. leer 6. que volaba **B.** 1. explicando 2. que entra 3. fomentar 4. proscribir 5. proscribiendo 6. Poner 7. que tienen 8. dar 9. dando **C.** 1. necesita 2. lo haga 3. Viajando 4. ofrecidas 5. por 6. tendrá 7. podrá 8. llegará 9. preocuparse 10. para 11. vaya

¡OJO!

A. 1. a, funciona 2. Como, regresan, se pusieron 3. pero, logra 4. Ya que, salir 5. importa, en 6. se dan cuenta de, cuestión, parecen 7. veces, te muevas 8. Lleva, se siente 9. guardara 10. ahorró, se hizo **B.** 1. trataba de (quiso), se lastimó 2. Tardaron, el cuento 3. He pensado en, echo de menos 4. citas, se enamoró de él, se casó con él 5. Puesto que (Ya que, Como), perdí 6. mirar los datos, apoyan 7. Parecía, por (a causa de) 8. No dejes, Es hora, devolverlos 9. salvó 10. la cuenta, dejó

ENLACE

Repaso: Párrafo de síntesis

1. le 2. Tenía 3. Pasando 4. estaba 5. estuviera 6. había comido 7. decidió 8. Pidió 9. vio 10. ven 11. siéntate 12. fuiste 13. Estuviste 14. perder 15. es 16. se duerme 17. se pone 18. dio hace dos semanas 19. me siento 20. asisto 21. terminara 22. llegue 23. conseguir 24. mudo 25. te quedaras 26. vivir 27. sería 28. cuestión 29. quería 30. tomara 31. tuviera 32. Estudiando 33. me graduaré 34. viviera 35. tendría 36. paguemos 37. me han dicho 38. Buscaré 39. haya 40. salido

ANALISIS Y APLICACION: COMPOSICION

1. a. A b. E c. E d. A e. E f. A

VIAJE CULTURAL

¡A ver!

1. ciudades 2. basura 3. fiesta 4. población 5. orientar 6. actitud

Enigma

«Respetar el ambiente es proteger la vida».